易经与起名

齐 斌◎编著

中国商业出版社

图书在版编目（CIP）数据

易经与起名 / 齐斌编著 .—北京：中国商业出版社，2010.4

ISBN 978-7-5044-6805-5

Ⅰ.易… Ⅱ.齐… Ⅲ.周易—关系—姓名学 Ⅳ.B221.5 K810.2

中国版本图书馆 CIP 数据核字（2010）第 060468 号

责任编辑：张新壮

中国商业出版社出版发行

010－63180647　　www.c－cbook.com

（100053　北京广安门内报国寺 1 号）

新华书店总店北京发行所经销

廊坊市兰新雅彩印有限公司

* * * *

710 毫米 ×1000 毫米　16 开　21 印张　290 千字

2010 年 5 月第 1 版　　2018 年 6 月第 2 次印刷

定价：48.00 元

* * * *

（如有印装质量问题可更换）

前　言

“遗子千金，不如教子一艺；教子一艺，不如赐子佳名”。姓名是一个人安身立命的根本，也是张扬自我价值的人生旗帜。

好名伴一生，好名四海行。纵观古今，我们可以清楚地看到那些成就人生辉煌的人，无不对自己的名字格外注重，格外珍惜，他们顶着自己的名字行走天下，让自己的脚印遍布四方，让自己的伟业名垂千古、流芳万世。一个好名字，往往能带给人无穷的动力和连连不断的好运。一个吉利的名字本身就是一种力量，它像一个智者指导我们人生的方向，激励着我们蓬勃向上的斗志，推动我们的生命之舟劈荆斩浪、节节向前。

中国传统文化向来有“名的文化”之说，主导中国思想界几千年的儒家学说本就有“名教”之称，由此形成的历史传统和文化背景，使中国人尤其重视自己的姓名。古人认为，一个人要成就一番事业，必须具备五大因素，也就是一命、二运、三风水、四名号、五读书。古代贤哲尹文子说过：“形以定名，名以定事，事以验名。”这就是说，观察辨别事物、人物，必先定名而后才可以成事，而事物的成败得失，又可以验其名。

古代还有一句名言：“有其名必有其实，名为实之宝也。”意思是：符号一定代表了某一事物，有事物就会产生代表它的符号，即名字；反之，从符号或名字也可以了解该事物的内容及特征。由此可见，自古以来，人们就认为人的姓名与其人生命运休戚相关。

起名确是一件大事，一门大学问。现实生活当中，那些随便给自己和孩子找两个字当名字的做法，简直就是不负责任的行为。为此，专业人士给我们的忠告是：起名除了要符合法律和通常的社会学、公共关系学、传播学等

原理以外，更要以中华民族传统文化中独特的专业理论——易学思想为指导，以传统起名学术为出发点。这个忠告后来也成了创作本书的初衷。

关于本书，它最大的特点是通俗、实用，为此，在创作的过程中我们摒弃了很多繁琐的教条和枯燥、玄奥的理论，可以说，这是一本入门级的起名教科书，非常适合专业知识欠缺的普通大众。

为了更方便大家阅读和实践，在这里简要地说一下本书的基本起名流程：您首先可以了解一些易经和起名的常识，然后批八字，看五行，根据五行生克原理“缺什么补什么”，在书后的附录中依据自己的喜好找到五行属性合适的字，起几个备用的名字，力求使八字五行达到一个平衡状态。这些工作做完以后，再用五格数理检验吉凶，最后择其吉者而用之。如果您对名字还有更高的要求，则可以参考本书中关于十二生肖起名和易经六十四卦哲理解读之内容，从中选取更吉祥、更具内涵的起名用字。

目　录

《易经》位居儒家传统文化的十三部经典之首，其影响虽早已无处不在，但其中的八卦图和让你我等凡夫俗夫子不知所云的卦辞，总给初次接触它的人一种神秘感。这部流传了数千年的"卜筮之书"给中华文明产生的影响是长远而深刻的，用博大精深来形容它，是再合适不过了。

孔子说："名不正则言不顺。"名字是一个人在处世交往的过程中留给人的第一印象，是一张最好的名片。好名字积极地影响人的一生，是一种弥足珍贵的财富。愿大家都能给自己或者孩子起一个吉祥如意的名字，让好运伴随我们一生。

第三章　八字和五行生克……27

姓名与生辰八字的关系，就像人的身体与精神一样。八字如人的躯体，而姓名则为精神，两者相互影响。人的姓名虽然相同，但生辰八字不同，命运也就不同。反过来说，生辰八字相同，而姓名不同，命运也会不同。因此，八字与姓名相匹配是一个好名字最基本的要求。

第四章　五格数理与起名……39

所谓“五格数理”就是用人的姓名五格（天格、人格、地格、外格、总格）笔划数去解释和推算名字的吉凶。五格数理是在《易经》的“象”、“数”理论的基础上，用姓名的笔画数构建起的测名、起名体系，并运用阴阳五行、相生相克的道理，以此推算人生各方面运势的一种简单易学的起名方法。

第五章　十二生肖与起名 ………………………………………… 93

自古以来，民间就有配合十二生肖与属相为孩子起名的习俗，并且流传甚广。十二生肖与起名形式多样，并且有很大的玄机。

第六章　易经五行与工商起名 …………………………………… 125

无论是办公司还是开店铺，大家的目的都是一样的，那就是“赚钱”。但有时候却偏偏事与愿违，同样的公司，同样的店铺，有人天天赚钱，有人却天天白忙活。有人百思不得其解，这是为什么呢？除了产品质量、经营方式的差别，问题可能就出在公司、店铺的名字上。跟人的名字一样，公司店铺的名字除了好听，最好还要与易经五行相匹配。这是最基本的要求，如果做不到这一点，可能就要出问题。

易經与起名
YIJINGYUQIMING

引言：易经与起名学的渊源

严格地讲，在我们的日常生活当中，翻翻字典，随便给孩子挑选两个字作名字的做法还称不上“起名学”。真正意义上的“起名学”是一种含有五格数理、阴阳八字以及五行学概念的命理学。它是从中国最古老、最高深莫测的哲学著作——《易经》所发展出来的一个分支。得益于《易经》本身的魅力，起名学也可谓博大精深、源远流长，并且，它的身世比易经本身的流传过程更加一波三折，更具传奇色彩。

当初，起名之所以能成为一门学问，一方面源于易经思想学说的普及，而另一方面则源于人们对自己名字的重视。早在远古时代，那时的人们就认为，一个人的名字绝不仅仅是代表他本人称呼的简单符号。正如大思想家孔子所说：“名不正则言不顺。”这句话已明确无误地告诉人们名字在一个人做人做事过程中的重要性了。

遗憾的是，由于种种原因，起名学在刚开始有些苗头的时候，并没有像其他易经数术理论一样得到足够的重视，很少有大家学者加以系统地研究与发展。这种情况一直持续到盛唐时期。当时，中日之间往来交流频繁，起名学也随着其他民间传统文化一并传入日本。在这之后，起名学的繁荣竟然在异国他乡慢慢呈现，五格剖象起名学的理论一时间风行于日本。到了民国初期，日本熊崎健翁氏把姓名学加以系统整理，且美其名为《圣学》。所谓“圣学”，不过是换汤不换药，其本质仍然是中国的起名学。值得一提的是，在日本研究起名学的门生，人们给予“圣学生”的称呼，由此足见日本人对起名学的重视。

起名学在日本自成一套基本完善的学术体系之后，很快又回归故土，甚

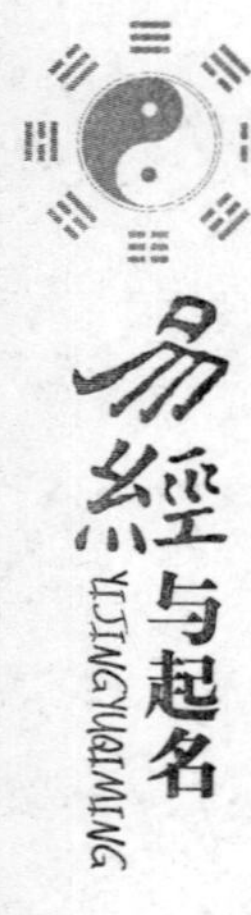

至还在港台、东南亚以及其他一些有华人群居的海外国家落地生根。

但是，几经辗转过后的起名学在某些方面已经面目全非，甚至与易经本初的思想背道而驰了。有鉴于此，在之后的几十年，又经过本土几代易学大师不断完善和修补，最后就有了目前我们所看到的五格、五行、八字、八卦起名学体系。

关于易经学说对我们中华民族传统文化的影响，想必大家都有所耳闻，在此不再赘述。那么，始于易经的起名学其真正的价值和意义又体现在什么地方呢？大家都知道，我们的“姓”是与生俱来的，是传承祖上基因与香火的。而我们的“名”则是具有相当大的选择空间的。不可否认，名字的最基本的意义就是一个区别其他个体的代号，但绝对不止于此，从起名学的角度看，这个代号所发挥的作用和其中蕴含的理数是远远超过你想象的。

人凡名贵，资能亦贵。于是有些人看到别人的名字不错，就照搬过来为我所用，殊不知人家的名字是与自己的五行八字相匹配的。同样一个名字，在别人身上就能吉祥一生，而如果放在你身上，就有可能是凶上加凶。这也是易经五行相克学说独特的魅力所在——它把我们每个人的命运用一个很简单的概念区别开来，它让我们知道，我们每一个人都是独一无二的，我们有自己的价值所在，我们不必刻意地走别人的路，不管你有什么样身世背景，大家都可以活得很精彩。

易经给我们的日常生活带来的这些影响处处可以体现。单就五行来说，汉字中有五行，数理中有五行、音律中有五行……起名学则非常充分地利用了这一点，它通过不同属性的文字组合，显现出不同的吉凶暗示，并表现于人体阴阳五行气场的顺畅与滞涩，通则吉顺、滞则凶险。呈现出凶相的名字经后天人为改正和补救，可以根据实际情况及时调整人体五行气场微循环结构，最终达到趋吉避凶的目的。

再通俗一些来讲，人的名字可表现人的精神，是一种无形的力量，给人一种人如其名，名如其人的强大磁场效应，所以名字的好坏，关系到人的一生荣辱成败，此即起名学之奥义所在。人名如此，其他各行各业的命名、运作亦如此，有其名即有其实，此物命此名，必形此物之性质，或形此物外状。由此也可以说明，起名学的应用正如易经学说给我们带来的影响一样，也是极其广泛的。

最后，我们要告诉大家的是，起名学还是一门结构非常简单、很容易入门的学问。但这并不表示它不博大不精深，只是对我们普通人来讲，能略知其一二就足够平生所用了，若真要把这门学问的来龙去脉统统参透，那就需要把整个易学体系都解释出来，这就远远不是一本书可以帮你做到的。

尽管都是从易经演化而来，但跟其他看起来玄之又玄的命理学相比，起名学仍然算是一种相当方便的命理工具。前面已经说了，我们可以通过它轻而易举地找到适合自己而又吉祥旺命的名字，反过来，我们也可以利用自己或他人已有的“姓”与“名”来研究个体的命运、个性等信息，从而可以从一定程度上达到避祸驱凶的目的。举个例子，如果您今天刚刚结识一位新朋友，若想在短时间内就清楚地知道他的个性以及未来的运程如何，那么我们完全可以通过这种简单的方式加以了解。所以说，起名学也算是一门玄学，但它是一门简单的玄学，一门通俗的玄学，我可以学，你可以学，大家都可以学。易学大师们一直提倡要把易经平民化，这样看来，起名学应该算是一个很好的切入点。

第一章
揭开易经神秘的面纱

《易经》位居儒家传统文化的十三部经典之首，其影响虽早已无处不在，但其中的八卦图和让你我等凡夫俗夫子不知所云的卦辞，总给初次接触它的人一种神秘感。这部流传了数千年的“卜筮之书”给中华文明产生的影响是长远而深刻的，用博大精深来形容它，是再合适不过了。

1.《易经》的前世今生

《易经》是中国传统文化的代表作，更是中国古老文化的一座里程碑。历代正派学者都用不同的文字赞扬过它，总的来说，他们把《易经》推上了“群经之首”的位置，用无尚的敬意来仰望它。相反，也有些人认为它是古代的一部卜筮之书，近似于巫祝的巫词，微不足道。到了近代，还有类似的一些轻薄的讥讽。

跟其他的传世经典有所不同，《易经》并非一个时代某一个作者独立完成的，而是经过很长的历史时期，由许多人世代积累才完成的。

《易经》六十四卦起源于远古时期的八卦。《易传·系辞》说：“古者庖牺氏之王天下，仰则观象于天，俯则观法于地，观鸟兽之文与天之宜，近取诸身，远取诸物；于是始作《八卦》，以通神明之德，以类万物之情。”“庖牺”即是伏羲，与神农、黄帝一样都是古代传说中的王者。根据史书记载，从有文字可考的历史资料推算，第一个朝代从夏禹到夏桀是公元前21世纪到公元前16世纪，从商汤到商纣是公元前16世纪到公元前11世纪。从周文王到周平王迁都是公元前11世纪到公元前771年。而伏羲、神农、黄帝则是夏朝以前的人物，也就是说在公元前21世纪，我国古代民族已经用“八卦”来占卜吉凶，距今天已有四千多年的历史。1956年至1957年在陕西张家坡西周旧京奉镐发现的卜骨上刻有类似象形文字的图案。1977年在陕西凤雏村周初宫殿又出土了类似的甲骨片，据考证上面的图案就是《易卦》的卦画。另外在河南安阳小屯发掘的殷墟甲骨、陶器上也刻有类似的卦画，这些文物距今已有三千多年的历史。因此，八卦的起源是否是伏羲所作虽无法断定，但是作为一种占卜和记录在殷周之前已经存在。

不可否认的是，《易经》原是上古卜筮的学术，但是到了商、周之际，经过周文王的整理与注释，扩充了其占卜的范围，进入了“天人之际”的学术领域。自东周时期以来，经过孔夫子的研究和论述，同时又融入了诸子百家的学术思想，它已成为现代研究中国文化的基础之一。从此，《周易》一书便成了中国人文文化的鼻祖

所以，如果要研究中国文化，《易经》是绝对是首当其冲的。无论是春秋、

战国时期的儒、道、墨和诸子百家，乃至唐、宋以后的儒、佛、道等诸家之学，不从《易经》探研，便有数典忘祖之嫌了。所以，任何一个大家都是从《易经》开始探究，寻找中国人文文化的辉煌的。

2.《易经》名字的来由及其含义

《易经》在先秦时原本称之为《易》。例如《庄子·天运篇》有："孔子治《诗》、《书》、《易》、《礼》、《乐》、《春秋》六经。"《荀子·大略篇》有："《易》之咸，见夫妇。夫妇之道，不可不正也，君臣父子之本也。"又有："《易》曰：复自道，何其咎。"《论语》编成较晚，其中《述而》篇有："加我数年，五十以学《易》，可以无大过矣。"总之，当时均称之为《易》，可见《易经》之名显然是后来才有的。

关于"易"的含义，唐代著名学者孔颖达对此曾有较为精辟的阐述："夫《易》者，变化之总名，改换之殊称。"后来有人据此总结为三点：简易、变易、不易，通俗地讲就是简单易行，变化不定。

到了近代，有人认为"易"便是蜥蜴的简化。因为蜥蜴自身的颜色会随着环境的不同而变化，当它依附于某种物体时，它身体的颜色就会变成物体的颜色。《易经》是说明万物的变化之理，所以取蜥蜴作为象征。但是，也总不能称之为蜴经，所以便取名为"易"。

如此说来，这个"易"字就是取的字面意思了，可是《易经》中的"易"字到底是什么意思呢？根据道家易学者的传统，经东汉魏伯阳著《参同契》所标出，认为"日月之谓易"的定义最为恰当，因此更足以证明道家传统和魏伯阳之说"日月之谓易"的定义之准确性。目前，《易经》的学术思想，在西方欧、美各国逐渐流行，我们对自己国家的民族文化的准确定义与解释，绝不能跟着人云亦云，含糊混淆，自损文化传统的尊严。

3.《易经》作者："易更三圣"

关于《易经》作者这个问题的研究，"易更三圣"是再合适不过了。这是秦、汉以后的作者，对于上古形成易学传统者公认的定说，也是研究《易经》

的学者们最应该先了解的问题。

自秦汉以后，儒家学者一致认为，开始画八卦的是我们的老祖宗伏羲氏，将八卦演绎得有声有色的是周文王，发扬易学精神的便是孔子了。因此说“易更三圣”就是指：画卦者伏羲，演卦者文王，传述者孔子。

事实上，文王演卦而作“卦辞”，他的独生子周公又祖述文王的思想，而发扬扩充之，便著了“爻辞”。但是，三圣之中为什么没有提到周公呢？汉儒的解释是这样的，古代的宗法观念是父子相从，所以，三圣中就不提周公了。这对周公是否公平，现如今还很难确定。可是肯定一点的是：易学经过这三位圣人学者的整理，才得以发扬光大。

4.《易经》的内容

由伏羲画八卦开始，到了商、周之际，再经过文王、周公、孔子三圣的研究和著述，才建立了《易经》学术思想系统。《易经》内容非常丰富，涉及极其广泛，它上论天文，下讲地理，中谈人事，从自然科学到社会科学，从社会生产到社会生活，从老百姓如何处世做人到帝王将相如何治国等等，都有详细的论述，可谓是包罗万象，无所不有。

《易经》是我国预测学、信息科学的起源与基础。《易经》中的八卦和六十四卦的卦辞、爻辞，不仅系统地记载了自然科学、社会科学、人体科学和医学方面反映出来的、潜藏的以及过去、现在和未来的信息，同时还有预测信息的宝贵方法，对于现代学的研究有着不可估量的价值。

《周易》包括“经”和“传”两个部分。

“经”：经文分为“上经”、“下经”两部分。一共有六十四卦。每一卦由卦画、标题、卦辞、爻辞四部分组成。“传”一共七种十篇，分别是：《彖》上下篇，《象》上下篇，《文言》、《系辞》上下篇，《说卦》、《杂卦》和《序卦》。

《周易》中，运用八卦预测信息方法的发明，是我国人民具有唯物主义世界观的真实写照。他们在生活实践中遇到的一些困难之事，不是求助于神明，而是通过运用八卦信息预测的科学方法，预测自然和人事吉凶方面的有关信息，对一切做到心中有数，有备无患，从而更好地认识社会，改造社会，推动社会不断向前发展。所以，《周易》中的六十四卦，是个储存量很大的信息库。

5. 神秘的“八卦”

在西周时期，周文王姬昌作为殷商的死敌曾被扣押在羑里。据说，在那里周文王姬昌推演出了打败商帝的秘诀，并将之传授姜尚。姜尚深切地领悟其中的奥秘，随后发动了一场公共关系的战役，用无数的谣言、传言和小道消息推翻了商的统治。据说姬昌在羑里推演出的秘诀就是两个字：“八卦”。历史上第一次出现了“八卦”这个名字。

《易经》中有：“易，无所不在，乾坤成列，而易理自在乎其中矣。”从古至今，八卦就被披上一层神秘的面纱，无论何时，人们都认为八卦是神秘，难以捉摸的。《易经》以阴阳两个符号去概括天下的一切事和理，由一（阳）和——（阴）两个符号组成八卦，八卦被称为经卦。由八卦象征自然中八种事物。朱熹之《周易本义》中曾有《八卦取象歌》，可便于记忆：

乾三连
坤六断
震仰盂
艮覆碗
离中虚
坎中满
兑上缺
巽下断

八卦分别象征八物：乾象天，坤象地，震象雷，艮象山，离为火，坎为水，兑为泽，巽为风。

不过，这只是八个基本象征物。《周易》试图以八卦去概括天下所有的事和物，兹将其要者略述如下。

乾为天，为君，为父，为日，为玉，为金，为马，为木果等。可以表现一切强健阳刚的对象。

坤为地，为臣，为母，为月，为牛，为布，为腹，为釜，为女。可以表现柔弱、顺从等一切的对象。

震为雷，为动，为龙，为长男，为人足，为运动，为出征等。它表示富于动感的对象。

艮为山，为止，为狗，为少男，为手，为山径，为石头，为笃实等。它具有稳定的意义。

离为火，为丽，为雉，为中女，为电，为文彩，为光明。它一般表现光辉灿烂的对象。

坎为水，为险，为猪，为中男，为耳朵，为车轮，为疾病，为荆棘，为懒惰等。它多表现危险、邪恶等意义。

兑为泽，为说（悦），为羊，为口，为少女，为巫，为妻妾，为言语。它多表示喜悦、温存的意义。

巽为风，为人，为木，为股，为鸡，为长女等。它多表示男女情感、随风化雨式的教育等意义。

第二章
起个好名吉祥一生

孔子说："名不正则言不顺。"名字是一个人在处世交往的过程中留给人的第一印象，是一张最好的名片。好名字积极地影响人的一生，是一种弥足珍贵的财富。愿大家都能给自己或者孩子起一个吉祥如意的名字，让好运伴随我们一生。

1. 好名字带来好人生

功名利禄虽好，可是天有不测风云，得到的终有一天会失去；都说友情弥足珍贵，可是天下没有不散的宴席，再好的朋友终有一天也会各奔东西；父母给了你生命，却不能陪你走完这一生，终有一天他们都会先你而去……。在这世间，不离不弃，陪伴你一生的东西，除了你的名字之外，真的是屈指可数。所以，再也不要小看那短短的几个字了。无论是给自己改名，还是给孩子起名，请记住这一点，一个好的名字，就是吉祥的一生。

人的名字代表着一个人存在的生命，其中隐含着强大的能量，足以影响人生的命运。一个吉祥的名字让人受益终身，富贵显达；一个不好的名字让人一生坎坷，命运不济。

著名歌星李玟原名叫李美林，大家都能看出来，这个名字明显地缺少明星气质。当李玟 18 岁来台湾发展时，就意识到了这个问题，于是改名“李玟”。这个名字是经过专业人士的批算的，的确是个能大红大紫的名字，并且和“美林”两字比起来，李玟这个名字的感觉既时髦、利落又好记，且不容易与他人名字混淆，因此她便以“李玟”为名，在歌坛闯荡出自己的一片天。

在生活中，反面的例子也比比皆是。当“段明”为求职而苦恼时，他才知道自己引以为豪的才华却毁在“短命”之上；当“吴佳”为“无家”感到失落时，她才知道父母恩赐的大名，实际上代表一种无奈的漂泊；当“胡丽晶”因外号“狐狸精”而恼怒时，改名成了她当前的头等大事；有个孩子叫“子腾”，本来挺文雅的名字，偏偏他的祖上姓杜，因“肚子痛”郁闷了好一阵子。

佛语说：一花一世界，一土一如来。意思是说，从一朵小花身上就可以看到整个世界。同样，名字也能反映人的一生，同时也诱导着人生发展的方向。名字由字组成，字有笔画，笔画即为数，数中含有阴阳和五行。所以说，姓名不只是代表一个人的符号，也不是简单的文字组合，而是暗藏数理与五行相生或相克，具有极强的、不可抗拒的信息诱导力。这种信息诱导力足以支配人生命运，主导人生运气。

姓名作为文字符号，铭刻着不同的文化观念，凝聚着父母深情厚意和殷切的期望，隐寓着不同的理想抱负、情趣、爱好与目标追求，蕴涵了人的精、气、

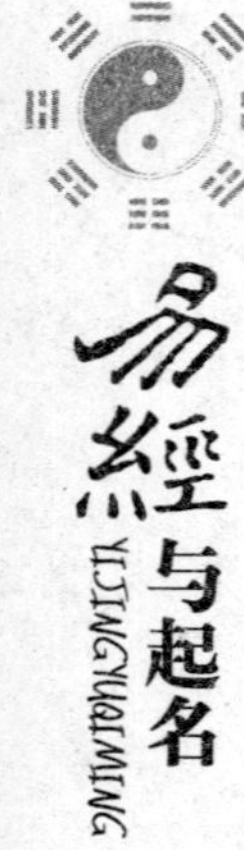

神，传承了人的情、意、志，传达着天地的玄机，而且姓名五行数理还对人生起着潜移默化的影响作用。

世间凡是存在东西就都有自己的名字，没有名字就没有存在的理由。人是“万物之灵”，名字自然尤为重要。有人说名字就是“符号”，叫什么都行，但名字这个符号可非同一般，要伴随你的一生；你有什么名字就吸引什么信息，在信息时代你有什么信息就会有什么命运。

老子说：“无名，天地之始；有名，万物之母。”人类的文明史就是从给万物起名开始的。万物有了名，就如同有了母亲保护一样，人们通过名，就可以知道这事物的来龙去脉。闻其名则知其人；闻其物则知其物。姓名所含有的音、形、义、数、理的信息，于是便产生了灵动力，随即对人的潜意识产生了诱导作用。

是的，一个适合本人的好名字，能改变一个人的命运，长期使用能对人起到潜移默化的作用，能给人带来健康，更能带来好运气，助人成功。尽管如此，但大家也应该明白：只有在个人积极进取之下，用“名字信息”来配合个人努力才会收到良好的效果。如果不积极地调整自己的心态，其他任何有益的措施也不能使你交上好运。

还有就是，给自己给家人起一个好名字是人趋吉避凶的一种方式，更是一种文化，这与通常意义上的迷信毫无关系。

2. 好名字的特征

大家都知道，工厂的产品在出厂之前都要用一个严格的标准检验其质量。名字也一样，判断一个名字的好坏不是凭个人的感觉，也是有“标准”可参考的。

（1）好名字都能调补自己的八字五行

常听到一些消极的人说，世间的一切都是命运安排，那么，对于我们这些想要改变“命运”的人来说，我们不禁要问，究竟什么是“命运”呢？“命运”是否能改变？其实，“命运”包含了“命”和“运”的两个概念。“命”是先天的，“运”是后天的，所以才有了“先天命”，“后天运”的说法。人的出生年、月、日、时，也就是生辰八字，是与生俱来的，任何人都无法现在，当然也无法改变。这就是“先天之命”。而人的姓名，是可以经过人为的手段对八字五行进行调补，这样一来，命理和运程也会得到适当的改善。

八字是一个人游走于世间的时空坐标，就跟人的基因一样，八字包含了人的很多信息，包括吉、凶、祸、福、贫、贱、寿等等。而姓名则是这个时空坐标上的初始变量，他同八字与五行共同组成一条完整的时空生命曲线。

中国几千年的传统说法是：人的出生年、月、日、时的天干地支不一样，每个人的命运则不同。另外，曾经认为父母相貌和体形可遗传，现代遗传学研究表明智力和个性可以遗传。从广义信息论的角度来讲，每个人出生时特定的时间和空间对人生成长是有影响力的。这种影响力和综合效用就是一个人的先天条件。

姓名与先天条件，就像人的身体与精神一样。八字犹如人的身体而姓名犹如精神。虽然有区别，却存于一体。精神敦厚则身体健旺，精神萎靡则身体衰弱；精神长存则身健，精神丧尽则亡身。因此，如果先天条件好，需姓名数理能相调和才能有好的人生，如果先天八字缺陷，而姓名数理能够起到补充扶助的作用，也可开创好的人生。

南方沿海某地有一张姓富商，如今的事业做的很大。在 1964 年 8 月 1 日这一天，他有了儿子。当时这个张姓富商 34 岁，非常重视给孩子起名，想给下一代取一个既成大器又补命中不足的好名，于是就专门高薪请来命理专家。专家给小孩起名为张海键，名字中有水金旁，这就是根据八字对其五行的补救。

长大后张海键从美国某著名大学毕业，之后进人父亲的电器集团。十多年来他在商界多次做出大的动作，举手投足间从容斩获上亿元，在而立之年就成为商场上翻手为云、覆手为雨的强力人物。

总之，如果人有命运的话，先天八字确是不可改的，而姓名的数理则是后天形成，故可以说姓名对八字五行的调补可以改变命运。同姓名不同八字，或不同姓名同八字则人生不同，适合八字的姓名成功；不适合八字的姓名则失败。

（2）好名字的数理都是吉数

名字的数理是根据传统起名学“五格剖象法”推算而来。顾名思义，五

格剖象就是把人的名字的笔画数分为天格、人格、地格、外格、总格五种数理，在《易经》的“象”、“数”理论的基础上，运用阴阳五行相生相克的道理，来观察预测姓名的吉凶好坏。数理上的阴阳五行是，奇数为阳，偶数为阴。五行为金、木、水、火、土。1 为阳木，2 为阴木；3 为阳火，4 为阴火；5 为阳土，6 为阴土；7 为阳金，8 为阴金；9 为阳水，10 为阴水。这些起名知识我们会在后面的章节详细介绍，这里先简要地说一下。看个例子：

上个世纪九十年代，在我国西北某省会城市，有一个叫高美娟女孩子，她的名字数理关系为：天格为 11，人格为 19，地格为 19，总格为 29，外格为 20。高美娟因为歌唱的好，曾在当地名骚一时。可是命运突生变数。后因因感情纠葛而自杀身亡，死时年仅 27 岁。从字义上看“美娟”有美好、婵娟之意，诚为佳名，但她的姓名格式的缺欠，在于人格、地格为 19，这是一种凶的数理配置，“虽有兴大业，博名利的实力，但内外不和，困难艰辛”，容易发生意外障害的短命数。而且，高小姐的总格为 29，这是一个尤其对妇女不利的孤独运诱导之数，妇女流于男性，或者容易酿出荒唐猜疑之灾，切要惧戒之。这些寓示，在高美娟身上均一一被言中。

反过来说，很多公众熟知的名人的名字，我们仔细分析一下，就不难发现，他们的名字都有一个共同的特点，那就是姓名数理中都含有“21”这个数，此数为 81 个数中最大的吉运，乃为伟大的首领格，属于“渐进发展，步步而进，宛如登梯一样。立身兴家，大博名利，成功势如破竹，是贵重的吉数”。

由此可见，名字与命运之间的关系是及其微妙的，诚如古人所说“有其名必有其实”。总的来说，姓名对个人命运的影响绝不可低估，俗话说“宁信其有，勿信其无”，最起码也可以讨个吉利和内心的安慰，这就是智者的选择。

（3）起名宜音韵优美

名字最基本的功能就是给别人叫的，但是不同的名字叫起来感觉也是有很大差别的，比如有的人名朗朗上口，喊起来金声玉应；而有的人名字不响不亮，叫起来底气不足，这是为什么呢？原因就在于，起名者忽略了名字的音韵之优美。所以，要起一个好名字，就要对字的音、义、形有所了解；同时，还要考虑到字与字组合后所产生的整体意义及音韵效果。

名字的音韵美，主要体现在两方面：一是词语描绘的音韵美，如钟长鸣、邱金声、罗振玉、李鸣珂、林月琴、周凤鸣、金剑啸、管松涛、杨鹤声等，这是语义上的音韵美。二是语音铿锵、朗朗上口，读起来抑扬顿挫、轻松舒畅，如鸣琴弹曲般赏心悦耳。如丁文昌，声调为一二一，音响为高、中、高，既响亮又富于变化，还具有回环美。再如王力宏，声调为二四二，音响为高、低、高。

这些名字在语音上的共同点是：相连的两个字声调都不相同，即声调是一条变化曲线，就像乐谱的音符不断回环变化一样；相连的两个字，音响的档次大都不同，造成声音的轻重变化；多数名字的中间字取弱音，末尾字取较响亮的语音，这样不仅音美，而且便于传播，呼唤效果好。取名时以上三点应统筹兼顾，这样就使所起的名字，从语意到语音都具有金声玉振之美。

给孩子起名还要注意声调。汉字的声调有四声，普通话的声调有：阴平（声调的第一声）、阳平（声调的第二声）、上声（声调的第三声）、去声（声调的第四声）。名字是否响亮，是否悦耳顺口，起主要作用的是声调，这一点在起名时往往会被忽略。近体诗和词曲之所以显得抑扬顿挫、错落有致并且具有音乐般的旋律，其原因正是由于声调的和谐。同样姓名尽管只有几个字，声调的作用却不容忽视。

中国的姓氏从声调分，也可分四类，由于姓氏声调不同，它们对名的声调要求自然也就不同。

1. 阴平类。如：沙、刁、柯、方、金、衣、包、孙、丁、薛、奚、温、安、周、申、宫、江、郭、高、甘、曾、崔、朱等。以单名为例，每个姓氏都有四种声调组合形式，名字由于声调配合较好，听起来会比较舒服一些。如：张飞、朱熹、方舟、艾青、沙金、丘弘、甘宁、周瑜、包拯、干宝、辛勉、邹鲁、崔岳、曾震、班固、高旭、庄肃、郭亮等。

2. 阳平类。如：刘、陈、杨、王、石、余、于、冯、吴、邢、柴、门、姚、胡、袁、徐、常、曹、彭、乔、黄、韩、齐、裴等。以单名为例，姓氏与名字声调配合较好的有：刘苍、毛享、曹丕、余熙、冯允、黄侃、程鼎、卢勇、韩愈、佟岱、侯翼、陈毅、袁镇、刘畅、杨扬等。这些名字叫起来给人一气呵成的感觉。

3. 上声类。如：董、李、孔、古、左、史、冷、许、贾、巩、郝、吕、米、蒋、马、纪、柳、阚、沈、鲁、伍、海、展、武等。以单名为例，姓氏与名字声调配合较好的有：左思、古心、冷曦、武英、马超、耿光、葛洪、李白、

管宁、阚泽、褚渊、伍乔、鲁肃、贾谊、吕布、海瑞、许慎等。

4. 去声类。如：陆、赵、邓、万、宋、杜、步、孟、毕、夏、贺、廖、幕、郑、付、尚、范、盖、费、聂、谢、魏、贝、霍等。以单名为例，姓氏与名字声调配合较好的有：岳飞、孟轲、宋江、范增、卫青、贺龙、郑玄、赵云、陆游、杜甫、项羽、叶挺、路楷、邓鲁。

单名的声调容易掌握，叫起来干脆利落，能充分展示一个人的性格或是家庭文化背景。双名多了一个字，声调问题相应也复杂一些。下面是一些声调配合协调的名字：朱元璋、卓尔康、米万钟、丘禾嘉、苏奎章、高占祥、丘逢甲、崔如岳、钟子期等。

一般来说，取音韵优美这类名字往往需要有较深的文字修养，掌握高超的文字技巧，才能收到好的效果。总之，在起名时，不要仅仅考虑一时一事，还要把方方面面的问题都考虑进去，尤其是在读音上更不能太随意。

（4）好名字的字形要好看

汉字是世界上独一无二的文字，并且其数量也是最多的。大家熟知的《康熙字典》其中收录的文字就多达 4 万字。尽管汉字字数繁多，可是各有不同的结构，除了独体字之外，有左右结构、左中右结构、上下结构、上中下结构、上合下分结构、上分下合结构、全包围结构、半包围结构、品字型结构等。独体字有如万、方、王、马等姓氏，左右结构如柳、张、段、靳等姓氏，左中右结构如谢、树、濮等姓氏，上下结构如李、章、罗、金等姓氏，上中下结构如莫、冀、黄等姓氏，全包围结构有国、园等姓氏，半包围结构有赵、巨等姓氏，品字型结构有聂姓等。

另外汉字还有笔画繁简、虚实、肥瘦之分，而且真正的常用字也只有 3000 多个，生僻字较多。一个名字由两个或三个字最多四个字组成，用作起名的字要注意与姓氏用字的形体上的协调。在姓氏固定的情况下，要注意的也就是起名用字与姓氏的合理搭配。以下几个方面我们是需要注意的：在起名的时候，姓名中每个字笔划要相对均等；各种形体的字最好有些变化；用字要注意姓与名用字的协调，只有这样才回看上去才显得整体和协调。另外下面的问题尤其值得引起重视：

① 不宜用笔画太多的字。

如果一位小学生，一开始上学便要他写几十画的名字，实在是一种无形的压力，甚至会打击他学习写字的积极性和自信心。而我们成年人在人际交往中也会常常书写自己的姓名，如果笔画太多也会感到是一种负担。

② 名字的部首、偏旁要避免相同，部首相同使人有一种重复、单调没有新意的感觉。

例如：江波涛、何信仪等就属这种问题。

③ 用字要注意强弱虚实、肥瘦长短之分。

现举例如下：

强：斗、阳、泰、戚、兴、达、武、猛。好动，易热易冷、果断、阳光。

弱：穿、离、己、门、口、空。缺目标，缺乏斗志、没有激情。

实：国、福、昌、室、宜、风、家、尊。稳定，较保守，勤从事，稍顽固。

肥：施、圆、丰、赐、态、备等，看上去较笨重。

瘦：七、小、干、卜、子、于、卡、千。虽有活力，但本性较弱小。

长：早、芥、申、奇、年、平、芽、被、辛、竹。能伸不能屈，知进不知退，缺乏忍耐力。

短：四、丑、土、正、也、企、山、丘、生、女。毅力不佳，难得贵人扶持。

（5）好名字让人过目不忘

一个人的名字是让人叫、让人记忆的，确切地说我们的名字是给他人取的，而一个名字能够让他人瞬间记住那是对自己名字最好的赞赏。如果能做到让人过目不忘，甚至过耳不忘那就是我们取名字的最理想的效果了。当然，你的名字如果容易让人产生歧义，当作笑话而记住，而过目不忘，出现这种适得其反的结果是我们要防止的。好名字，往往是那些比较文雅、富有意义的名字。起这样的名字要使人过目不忘、过耳不忘，往往是姓名搭配合谐，并表达了某种积极意义的名字，是善于借用典故成语，表达了人名的某种意味的名字，或者是借用名人、古人名字改造的一些富有意义的名字。如“杨光”的名字,谐“阳光”音而表意；如“唐前燕”的名字取“旧时王谢堂前燕”的诗句谐音表意；如“华而实”的名字改“华而不实”的成语表其反意；如“李如白”的名字借大诗人李白的名字表“如李白”之意，这些名字就达到了既

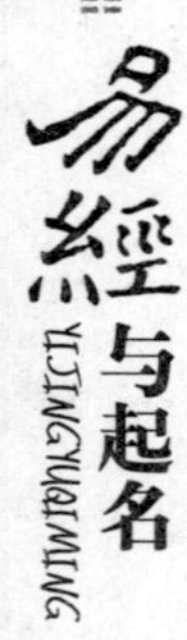

有雅意又好记的效果。要防止不好记，或者好记而无雅意的名字应该注意：

① 不可用太俗的字。

因为一个人的名字是与自己相伴终生的，如果在选择名字的时候选用了太俗气的字眼，会让看到或者听到我们名字的人认为我们是个没有文化、没有品位的人。例如“李小五”，见了这个姓名，你想到对方是个什么人？即使他确实才高八斗，我想也是需要很长时间的认识才可以知道他是不是真的有学问。

② 不要取太洋化的名字。

例如：卡利、约翰、玛利亚等等这种名字可能会使人与之交往产生戒备心理，不知道对方究竟是个怎样的人，因为这样的名字不太符合中国人的逻辑思维，在大多数情况，名字还是不要崇洋媚外的好。

（6）好名字合乎本人的职业背景

起名应尽量符合名主的职业、身份。一个好的名字就是一个人的微型档案。通过一个人的名字，应能大体看出这个人所从事的行业、爱好、职业、性格、家族等诸多情况。名字，仅次于指纹、相貌一类特征，打上了个人独特的印记。

在封建时代的中国，士大夫阶层对姓名非常注意字意的选择。书翰人家，多望子女学业有成，起名为“冠柔”、“文良”、“明虞”之类；风云人物，多望子女胸怀大志，故名为“枕毅”、“尧中”、“宏远”之类；治业经商之家，多望子女一帆风顺，名作“吉昌”、“蕙昌”、“化安”之类。

在中国古代和近现代文学家、艺术家当中，还颇流行笔名、艺名，以代表自己的职业、地位、身份。在北宋年间，在开封表演武打的，有掉刀、蛮牌、董十五、没困驼、风僧哥；表演驯兽的有刘百禽。在南宋的临安城，演史艺人有乔万卷、武书生、许贡士、张解元、刘进士、周八官；表演杂剧的，有江鱼头、眼里乔、金鱼儿、小桔皮、自来俏等。

如果名字的笔画开张，末笔向外，笔势灵活，圆角较多，字里行间透露出一种灵气，说明这人的性格是外向型的，活泼、开朗、喜欢交际，为人随和，讨人喜欢。他的工作可能与公关、导游等职业有关。如果名字笔画齐全、字体端正、行向平稳，说明名主是一位逻辑思维能力强、冷静、谨慎、克制、成熟、稳重、办事有条不紊的人。他可能正在做着编辑、科研、制图设计、律师方面的工作。如果名字适中有致、刚健疏朗，则象征着做事胸有良谋，从容不迫，有可能做什么工作都能做好。如果名字柔和、浪漫、富有创意，名主从事的职业可能是美术、书法、电影等艺术性较强的工作。

有的名号则极差，如一家小型综合商店取名为丽人商店，易被误认为美容用品店或专为女性而设的商店；万利商场易使人怀疑一本万利、变本加厉，令人望而止步，产生反感。

（7）好名字整体协调统一

整体协调统一包括姓名的协调和与周围人的协调。

姓与名意义相连，应和谐自然，千万不可赶时髦。

姓氏与用名选字讲究极大，不只是要注意单个字的音形义，更重要的要看姓名的整体组合搭配。如马功成（马到功成）、吴迪（天下无敌）、任飞（天高任鸟飞）、石破天（石破天惊）、林中燕（像林中的燕子自由自在）……这些姓与名浑然一体，一气呵成。而胡爱（女名，胡乱爱别人）、胡爱君（胡乱爱你）、马虎（马马虎虎）、吴命魁（吴名鬼）、吴仁生（没有人生）、吴寿康（没有康寿）都是姓名配合不当，易引起种种意想不到的麻烦。

纵观中国的姓氏，百分之八十以上都有字义，另一些姓氏也与他字谐音。利用好姓氏的字义，一是注意当姓氏与名字搭配在一起时，不要产生相反或不良之意；二是姓氏的字义与名的字义合为一词要产生较强的整体感。选字的领域相当宽广，万勿捡别人用过的“成品”或俗白卑俚之词；三是不要为姓名一体而牵强附会地选择那些晦涩难解、音韵拗口的古词废字。比如国民党军统头目沈醉，醉为喝多了酒之迷混状态，谁也不曾想将此字人名；然而当醉字与沈姓合在一起，则意味深长。倘若不顾姓氏，刻意效仿，取什么张醉、李醉、王醉，则必任人哂笑而已。上面所举的这个沈姓，除了作为姓氏，还另有含义。若名字搭配得当，则意味深长。南北朝梁时骠骑大将军名为沈重，深沉庄重之意。

3. 有关起名的八字忌讳

（1）忌用拗口字

汉字的发音规律也是世界上独一无二的，起名用字一定要符合这个规律

读起来才能朗朗上口，否则就跟绕口令似的，很容易闹笑话，从而影响自己的形象。

汉代开国皇帝刘邦手下有个著名的谋士叫郦食其，善于出谋划策，他的事在《史记·郦生陆贾列传》中有详细的记载。郦食其，这三个字应该怎样读？很多人都会问这个问题。《史记正义》解释说："历异几三音也。"现在正确的读音是 liyiji，名字读起来就很拗口。

教育学专家士奇先生生于书香门第，其父赐以佳名为食其，很多人把他的名字读错了，还询其由来。士奇先生不胜其烦，干脆改食其为士奇。还有一位叫林英琴的女性，名中的"林"、"英"二字在读音上十分接近，因此读起来颇不顺畅，还不如"林月琴"听起来爽朗。

像类似的名字读起来费劲、听起来吃力，弄不好就会读错、听错。原因何在？因为取名用字违反了汉字的发音规律，读起来拗口，几乎成了"绕口令"。

事实证明，两个字的名字还好点，三个字的名字相对来讲就要高一点，如果四声安排得不好，读起来就不顺。比如三个字都用上声，如孟晓埂，读起来就非常别扭，好像不能一口气读完似的，如果自己的名字让人读得还要歇口气的话那就让人太费劲了。但是三个字都用去声也不好，如郑治贺，读起来不好听，不如叫郑治龙好听，因为龙是平声。第三个字是平声，给人以向上的感觉。第三个字也不是绝对不能用去声，可以在它前面用一个阳平，比如娅字前面用宁或任（都是阳平）。也可用连字：娅娅、茜茜等，不过这些连字多用于女孩子的名字。男孩儿的名字，第三个字是用平声为好，有平声可以使读音响亮，有阳刚之气。

在社交场合中，常常因为读错他人的名字或者听错他人的名字而陷入非常难堪的境地，那么怎样才可以避免类似的情况发生呢？那就是我们在起名字的时候要注意字音的压韵，概括起来，主要有以下几个方面：

① 尽量避免姓和名的声母、韵母相同，如汪文威、旁波邦，读起来就很不顺口。姓和名之间应该韵辙有别。

② 避免姓名的声调相同，如柳景选，全是三声；张湘霜全是一声，读起来就很不顺口。姓和名之间应平仄协调。

③ 注意声母和韵母的搭配。如果声母和韵母搭配不当，读起来就会让人感到拗口，如艾亚英、曹芳、白朋悦。

例如，“孟晓选”这个名字的三个字都是上声，读起来很不响亮，如果改成“晓宣”效果就大为改观了。名字的音韵组合是一个很复杂的问题，并无教条可言，我们在这方面的总的原则是悦耳、响亮，使名字富有音乐感和节奏感。

（2）起名忌姓名不搭配

有一个叫黄清泉的小男孩，从字面意思来看，即清澈见底的泉水，本来这个词给人一种清凉的美感，但它与“黄”联在一起就变味了，成了“黄泉之水”，即“人死后埋葬的地方”这就令人很不舒服了。

起名讲字义，字义有一个姓与名的组合问题。例如，“白如雪”这个名字就是姓与义在字义上的很好的组合。作为一个姓，“白”这个字并没有什么意思，但将它与“如雪”联系在一起，就构成了“洁白如雪”这一高雅、深刻而又完美的字义，听到这个名字，就会产生一种清清爽爽的感觉，并对之肃然起敬。

类似的名字还有“高洁”，使人想起陈毅“欲知松高洁，待到雪化时”的诗句，具有同样效果。再如，“周而复”这个名字也是如此，构成了“周而复始”的完美字义。“朱璧合”这个名字，构成“珠联璧合”的谐音和含义：即“珍珠串在一起，美玉合在一块”。

这类名字往往因“姓”制宜，就地取材，依姓连名，似乎信手拈来。如于得水、白云飞、柳成行、冷如云、牛得草、马千里、黄谷柳、万山红等。看似出自天然，实则颇费心机，虽经精雕细刻，却不露斧凿痕迹，浑然天成，令人称奇。

反过来，如果在命名时不考虑姓与名在字义上的组合，就有可能出现差错，给人留下笑柄。例如，“胡作为”这个名字就犯了这个错误。“作为”这个名字的字义并不坏，意思是“有作所为”、“做出成绩”等，但与姓“胡”联在一起，就在一个层面上构成了“胡作非为”之意，完全成了一个贬义词了，听起来很不是滋味。

可见，注意姓名在字义上的组合，力避谬误，力求完美，是每一个渴望给孩子取好名的父母应该重视的一项。

（3）忌用生僻怪异字

汉字的文字体系浩翰繁杂，单是《康熙字典》就收有42114个字。当然，其中有3万多字是我们日常工作和生活都不常用到的，可是有的人在起名时，

总是喜欢用这些不常见的生僻字，有的甚至连专业人士都不知所云。也许当事者的初衷是，用一般人不认识的冷僻字起名，会留给人一个有学问、有教养、有内涵的好印象，其实结果恰恰事与愿违。名字是一个人与他人交往的工具，如果谁都不认识，那还有什么意义？再者，从心理学的角度来讲，当一个人对另一个人的名不认得或读不出来时候，就会产生一种尴尬、烦恼的感觉，甚至厌恶、躲避，甚至根本不愿与之交往。

心理学方面的专家曾做过一项调查研究，凡用比较冷僻的字起名的人，一般社交能力都差，且 80% 以上的人性情孤僻。

名字既是一种与他人交流的工具，又是一种获得共识和给别人以良好印象的名片，也可以这么说，它就是一种人与人交往的载体，所以，只有选用众人都能认读的字，也就是说选择好载体，人们才不会在初见某人名片或听到某人名字时陷入难堪的境地，最关键的是这样做能够更好地做到与他人的交流和沟通。

有位声名显赫的文学教授，第一次听他作自我介绍，不少人差点把黑板上的名字念错，在笑自己无知的同时，人们也不禁感叹：一位教授难道不会起一个既高雅又明朗的好名字吗？

“怪僻”字犹如远离红尘、隐居深山的隐士，世人是很难认出他是何许人也，但是因为它的怪僻确实会给人留下非常不好的印象，更有甚者看到怪僻的字会躲避。

“怪僻”名字如同性格上怪僻的人，很难被人理解和接受。更多的时候，人们是靠工具书来寻找这“怪僻”字的涵义的，因此极易引起交往时的隔膜。宋词人姜夔其名也属其中一例，由于其词赋扬名古今，故被时人和今人所接受，但不是因为别的，是因为他的词。总的说来，与“怪僻”字有关的名字，还是不起的好。

（4）忌用“丑恶”字

好名字一定要要能让人感受到美和善，所以在名字中切忌出现凶坏的字眼。由于长期以来，不科学、不文明的陈规陋习和落后意识的影响，用凶坏的字眼取名，在我国很多偏远地区至今仍然流行，这不是一个好现象。

“凶”、“坏”字取名，主要表现在两个方面：

一是用“病疫”字取名，过去用痤疮、许瘾、石痴、宿瘤女以及王伛、陈橐等。

这类名字，有的是“洪水”、“猛兽”，威胁着人们的生命与安全，是人类的天敌；有的是大难不死的幸存者，对灾祸心有余悸；有的则直接以“凶”、“邪”的面貌出现。原意似乎是“以凶对凶、以邪治邪”，但无意间又给人们的心灵带来了阴影，令人担惊受怕，难以安生。

二是用“凶祸”字取名，如元凶、朱邪、郭老虎、许赤虎、王罴、李劫夫、洪水、乌云、黄天等。

这类名字，有的是“洪水”、“猛兽”，威胁着人们的生命与安全，是人类的天敌；有的是大难不死的幸存者，对灾祸心有余悸；有的则直接以“凶”、“邪”的面貌出现。原意似乎是“以凶对凶、以邪治邪”，但无意间又给人们的心灵带来了阴影，令人担惊受怕，难以安生。

三是指品行方面造成“恶劣”后果的字眼。用这种意思起名，都会给正直、善良的人们造成反感，因而是不可取的。

例如，竖刁、刁协（邪）、唐狡、狂狡、熊疑、赵奢、谷缺、吴贱安、李混子等，是用“恶劣”的品行字命名。这样的名字，有的令人望而生“畏”，不敢接近；有的令人见而设防，小心“上当”；有的令人望而生“卑”，一种“卑视”、瞧不起的情绪顿时兴起。这些情感，对于建立良好的人际关系都是不利的。对“人名”的这些感受，自然会影响到对“主人”的态度。因此，这类人名在社会实践中发挥着消极的作用，无积极的效果，应当废止。

表示后果“恶劣”的名字，如宋夭、李完、闵损、杨衰、杨弃、普穷、叶光、田芜、孔圉、营终、寒贫、周公卒、孔翁归、国归父、郭则沉、陈大悲、熊负羁、毕祖朽等，这些名字，有的以死而终，令人沮丧；有的“衰”、“沉”，情绪低落；有的“贫”、“穷”，生存艰难；有的“悲”、“弃”，后果难堪。这样的名字，容易给人造成沧桑感、压抑感、颓废感，毫无生气和鼓舞向上的力量，所以也是不可取的。

应当说明的是，这些名字中有的含有同种意义，上述分析仅取其一。如周公卒，起名的本意可能是作周公帐下的一名小卒。但“卒”的另一意为“死亡”，从这个角度讲，周公卒就是诅咒周公早日死亡。同样，孔翁归、国归父的“归”，也有“归天”、“归阴”即死去的意思，与周公卒属一个类型。

总之，不管用哪种形式的丑陋、凶恶的字起名，都是消极的，有害的，

应当归入禁忌之列。

在科学技术日趋先进的现代社会里，人们取名字的时候尽量要选用让人开心和快乐的名字，不要让人看到名字就会心惊胆战，听到名字就内心产生一种厌恶情况，如果这样，那取名字就没有什么意义了，还不如直接称呼某某人好。

（5）起名要避讳亲长

司马迁写《史记》时，把“赵谈”改为“赵同”，把“李谈”改为“李同”。这是因为他的父亲名“谈”，所以要避讳。古代的人在说话作文时对字不能乱用乱写，而是在用到时有意避讳。除了不说及祖先的名字外，更重要的是在给孩子起名字时要对祖先的名字进行避讳。

华夏子孙起名，一般避免用祖先的名号，其一是汉族传统极讲辈分。以祖先名字为名，不但打乱了辈分的排序，而且会被视为对祖先的不敬。其二是由汉族的特殊性决定的。

汉姓，首先是承继父姓，然后起一个本人的名字，而某些少数民族或外国人，有本名、父名或本名加母姓、父姓。而法国人的姓名通常为三段，即本名，加母姓，加父姓。如果汉姓名在承继了父姓以后，再加上祖先的名字，那么两者就没有丝毫区别了，这样你根本无从分辨李四这个人到底是爷爷还是儿子了。

在封建制度下，人们不仅要“尊祖敬宗”，而且要奉为至尊，即使直呼君主的名字也是大逆不道的，清代的雍正、乾隆时，仅凭这一条就可以处人死罪并殃及九族。于是这种忌讳便被称为“国讳”。

如唐朝人因避唐高祖的祖父李虎之讳，把成语“不入虎穴，焉得虎子”改为“不入兽穴，焉得兽子”，把“画虎不成反类犬”改为“画龙不成反类犬”。清朝乾隆皇帝不允许百姓家门楣上贴有“五福临门”，因为他的世祖顺治皇帝的名字叫“福临”。

五代的冯道，善于做官，历经几朝，一度为相，人称不倒翁。有一天，他叫门客给他讲《道德经》。《道德经》起首的第一句就是“道，可道，非常道”。门客见一句话有三个“道”字犯冯道的名讳，便随机应变地将“道”字改为“不敢说”。于是这句话就变成了：“不敢说，可不敢说，非常不敢说。”

还有明末的湖广巡抚宋一鹤，有一次去参见总督杨嗣昌。因为杨嗣昌的父亲名鹤，为了避讳，他便在名帖上将自己的名字改为宋一鸟。

上面这些故事听来可笑，反映了人们避讳的风俗。现代人给小孩起名，一般也不用与父母名字中重复的字。此外，也尽量不以伟人、名人的姓名命名。

（6）忌讳过于夸赞的字

名字好听与否，不在于用词多么华美，而在于用词用得恰当到好处。但有的人可能会犯下错误：给男孩子起名，总是离不开一些过于生猛的字，如豪、强、炎、猛、闯、刚等，虽然斩钉截铁，读起来刚强有力，有男子汉派头，但也容易使人联想到浑噩猛愣、放荡无检，使气任性，不拘礼法，误认为是一些赳赳武夫，所以，自古以来，一般贵族士大夫在给男孩子命名时，都尽量避开这些字。因为中国文化认为，我之刚烈坚强，并非那些喜怒形于词色、遇事拔刀而起的血勇之人，而是一些内蕴浩然之气，遇事不惊不怒，谈笑风生的伟丈夫。有人给女孩子命名却又总是在一些春兰、秋菊、珍珍、艳艳之类的词里绕圈子，但是如果把它们放到一定的文化氛围中，就会使人产生飘浮的感觉。如女子名字中常喜欢的花、萍、艳、桃、柳等字眼就是。花虽俏丽明艳一时，独占秀色，出尽风头，但一场风雨过后，就会零落成泥碾作尘。杨柳亦属柔软脆弱之物，成语中的柳性杨花、残花败柳等，就表示出对这种事物所具有的象征意味的情感评价。桃花令人引起红颜易衰的联想，萍与柳又都是飘零和离别的象征物。所以，民俗中认为，取名时应尽量避开这些表面上明丽的字眼。

（7）忌讳姓名字体的单调重复

有些人命名，喜欢利用汉字的形体结构做文章。例如：石磊、林森、聂耳这三个名字即是此例。这种命名的审美效果颇佳，可惜我们的姓氏能如此利用的微乎其微。而且即使石、林、聂三姓，也不可能人人都使用这种方法。有些人取名时喜欢将姓名用字的部首偏旁相同，并将此作为一种命名技巧来推广，如李季、张驰，这种技巧实际上不值得提倡。如果姓名三个字的部首偏旁完全相同，就会使人产生一种单调之感。特别是当你在书法签名时，就会更强烈地感觉到，偏旁部首相同的名字，如江浪涛、何信仁等，不论如何安排布局，都有一种呆板单调之感，不会产生潇洒纵逸、变化多姿、曲折交替、气韵贯注的美学效果。我们既然是用汉字取名，就不仅要考虑意义上高雅脱

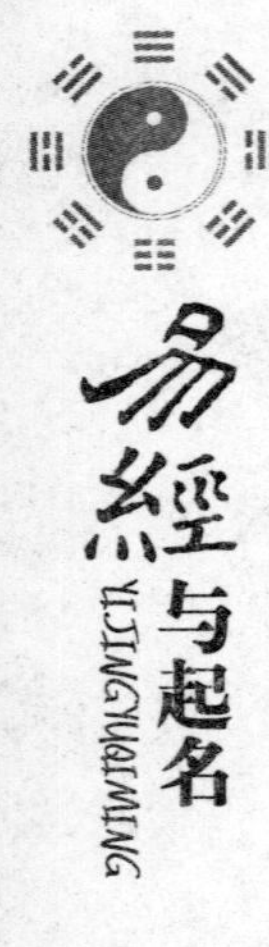

俗的抽象美，而且要注意书写时变化多姿的形象美。

上述例子说明名和姓存在形体结构的搭配问题。如果形体结构没有变化，姓名就显得呆板，拘谨。

在运用字形命名时，过去有两种技巧，一是拆姓为名，另一是增姓为名。所谓的拆姓为名是指取名时截取的一部分作为名，或者把姓分割为两部分作为名。如商汤时的辅弼大臣伊尹，其中就是取姓的一部分“尹”而构成的，还有现代著名音乐家聂耳，著名作家舒舍予（老舍）、张大弓、许午言、董千里、杨木易也都属此类。另外还有雷雨田、何人可等也是将姓拆为两部分作为名的。古人有些人将名剖分为字，如南宋爱国诗人谢翱，字振皋羽，字即由名拆开而成。明代的章溢字三益、徐舫字方舟、宋玫字文玉，清代的尤侗字同人、林佶字吉人都属此类。再如清代的毛奇龄字大可等。还有些人是将姓名剖分为号，如清代的胡珏号古月老人，徐渭号水月田道，则又分名入号。

所谓的增姓为名是指在姓的基础上再增添一些笔划或部首构成一个新字成为名，如林森、于吁、金鑫、李季等。

（8）忌讳多音字

我国的姓氏多半属于单音字。也有个别姓氏属于多音字，如：乐字。这种姓氏显然在交际时会造成麻烦。如果说姓氏的多音是无可奈何的事实，那么名字的拟定是完全可以避免这种麻烦的。山东某地有一个学生名叫乐乐乐，老师上课时却不知该怎么叫他，老师居然让这个名字给难住了。这个名字的三个字都是多音字，可有八种读法，读者有兴趣可以自行排列一下。

看来这个学生的父母是成心跟整个社会过不去，一个名字居然有八种读音，在交际场合如何使用呢？到头来别人想叫不敢叫，唯恐叫错了被人耻笑，吃亏的还是自己。别人叫不上来，可以不叫，可以避开。一个人的名字如果别人不叫，不使用，那么这个名字又有什么存在的价值呢？

所以对于多音字应尽量回避。如果要用，最好通过联缀成义的办法标示音读。例如：崔乐天、孟乐章。前者通过“天”说明“乐”当读 lè，后者通过“章”说明“乐”读 yuè。最后一个用意义告诉你应读什么。

汉语有相当一部分多音字常用的只有一个音。这样的多音字在命名时就不必担心使用时会产生误读。

第三章 八字和五行生克

姓名与生辰八字的关系，就像人的身体与精神一样。八字如人的躯体，而姓名则为精神，两者相互影响。人的姓名虽然相同，但生辰八字不同，命运也就不同。反过来说，生辰八字相同，而姓名不同，命运也会不同。因此，八字与姓名相匹配是一个好名字最基本的要求。

1. 什么是生辰八字

所谓“生辰八字”就是用天干地支表示一个人的出生年、月、日、时，“年干，年支”、“月干，月支”、“日干，日支”、“时干，时支”，四个组合共有八个天干地支组成，每一个组合称之为“柱”，形成“年柱”、“月柱”、“日柱”、“时柱”，所以八字又称为“四柱”或“四柱八字”。

如，阳历2008年7月9日16时生的小孩，其四柱八字为：戊子己未庚戌乙酉。阳历的2008年7月9日即农历的二零零八年六月初七，也就是戊子年，己未月，庚戌日，当天的16点是乙酉时，据此，就把这个孩子的八字推算出来了。

推算八字俗称“批八字”，有一种比较简便的方法，那就是查万年历。关于具体的批八字的方法我们稍后再谈

在“八字”中，八个天干地支在不同的位置有着不同的含义，如八字：戊子、己未、庚戌、乙酉，分别代表祖上父母、兄弟姐妹、自己、配偶子女。

在八字中，日干为自己，称为“身”。日干与其他天干地支五行属性产生生克关系，这是判断个人命运走势的重要因素。

2. 天干地支

生辰八字是用天干地支表示的，要想把八字搞清楚，首先就要知道天干地支的来龙去脉。

（1）十大天干

天干和地支一样，都源自易经学说。易经学说与道家和阴阳家的学说有很大的渊源，它是中国传统文化的一部分。易经中的知识与人们日常生活息息相关，所以在华人社会久盛不衰。天干虽然只是十个有序的符号，但却是易经里面非常重要的元素之一。十大天干依次为甲、乙、丙、丁、戊、己、庚、辛、壬、癸，可以循环使用。

天干最晚在夏朝已经开始了。有记载说，在夏朝后期就有帝王叫做孔甲、胤甲。其实，正式将这十个符号命名为天干，应该与地支有关，因为干为主干，

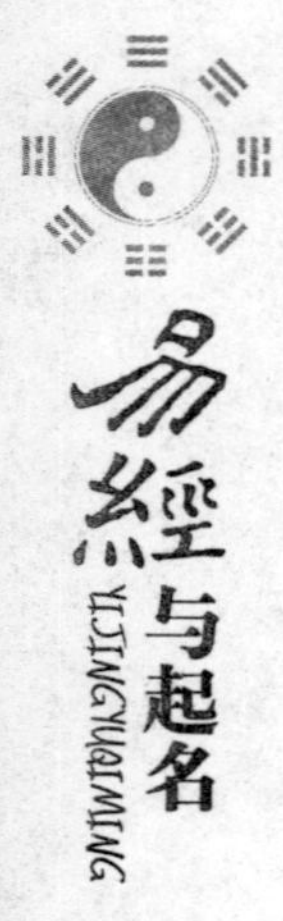

支为分支，两个相对的命名应当是一起出现的。在商朝时期，又开始出现了用天干与地支纪日；而我们现在的干支纪年出现得则要更晚一些。

十大天干各自的含义，在《史记》、《汉书》中均有部分记载。它们分别代表了事物的十个状态和逻辑顺序，大体含义是：

甲是拆的意思，意为破壳；

乙是轧的意思，刚冒出地面，还是弯曲的样子；

丙是炳的意思，长势正旺；

丁是强的意思，如同青春期；

戊是茂的意思，指万物茂盛，已是顶峰；

己是纪的意思，指万物有形可纪识；

庚是更的意思，指万物收敛有实，与乙相反；

辛是新的意思，新一轮的种子；

壬是任的意思，指阳气任养万物之下；

癸是揆的意思，指万物可揆度。

天干有五个组合，而天干组合之后，又会变化成另一种不同的五行，因而会产生不同的效应。除了化合之外，天干还会互相冲克，冲克之后又会产生不同的效应。

天干相冲：甲庚相冲，乙辛相冲，甲戊相冲，乙己相冲，戊壬相冲，丙壬相冲，丙庚相冲，丁辛相冲，丁癸相冲，己癸相冲。

天干相克：丙丁火克庚辛金，甲乙木克戊己土，庚辛金克甲乙木，壬癸水克丙丁火，戊己土克壬癸水。

天干化合：丙辛合化水，乙庚合化金，丁壬合化木，甲己合化土，戊癸合化火。

（2）十二地支

易经乃是儒家、道家思想的共同源头。从根本意义上来说，儒家和道家所主张的观点并不相同，而易经正是两者最好的结合者。天道循环是自然常理，君子效法天道，就应当崇尚此理，不能违天逆道，要顺时适变。正是由于易经的神秘性，许多人都想探明白，易经究竟是什么？人们常说，如果能够进入易经大的门，就可使人人可以断卦推命成为现实。

然而一提到易经，我们就不能不提到易经与地支的关系了。南怀瑾先生在《易经杂说》中说："五行和天干配合，包含了许多，如若再来配地支便又不同了。地支有十二个：子、丑、寅、卯、辰、巳、午、未、申、酉、戌、亥。"易经里所说的地支是什么呢？我们以现在的观念来说，是地球本身，在太阳系中运行，与各个星球之间互相产生干扰的关系，无形中有一个力量在支持着，这说是地支。

我国人民历代以来都相承着自己的一套历法，并以此指导自己的生活与农事活动。而夏历中的地支则是用来纪年、纪月、纪日的。在易经中地支已经归为《易经》八卦体系，以十二支配五行，形成一个新的属性和方位图，并以十二地支来计算月份和时间。

地支有六合：子丑合化土，寅亥合化水，卯戌合化火，辰酉合化金，巳申合化水，午未合，化火、化土。易经中地支相合者，有合作、结合、和好之意，人出生的年月日时—四柱的地支中，见上面一组或两组者，即为相合。

相合者，合化的程度，看化神的旺衰，化神越旺，则合化程度越大；化神越衰，则合化程度越小。相合，分生合与克合。生合有：寅亥合，亥水生寅木；辰酉合，辰土生酉金；午未合，午火生未土。克合有，子丑合，丑土克子水；卯戌合，卯木克戌土；巳申合，巳火克申金。此为合之正克。亦有合之反克之理存焉，如子水旺而丑弱，为子水克丑土；戌土旺而卯弱，为土克木；申金旺而巳弱，为金克火。

地支有与之相合，也必有与之相刑。寅刑巳、巳刑申、申刑寅，为无恩之刑。未刑丑、丑刑戌、戌刑未，为恃势之刑。子刑卯、卯刑子，为无礼之刑。辰午酉亥自刑。

易经中指出，地支中所说的刑亦主支，是刑动，其动幅一般小与冲。古有刑主伤病、官非之说，有一定道理，很多四柱逢刑之人一生多伤病官非。但又不尽然，有一部分人，一生少伤病或无伤病，亦无官非。有些情况在易经中也是一分为二，具体情况，具体对待。如相刑亦有吉有凶。

地支中所提到的相害也是相克，相害之吉凶，一看受损受伤之五行，二看喜忌神之损益。子未相害，丑午相害，寅巳相害，卯辰相害，申亥相害，酉戌相害。

如此说来，易经则与地支的联系可谓是相互的，易经中的所有纪时、纪月、纪年都由地支来完成，所有的地支的相合、相刑、相害与易经中的都是紧密结合的。

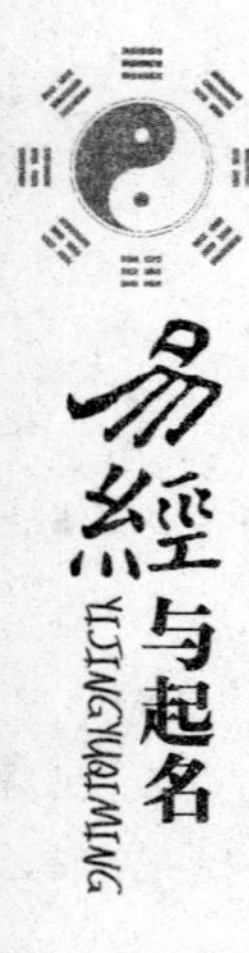

3. 有关五行的知识

批八字是为了让八字的五行与名字相配，如果不懂五行，那么批八字也就没有了意义。所以在起名之前，了解一下五行的知识也是必修课。

（1）五行的由来

五行是指物质所具有的五种属性，或者说五行是指金、木、水、火、土五种物质。中国古代人认为，宇宙就是由这五种物质或具有这五种属性的物质所组成的。关于五行的来源，《易经》上其实上并没有明确地直接提到金、木、水、火、土这五种物质。但是，后来由人根据《易经》的八卦母图所推导出的《河图》、《洛书》中却蕴涵了五行的思想，因而八卦便具有了金、木、水、火、土五行的属性。故而，最早明确指出五行的是《河图》、《洛书》。

（2）五行的出现

后世所盛行的五行学说，就是古代先哲们从《河图》、《洛书》中悟出并创立的。古代先哲认为，宇宙太极化育万物，太极生出天地两仪，两仪又生四象。四象是整个时空的结合体，即东南西北四方与春夏秋冬四季。

在《洛书》位的卦相分属木火金水五行，而剩下的四个方向即所谓的“四维”中的巽、坤、乾、艮四个卦属何五行呢？对此，我国古代的先哲是聪明的，他们认为巽卦位于东南方，为木之余气方位，故五行属木；坤卦为西南方，坤为地，五行属土；乾卦位居西北，为金之余气方位，故五行属金；艮位于东北为山，故五行属土。这样八卦就全部具有了五行的属性。这就是我国古代先哲们依据《河图》、《洛书》所创的五行。

（3）五行与易经

古人认为，八卦是包罗宇宙万象的，故八卦具有的金木水火土五行属性，便成为万事万物所具有的属性。且宇宙间的万事万物的生死存亡都受五行相生相克法则的制约，所以五行相生相克的法则还具有另一种相生相克的关系。

后来，古人以五行特性为依据，运用取象比类和推演络绎的方法，将自然界千变万化、千姿百态的事物和现象分归于五大类。这使古代的五行学说更具有现实的指导的意义。

五行所代表的对象不是孤立存在的实体，而是互相联系的有机生命本体。五者之间相生相克，由此演成丰富复杂的内在生命运动。

（4）五行与汉字

古人认为汉字深层埋五行，《指迷赋》又云："字，心画也形如笔，笔画一成，分八卦之休咎，定五行之贵贱，决平生之祸福，知目前之吉凶。"五行和汉字的笔画具有对应关系。

这种对应关系若简单讲，就是"立木，卧土，勾金，点火，曲水"。即横是土，竖是木，有勾者为金，有点者为火，有曲笔者为水。

（5）五行的生克

五行说是将世界万物都看作是由金、木、水、火、土构成，五行不断地运动变化才创造出这丰富多彩的物质世界，因此世界万物都带有这五种原素的内在气质。而五行之间以相生相克关系又影响着由它们构成的事物的总的气质。五行的相生相克是指五行的一种对另一种是促进的就是相生，是约束的就是相克。相生关系为：木生火、火生土、土生金、金生水、水生木。这是因为木材可以点火，火可使万物燃烧成炭，而灰土之中可炼出金属，金属遇冷可凝结水汽成水，水又使树木成长。相克关系为木克土、土克水、水克火、火克金、金克木。这是因为木能破土而出，土能阻挡水的泛滥，水能使火熄灭，火能使金属融化，金属结成刀斧又能杀死树木。

4. 排四柱、批八字的技巧

对于非专业人士来说，学习批八字首先需要有一本万年历。在选择万年历时，一定要注意两点：第一点要选择正版的，印刷质量好的，以避免错漏而贻误终身。第二点要选择那种交节换月时间记录到具体时辰的万年历。有些万年历交节时间只记录到日而没有记录到时辰，这样一来，在排定日柱时就会带来不必要的麻烦。

（1）排年柱

排年柱使用的是农历，出生当年的干支就是年柱的干支。例如生于农历

乙丑牛年，乙丑即为年柱干支；生于丁亥猪年，丁亥即为年柱的干支。

还有就是，很多人都认为年与年之交界点是大年三十和大年初一，这种观点是错误的。排年柱应以二十四节气的立春为年与年的交界点，是以立春之日为新的一年开始。每年立春日都不相同，应依万年历之记载为标准。

查万年历排年柱是比较快捷的方法，简单明了，一查便知。可是有些喜欢钻研的朋友就不禁要问，这些干支究竟是怎么来的？其实很简单，就是从十大天干和十二地支组合而成的60甲子序列循环往复而来。

60甲子序列：

1．甲子2．乙丑3．丙寅4．丁卯5．戊辰6．己巳7．庚午8．辛未9．壬申10. 癸酉 11. 甲戌 12. 乙亥 13. 丙子 14. 丁丑 15. 戊寅 16. 己卯 17. 庚辰 18. 辛巳 19. 壬午 20. 癸未 21. 甲申 22. 乙酉 23. 丙戌 24. 丁亥 25. 戊子 26. 己丑 27. 庚寅 28. 辛卯 29. 壬辰 30. 癸巳 31. 甲午 32. 乙未 33. 丙申 34. 丁酉 35. 戊戌 36. 己亥 37. 庚子 38. 辛丑 39. 壬寅 40. 癸卯 41. 甲辰 42. 乙巳 43. 丙午 44. 丁未 45. 戊申 46. 己酉 47. 庚戌 48. 辛亥 49. 壬子 50. 癸丑 51. 甲寅 52. 乙卯 53. 丙辰 54. 丁巳 55. 戊午 56. 己未 57. 庚申 58. 辛酉 59. 壬戌 60. 癸亥。

比如：2009年是牛年，地支无疑就是丑，年柱干支是己丑，排在第26位，那么明年2010年虎年的年柱干支就是第27庚寅，以此类推，后年2011年就是辛卯。等到60年以后2069年，又一个轮回，又赶上己丑。

（2）排月柱

和年柱不同，月柱的地支是固定的，正月为寅，二月为卯、三月为辰，四月为巳，五月为午，六月为未，七月为申，八月为酉，九月戌，十月为亥，十一月为子（十一月又称冬月）、十二月为亥（十二月又称腊月）。而天干就有一些变化了。天干对于月份应从年的天干推导得出，有歌决记之：甲巳三年丙佐首，乙庚三岁戊为头，丙辛必定寻庚起，丁壬壬位顺行流，更有戊癸何方觅，甲寅之上好追求。此歌诀的意思是凡天干为甲、己的年份，就以丙配正月寅，依次二月丁卯，三月戊辰直到十二月丁丑。凡天干为己、庚的年份，以戊为第一月开头，以下月份则依次排列。丙辛年以庚为正月开头，丁壬年以壬为开头，戊癸年以甲为开头。

下面这个年上起月表就说明了这个情况，大家在排月柱的时候可以参照一下。

年上起月表

年月	甲、已年	乙、庚年	丙、辛年	丁、壬年	戊、癸年
正月	丙寅	戊寅	庚寅	壬寅	甲寅
二月	丁卯	己卯	辛卯	癸卯	乙卯
三月	戊辰	庚辰	壬辰	甲辰	丙辰
四月	己巳	辛巳	癸巳	乙巳	丁巳
五月	庚午	壬午	甲午	丙午	戊午
六月	辛未	癸未	乙未	丁未	己未
七月	壬申	甲申	丙申	戊申	庚申
八月	癸酉	乙酉	丁酉	己酉	辛酉
九月	甲戌	丙戌	戊戌	庚戌	壬戌
十月	乙亥	丁亥	己亥	辛亥	癸亥
冬月	丙子	戊子	庚子	壬子	甲子
腊月	丁丑	己丑	辛丑	癸丑	乙丑

另外还要注意的是，和年柱一样，月和月之间的交界点不是以月初初一和月底三十为交界点的，而是以十二节气为交界点。例如六月未月，是由小暑之时刻开始到立秋入节之间为止。另外，命书是以节气为月的分界，例如年的分界是以立春为界而非春节。由立春开始，正月同二月分界是惊蛰，二月同三月分界是清命，三月同四月是立夏，四月同五月是芒种，五月同六月是小暑，六月同七月是立秋，七月同八月是白露，八月同九月是寒露，九月同十月是立冬，十月同十一月是大雪，十一月同腊月是小寒。所以在用公历换算成农历后，应按节气算月份排月柱。

举个例子，一个孩子出生日期是阳历 2009 年 2 月 3 日，换算成农历是 2009 年正月初九，这一天是大寒的最后一天，应该算作腊月而并非正月。因为 2 月 4 日才是立春，所以这一天的年柱也并非己丑年，而是戊子。参照上面的“年上起月表”，这一天的月柱就是戊、癸年相对应的乙丑。

（3）排日柱

日的干支同年的干支相似，也是由六十甲子循环往复，不停轮回而来的。

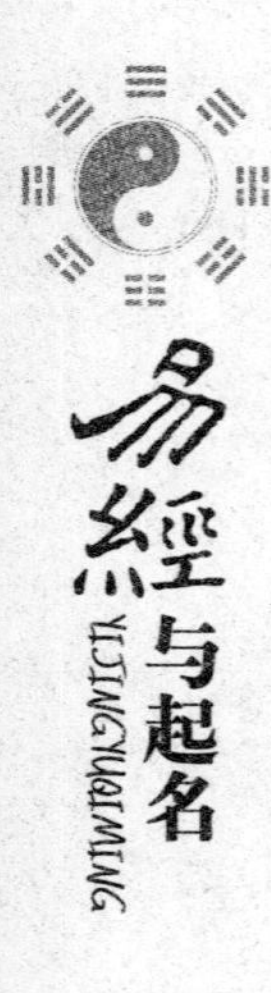

具体每月之干支，最好的方法是查万年历，因为计算每月三十天的日柱太过繁复，对于非专业人士来讲，没有必要浪费这个时间和精力。只要查出某年某月某日出生，在万年历记载的当天的干支，即为出生日的日柱。

（4）排时柱

万年历上只给出了年，月，日的干支，时柱却没有明确给出，这就需要自己推算了。时柱中的地支是固定的，即 23 ～ 1 时为子时，1 ～ 3 时为丑时，3 ～ 5 时为寅时，5 ～ 7 时为卯时，7 ～ 9 时为辰时，9 ～ 11 时为巳时，11 ～ 13 时为午时，13 ～ 15 时为未时，15 ～ 17 时为申时，17 ～ 19 时为酉时，19 ～ 21 时为戌时，21 ～ 23 时为亥时。

因为时辰的地支已经固定，那么排时柱只须要计算出时柱天干就可以了，大家可以参照这个口诀：

甲己还加甲，乙庚丙作初。
丙辛从戊起，丁壬庚子居。
戊癸推壬子，时宫定不虚。

这个推算时柱口诀的使用方法是：日柱天干是口诀中每一句前两个字之一者，它的时柱天干的求得就是从子时起算第一个天干。

如“甲己还加甲”，就是甲日或己日的子时的天干是甲，即子时是甲子时，依次可顺数求出其他时柱分别是：乙丑、丙寅、丁卯、戊辰、己巳、庚午、辛未、壬申、癸酉、甲戌、乙亥。

“乙庚丙作初”：日柱天干是乙或庚时，它的子时干支就是丙子时，依次可求出其他时柱为丁丑、戊寅、己卯、庚辰、辛巳、壬午、癸未、甲申、乙酉、丙戌、丁亥。

“丙辛从戊起”：日柱天于是丙或辛时，其时辰的干支便依次是：戊子、己丑、庚寅、辛卯、壬辰、癸巳、甲午、乙未、丙申、丁酉、戊戌、己亥。

“丁壬庚子居”：日柱天干是丁或壬，子时为庚子时，其他时柱依次是：辛丑、壬寅、癸卯、甲辰、乙巳、丙午、丁未、戊申、己酉、庚戌、辛亥。

“戊癸推壬子”：日干是戊或癸时，此日的子时就是壬子时，其他时柱顺推为：癸丑、甲寅、乙卯、丙辰、丁巳、戊午、己未、庚申、辛酉、壬戌、癸亥。

为了使广大读者朋友便于掌握，在排时柱时可以参照下面这个“日上起时表”。

举个例子，一个孩子是阳历2009年2月4日21点40分出生，查万年历可知他的年柱、月柱、日柱分别是己丑、丙寅、庚辰。出生时间21点是亥时，查“日上起时表”，日柱的天干“庚”与亥时所对应的干支是丁亥，丁亥就是这个孩子的时柱。那么，阳历2009年2月4日21点40分出生的孩子的四柱八字就是：己丑、丙寅、庚辰、丁亥。

日上起时表：

日时	甲、已日	乙、庚日	丙、辛日	丁、壬日	戊、癸日
子时	甲子	丙子	戊子	庚子	壬子
丑时	乙丑	丁丑	己丑	辛丑	癸丑
寅时	丙寅	戊寅	庚寅	壬寅	甲寅
卯时	丁卯	己卯	辛卯	癸卯	乙卯
辰时	戊辰	庚辰	壬辰	甲辰	丙辰
巳时	己巳	辛巳	癸巳	乙巳	丁巳
午时	庚午	壬午	甲午	丙午	戊午
未时	辛未	癸未	乙未	丁未	己未
申时	壬申	甲申	丙申	戊申	庚申
酉时	癸酉	乙酉	丁酉	己酉	辛酉
戌时	甲戌	丙戌	戊戌	庚戌	壬戌
亥时	乙亥	丁亥	己亥	辛亥	癸亥

5. 八字与五行

批八字的目的是为了查看五行属性，以便根据这个五行属性找出相对应的文字，最终起出一个吉利的名字。

八字是由干支组成的，八字的五行分别就是四个天干和四个地支的五行属性的组合。所以首先我们要明确十大天干和十二地支的五行属性。

天干的五行属性、方位：

甲为阳木，栋梁之木，东方。乙为阴木，花果之木，东方。丙为阳火，太阳之火，南方。丁为阴火，灯烛之火，南方。戊为阳土，城墙之土，中方。

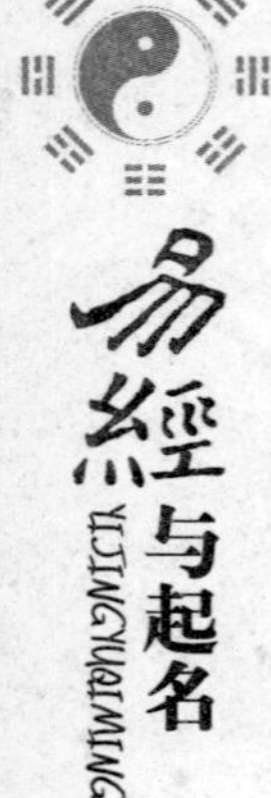

己为阴土，田园之土，中方。庚为阳金，斧钺之金，西方。辛为阴金，首饰之金，西方。壬为阳水，江河之水，北方。癸为阴水，雨露之水，北方。

地支的五行属性、方位：

寅卯属东方木，为春，寅为阳木，卯为阴木；

巳午属南方火，为夏，午为阳火，巳为阴火；

申酉属西方金，为秋，申为阳金，酉为阴金；

子亥属北方水，为冬，子为阳水，亥为阴水；

辰戌丑未属四季土，辰戌为阳土，丑未为阴土。

举个例子：

某人农历一九八一年八月初三凌晨4点出生，查万年历可知年柱、月柱、日柱分别是辛酉、丙申、辛巳，凌晨4点是寅时，查表得时柱为庚寅。那么此人的八字五行就是：

辛：阴金；

酉：阴金；

丙：阳火；

申：阳金；

辛：阴金；

巳：阴火；

庚：阳金；

寅：阳木。

可以看出，此人的八字中包含了五个金，两个火，一个木，并且代表自己的日干是一金一火，很明显，属金命，命中缺水缺土。那么在起名的时候就要尽量找那些五行属性为水或土的字，以平衡日干金火相冲带来的负面影响。除此之外，从八字五行中也可以看出一些其他与起名无关的信息，比如吉利的方位，如金属西方，属金的人宜往西走，不宜往南走，否则受与火相冲，不吉。

当然，要起出好名字做到这一点是远远不够的，这只是一个基础，一个好名字还要和五格、三才的数理相匹配才能更加积极地影响自己的人生。关于五格三才，在下一章我们会有详细的论述。

第四章
五格数理与起名

所谓“五格数理”就是用人的姓名五格（天格、人格、地格、外格、总格）笔划数去解释和推算名字的吉凶。五格数理是在《易经》的“象”、“数”理论的基础上，用姓名的笔画数构建起的测名、起名体系，并运用阴阳五行、相生相克的道理，以此推算人生各方面运势的一种简单易学的起名方法。

1.《易经》与五格数理起名

严格地说，五格数理是一种检验姓名吉凶的方法，也就是所谓的“验名法”。起名之前先推算八字五行，根据五行找出与之相匹配的备用字，然后再用五格数理逐一检验。

五个数理发源于《易经》和阴阳五行说。

传统的五行理论是运用金、木、水、火、土五行相生相克的道理，来分析事物之间内在联系。如五行相生，相辅相成，即木生火、火生土、土生金、金生水、水生木。

五行相生意味着相互推进、顺利、幸运。但是，五行又相克。这就好比战争，彼此敌对，互相残杀，意味着艰难、凶灾。我们可以这样来理解五行相克的意思，如木克土、火克金、土克水、金克木、水克火。

太极生两仪，两仪生四象，四象生八卦，八卦生万物。《易经》认为，万物之根均为数，宇宙也是数。数始于一而终于十。五行也是数，按传统的五行理论来划分：

以一二为木，一为阳木，二为阴木。

以三四为火，三为阳火，四为阴火。

以五六为土，五为阳土，六为阴土。

以七八为金，七为阳金，八为阴金。

以九十为水，九为阳水，十为阴水。

这就是将“象”、“数”与五行结合起来推演变化用以揭示事物变化的内在联系。

姓名是文字组成的，而文字则是由点线组成的，即依据一定顺序笔画而组成的，因此姓名代表着一种暗示吉凶的数理关系，在下面的章节中我们将详细解读此中的玄机。

2. 五格数理的计算方法

所谓五格，就是指一个人的名字在数理上可以分天格、地格、人格、外格、

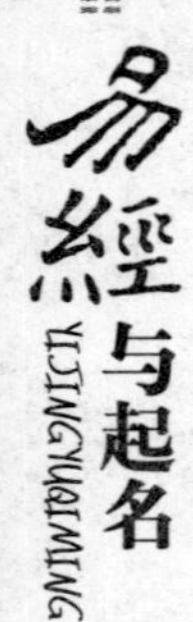

总格。根据这五格的笔画数理所表现出的不同情况，可以分析出当事人的运势吉凶。

（1）天格

天格就是人的姓氏,天格之数就是经过计算的姓氏的笔画数。此“天”有“先天”“继承”的意思，是无法选择的，原则上也不能变更，只能接受。又因姓氏来于祖先，古人将先人、君主比作天，故有关姓氏的格称为天格。

天格之数的计算分两种情况：

一、单字姓（如：张、王、李、赵），天格之数等于姓的笔画数再加一。如“王”姓为四画，加一，等于五，其天格之数即为五。

二、双字姓（如：欧阳、司徒、诸葛），天格之数等于双字姓笔画数之和，不再加一。如“司徒”姓，“司”为五画，“徒”为十画，合计为十五画，其天格之数即为十五。

（2）人格

人格是由姓氏与名字的第一个字组成。

人格之数的计算也分两种情况：

一、单字姓,人格之数等于姓的笔画数加名字中第一个字的笔画数。如“张志英”这个名字，“张”为 10 画（以繁体字为准，下同），“志”为 7 画，合计为 17 画，17 便是该名字的人格之数。

二、双字姓,人格之数等于姓的后边那个字与名中第一个字的笔画数之和。如“欧阳少民”这个名字,“欧阳”为姓,“阳”繁体为 17 画,“少民”为名,“少”为 4 画，合计 21 划，21 便是这个名字的人格之数。

（3）地格

地格之数就是名的笔画之和。一个人的姓名，除去姓氏，剩下的就是名。如“牛俊永”这个姓名,“牛”为姓,“俊永”为名,“俊永”即为该姓名的地格。

地格之数的计算如下：

一、单名，地格之数等于名的笔画加一。如“齐斌”，“斌”为单名，其笔画数为 12，再加 1，等于 1，13 就是齐斌的地格之数。

二、双名，地格之数等于作为名的两个字的笔画数之和。如“巩光清”

这个名字，地格之数等于“光清”两字的笔画相加。“光”为 6 画，“清”为 12 画，加起来为 18 画。18 就是巩光清的地格之数。

（4）外格

外格之数就是姓与名的最后一字的笔画数之和。

外格之数的计算有以下几种情况：

一、单姓单名，外格之数等于姓与名的笔画数相加。如“张石”这个名字，“张”为 10 画，“石”为 5 画，相加为 15 画，15 便是张石的外格之数。

二、单姓双名，外格之数等于姓与名的最后一字的笔画数之和。如“秦自阳”这个名字，“秦”为 10 画，“阳”为 17 画，加起来为 27 画，27 便是秦自阳的外格之数。

三、双姓单名，外格之数等于姓的第一个字的笔画之数加名的笔画之数。如“诸葛亮”这个名字，姓的第一个字为“诸”，为 15 画，名为“亮”，为 9 画，相加为 24 画，24 就是诸葛亮的外格之数。

四、双姓双名，外格之数等于姓的第一个字与名的最后一个字的笔画数相加。如“司徒立人”这个名字，姓的第一个字“司”，为 5 画，名的最后一个字为“人”，2 画，相加为 7 画，7 就是司徒立人的外格之数。

（5）总格

总格数是由组成姓名的全部笔画相加而来。

总格之数计算如下：

姓名的全部笔画相加，如“李二平”这个名字，“李”为 7 画，“二”为 2 画，“平”为 5 画，全部全加起来为 14 画，14 就是李二平的总格之数。

3. 五格数理之吉凶

五格数理各格所主导的运势对象是不一样的：天格为根，主父母运，一般情况下对个人命运影响不是太大。人格为苗，为一个人的主运。个人命运的好坏吉凶主要看此格。地格为花，主导一个人的 38 岁以前的运势。外格为叶，为一个人的副运，个人与外界和谐与否，包括人际关系、处世能力等，都可由此格看出。总格为果，主导一个人 38 岁以后的运程走势。按此法，一个人

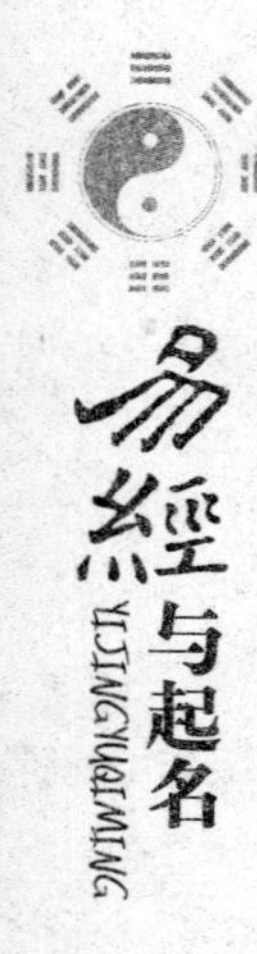

最好是根深、苗壮、花盛，叶茂、果实。

那么，怎样看各格的吉凶呢？这就是看数理如何。数为三类：吉数、凶数、半吉半凶数。

属于吉数的有：1、3、5、8、11、13、15、16、21、23、24、25、29、31、32、33、35、37、39、41、45、47、48、52、57、63、65、68、81。

属于凶数的有：2、3、9、10、12、14、19、20、22、26、28、34、36、42、43、44、46、49、50、53、54、56、58、59、60、62、64、66、69、70、71、72、73、74、76、77、78、79、80。

属于半吉半凶的数有：6、7、17、18、27、30、40、51、55、61、75。

全部数为从 1 ～ 81。81 复归于 1。超过 81 的数，减去 80，按余数。如 95 之数，减去 80，余 15，则作 15 之数看待。

看命运，主要看人格数、地格数、总格数。因为从人格看一生基本运，从地格看前运，从总格看后运。至于外格与天格，可作为参照。

具体运程走势和吉凶，请参看后面的：五格剖象 1—81 数理运势。

4. 五格姓名笔画数的计算原则

要准确地推算五格数理的运程，最重要的是正确地计算各格的笔画数，这其中有几个原则一定要牢记。

（1）姓名各格笔画数的计算以康熙字典中的繁体字为准。计算姓名笔画数时，要把本名的简化字变为按繁体字的笔画来计算，如“张”字要以“張”字、“权”字要以“権”字来计算。

（2）偏旁部首要按本字来计算。

月（肉），肉字旁，以肉字计为六画，如：胡、育、肥、脂。

扌（手），提手旁，以手字计为四画，如：扬、拓、抒、扶。

辶（走），走马旁，以走字计为七画，如：达、迈、迅、连。

忄（心），竖心旁，以心字计为四画，如：忆、怀、怡、恒。

氵（水），三点旁，以水字计为四画，如：洁、海、汶、泽。

犭（犬），犬字旁，以犬字计为四画，如：狄、狮、猛、狷。

礻（示），半礼旁，以示字计为五画，如：社、祝、祖、祥。

王（玉），斜玉旁，以玉字计为五画，如：琬、珀、玫、瑰。

艹（草），草字头，以草字计为六画，如：英、芳、芙、蓉。

衤（衣），衣字旁，以衣字计为六画，如：初、裕、袷、被。

阝（邑），右耳旁，以邑字计为七画，如：邓、邱、邝、郑。

阝（阜），左耳旁，以阜字计为八画，如：陆、阮、陈、阿。

另需特别注意的是：

以上所提到的文字部首以本字为准，如有出现上述字体，而该字体并非部首，则按实际笔画计算。比如："酒"归"酉"部，非"水"部，仍为10画，非11画。"巡"归"巛"部，非"走"部，仍为6画，非10画。"荣"归"火"部，"艹"在繁体字中为"火火"，"荣"字为14画，非12画。

如名字中有"一、二、三、四、五、六、七、八、九、十"的字按"1、2、3、4、5、6、7、8、9、10"画计算。

5. 人格数理与本人性格之关系

前文已经说了，名字的人格数理主要决定本人的运程走势，并且它与本人的性格还有着微妙的关系。下面我们将人格部1～10数理的情况逐一说明。（若超过10以上的数则去掉十位数，只看个位数）

人格部1：性情多好静，富于理智。温厚中还有华丽气质，具有不屈不挠的精神。表面看似非大活动家其实蕴含着相当实力，必取得相当的成功。其人生虽属渐进型，但终能为人首领。还可获得家庭幸福，但其人含有嫉妒心，大都好利。

人格部2：其个性隐忍不动，意志坚定，善耐困难，表面温和，内含怒气，也有固执倾向变怪者。较好异性，猜疑心重，嫉妒心特强，故易损害健康，切切警戒。

人格部3：性急进。血气旺盛，手腕灵敏，富活动力。名利心甚重，智谋才具备，感情猛锐，有如烈火之气魄，但也有气狭者。大都富有成功，盛名一时，但也能中途生出枝节。

人格部4：其内具爆发性的品质，表面却极平稳，如火燃湿木一样，虽起浓烟而不能成火之象，往往有抑制思想不敢告诉他人的性格，表里矛盾，徒

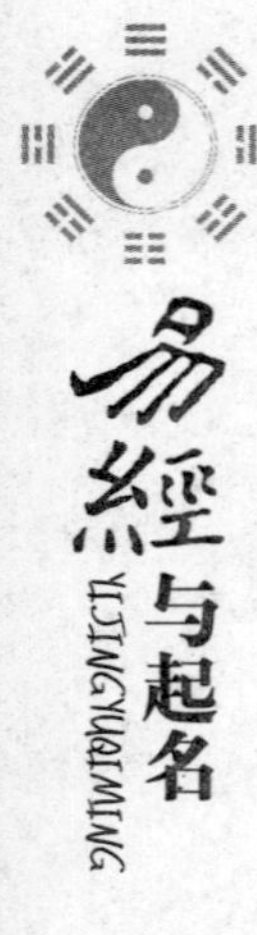

耗精力，擅长手腕，长于舌辩。有虚伪，多曲折者；有病弱、短命、家属子女缘薄者，总之家庭不幸者属多。如人格部为24数，则多温顺有智谋，易发财，可得权力名誉等幸运。

人格部5：心多洗练，容易亲近，温和沉着，有雅量，对人有同情心，荣誉心强。属于能享受家庭幸福命运。其内有刚毅心肠，却不显于外表，有易亲近的一面，又有易疏远的缺点，其嫉妒心稍强。

人格部6：其表面温和，内心刚毅，外表厚道，能得相当的成功，而享受家庭的幸福，富有侠义的同情心，无奈人生历程飘浮不定，身多病，磨难而不能平静。一方面可能有杰出之士，一方面可能有愚笨之辈。如果不配合其他格慎重剖析，则很难判断准确，但此数好色多情者居多。

人格部7：其意志坚定，攻击性强，果敢决断，但缺乏同化力。吃苦耐劳，好争辩，遇事不会融通，多为强雄的气魄，追逐权势，自我意识强烈。

人格部8：顽固如砺石，刚毅木讷，富于持久力。爱打抱不平。若善加修养，必能光明磊落。有如黄钟，击之则响。此数不适应女人，有强顽之嫌。

人格部9：其活动力强，社交广。有如浩荡之波，生性好动。有智慧，富理性，大都好权力名誉，但四处奔波徒耗精力。易陷于放纵荒淫。贪财好权是其特征。

人格部10：其性迟，缓滞不动，欠缺活力，但易受冲动。一旦时机来临，有如山风谷雨，心潮澎湃，易失财破产，有才智，不忘功名利禄。

另外，从一个人的人格与外格的五行生克关系也可以判断该人的性格特点。

木生火：热情而不持久，交友不广，真心相待。

火生土：温良亲切，慷慨好施，多礼貌。

土生金：温厚正直，消极低态，不善投机。

金生水：富机智，不爱私交，侠情义气，绝不利己。

水生木：理解力深，热情，倾于幻想，不重现实。

水克土：反复不定，好胜心强，一意孤行。

火克金：意坚性暴，叛逆性强，易受煽动。

土克水：反对宗教，观察浅薄，言行刚毅，内外不合。

金克木：固执，不喜应酬，叛逆性强。

水克火：斗气心强，反对宗教，神经过敏，好胜不屈。

6. 五格数理与婚姻

姓名的数理中，包含着对婚姻和家庭的吉凶信息。

姓名可以主导人的思想观念，人的行为却恰恰受到思想影响，这样一来我们就可以想象如果一对夫妻存在不同的思想观念，那在日后的沟通中绝对出现很大的问题，一个连沟通都有问题的家庭就没有资格谈幸福，正所谓不是一家人不进一门，这些都是在姓名的数理中存在的。

很长一段时间以来，我们就有这样的传统：男女配偶要合生辰八字，这有它的道理，通常被一般人所接受的，就是年龄不要相差三或六岁，这样的夫妻较难白头偕老。

选择理想的婚姻，在姓名学中，首先要知道双方的人格五行是否相克，相克的程度如何，可否化凶为吉避免日后出现灾难，还是选择双方人格五行相生为宜。从男方三才五行中观察，是否双妻命征兆。如果是双妻命，则必须等二十六岁以后才能结婚；如是女性二十四岁以后才能结婚，以免产生不良效应。这种说法在农村有很多人相信，他们在择偶中往往找人算一下。

按照中国传统说法，成功一词，对男性来说是指在工作和事业上取得成就的意思；对女性来说，则是指获得良缘，夫妻和谐相爱，子女健康等意思。

如果妇女姓名在数理中有首领数，就难得良缘，即使是天配良缘，短则九个月，长则数年，难免有离别的悲伤。所谓首领数对男人为吉数，对女人则为孤独寡运，或为夫妻实际分离。

剖析妇女的孤寡运数理，可不看天格之数。但人格、地格、总格、外格，不论何格 21、23、29、39 等数者就是首领孤寡运。这种数的妇女，大多数有工作能力，好胜心强，或性格趋于男性，个性刚硬而缺少温柔，终易导致孤、独、寡。

对妇女的姓名剖析，若其已婚，则应将其丈夫姓字冠于上方，合其本姓名计算。

年轻的女性成家后，冠上丈夫的姓字后作剖象，其总格若变为 9、10、11、19、20、27、28、29、31 等数理，其家庭难以幸福和睦。

年轻姑娘若其姓名剖象中人格、地格中包括有孤寡动之数，最好在结婚前改名，以免婚后有失偶之叹。

有一个叫徐彩婷的女士，18 岁时与第一任丈夫结婚，生一子一女。数年后，丈夫去逝。徐氏与第二任丈夫结婚，也生一子，五年后第二任丈夫也去逝，徐氏抚养遗孤成人，没过几年郁郁而终，终年 45 岁。

从姓名剖象看，其地格 23 数，总格 33 数，均为妇女孤独、寡运数。

从其姓名数理看，人格部 23 数是寡运的数理。

还有一位谢女士，她是抗战时期某银行高官陆非的夫人。陈某因一次意外而失踪，已多年无音信，故谢女士可谓为寡。

从姓名剖象看，谢女士的外格 39 属强烈的寡运凶数理，而陆先生的姓名为火急变的配置，易遭火灾，才有此结局。

王女士乃为江南某地一家大医院的名医萧长炎的夫人，5 年前萧医生命归黄泉，王女士从此寡居。姓名剖象看，王女士人格部 14 属女性孤数，而萧先生人格部 27 数，外格 9 数又是遭磨难的数理。

从上面实例可以看出，姓名数理对女性人生的特殊影响。凡未婚和正觅侣的年轻女子，如若其姓名部的人格、地格中有 21、23、28、29、33、39 等数时，一般婚姻问题上难以美满，不是找不到如意伴侣，便是成家后难得幸福和睦，最好的补救办法是改换名字。现将女性名数理与婚姻、家庭运势列出备考。

女性孤、独、寡运之数（难觅夫君、家庭不睦、夫妻两虎相斗）

21、23、26、28、29 二 30、39

女性德行优良之数（品性温良、助夫、爱子）:

5、6、11、13、15、16、24、31、32、35

7. 五格数理与健康

姓名的数理对人的健康影响是不容忽视的。姓名数理与健康的内在关系，主要通过天格、地格、人格三者之间相生相克而表现。

姓名的数理是如何影响人的健康呢？这好像是天方夜谈。然而，传统的中医学理论能够证明，姓名的数理的确影响人的健康。通过五行这个中介，就能找出姓名数理与人体五脏之间以五行（即金、木、水、火、土）为中介。肝属木，心属火，脾属土，肺属金，肾属水。因此，人体五脏通过五行而折映在 1 ～ 10 的数理之上。五行相生相克的关系，即表现人的健康状况。

在三才配置上，凡有这类水火凶克配置者，第一，易患心脏疾病；第二，易为外界压力而导致心神不安，严重者有精神失常现象；第三，易患突发的心脏疾病；第四，其人生中易遭灾。

洪秀全为太平天国的领袖，广东花县人。1843 年 6 月创立上帝会。1851 年在金田举行起义，建立太平天国，自称天王，九月攻克永安，第二年，经桂林克全州，进军湖北、湖南。1853 年定都南京，颁《天朝田亩制度》。1867 年发生杨、韦事件，在清朝政府与外国侵略者合力进攻下，安庆、苏州、杭州相继失守，南京被围。1876 年 6 月，洪秀全逝世，终年 50 岁。洪死后不久，太平天国革命彻底失败。洪死于何故？因无历史资料为证，曾引起过一些争论。

从其姓名剖象来看，人格为阳金克天格之木，而且地格之阳火又克人格之金，故其病区在神经系统和肺部。从三才配置综合来看，洪氏生前易患神经失常，重者会发狂自杀，有人认为洪氏应是在严峻环境压力下，精神极其不安，最终自杀身亡。

凡人格为火克天格之金，或地格之为火克之金者，其人易患肺病。人格之火克地格之金，或地格之火克人格之金者，其人易患气管炎，哮喘症。所以有人说姓名与健康的关系就是以数理上的关系做依据的，不知是否确有科学道理，还有待有志之士进一步考证。

8. 人格数理对天格、地格的影响

说明：天格、人格、地格若数理大于数 10，则十位数忽略不计，只看个位数，例如：数理为 19，则按 9 来算；数理为 30，则按 10 来算，以此类推。

（1）人格为 1 或 2 时对天格和地格的影响

对天格的成功运的影响：

天格 1 或 2：同为木，相辅相成，成功顺利，能平安实现自己的目的。（吉）

天格 2 或 3：上进顺利，成功迅速，容易达到目的。（吉）

天格 5 或 6：吉祥，但成功难，虽用尽苦心，达到目的较迟缓，易患肠胃病。（凶）

天格 7 或 8：命运被压抑，导致不良的结果，易得脑部疾病和神经衰弱，呼吸器官等难治之症。（凶）

天格 9 或 10：如同久旱逢甘露，成长发展无障碍，进步向上。（吉）

对地格的基础运的影响：

地格 1 或 2：基础安泰，能得到贵人相助，其雄心常发，事业有成。（吉）

地格 3 或 4：吉祥安泰，但天格为 9 或 10 时，则天格地格相克而变为凶兆。（吉）

地格 5 或 6：安稳，不易变动，立如坚石，身体健康。（吉）

地格 7 或 8：境遇变动异常，常受压迫，常受部下的攻击，如坐针毡之上，不安定因素伴随一生。（凶）

地格 9 或 10：一时虽能顺利发展，但不时可能有意外事情发生。

（2）人格为 3 或 4 时对天格和地格的影响

对天格的成功运的影响：

天格 1 或 2：受上级长辈的照顾关心，能顺利成功发达。（吉）

天格 3 或 4：受同伴排挤而有障碍，如地格为 5 或 6 时，虽有一时的成功也可能变为凶兆。（吉）

天格 5 或 6：能实现希望的目的功名成就，但其他格数理不良者，可能不遇机会。（吉）

天格 7 或 8：上进伸展较困难，心劳累，易患神经衰弱，严重者有发狂的可能。易患肺病等难症。（吉）

天格 9 或 10：命运被严重压抑，且有灾祸或急变。易患心脏病、神经麻痹或脑溢血等重病，严重的有自杀等情形发生。（凶）

对地格的基础运的影响：

地格 1 或 2：境遇稳固，能得部下之力，地位、财产均稳定妥当。（吉）

地格 3 或 4：可得一时的吉运，但基础薄弱，缺乏耐久力。但天格为 1 或 2 时为吉利。（吉）

地格 5 或 6：基础坚实，身适安泰，但天格为 3 或 4 时，则内部易产生分离倾向，且容易短寿。（吉）

地格 7 或 8：表面安稳，内实茫然，和家庭或亲友之间易发生纠纷，也

易患精神和呼吸器官的疾病。（吉）

地格 9 或 10：严重地不安定，有意外的空难，可导致财产、生命的损失。（凶）

（3）人格为 5 或 6 时对天格和地格的影响

对天格的成功运的影响：

天格 1 或 2：虽有不平不满之状，但以本来的德量，可无大碍，易患肠胃和腹部之症。（凶）

天格 3 或 4：有长辈、上级的爱护或者得到祖辈的余荫，可保平安无事。（吉）

天格 5 或 6：大体上能够平安顺利、幸福，若天格为 5 或 6 时，则性格不活泼，或者女性不重视贞操品德。（吉）

天格 7 或 8：成功顺利，能平安顺利地达到目的。（吉）

天格 9 或 10：处境稍有困难，并且频有障碍和困难，如控制驾驭力强也可以达到成功的目的。（半吉）

对地格的基础运的影响：

地格 1 或 2：境遇不安定，屡次变化，飘浮不定；易患胃肠疾病。（吉）

地格 3 或 4：安定，能避开灾害，能获得意外进展。（吉）

地格 5 或 6：性格稍有迟钝，稳重，易亲近也易离开，成功虽然较迟，但总体上是幸福的。（吉）

地格 7 或 8：虽有灾害的倾向，但能安定而有所发展。（吉）

地格 9 或 10：严重不安定，灾祸接连不断，受急变，没落，灾死的配置；易患脑溢血疾病。（凶）

（4）人格为 7 或 8 时对天格和地格的影响

对天格的成功运的影响：

天格 1 或 2：虽有困难，努力奋斗也可成功，但一般身心劳累，易遇不平。（凶）

天格 3 或 4：成功运被压抑，除特别的例外，一般难伸难展，也有可能产生精神障碍方面的疾病。（凶）

天格 5 或 6：受长辈上级的恩惠深重，心身健康，能努力向前，发展成功。

（吉）

天格 7 或 8：个性刚烈，心胸狭窄，内外不和，可能与朋友反目，或者夫妇离异。（凶）

天格 9 或 10：万事顺利，能达到预想的目的。（吉）

对地格的基础运的影响：

地格 1 或 2：外表安定，其实不然，若不慎则易倾覆；易患神经衰弱、肺部及其他病症。（凶）

地格 3 或 4：严重不安定，易失去本性，思想变化无常；易患呼吸器，脑部的疾病，到晚年更显凶兆。（凶）

地格 5 或 6：境遇安定，稳固，身心健康，德性高尚者能有大的成功。（吉）

地格 7 或 8：性格过于刚硬固执，容易陷入与人不和的矛盾之中，或者孤独。天格为 7 或 8 时，有损于身体健康。（凶）

地格 9 或 10：不遇苦而自欺压，有急变衰落的悲运。（凶）

（5）人格为 9 或 10 时对天格和地格的影响

对天格的成功运的影响：

天格 1 或 2：一方面成功顺利，一方面家庭内部不和不幸，属于半福半祸格。（凶）

天格 3 或 4：虽有成功者，但一般多处于离乱穷困之中，且易惹祸。（凶）

天格 5 或 6：劳而无功，反受灾害，招致他人嘲弄。（凶）

天格 7 或 8：受父辈的惠泽，有意外的照顾，其他数理若凶时，必招致家庭中的困难及病灾等。（凶）

天格 9 或 10：品行不修，荒唐散败，成大功但亦可能变为泡影梦幻。（凶）

对地格的基础运的影响：

地格 1 或 2：境遇虽安定，数理难免有凶灾，易患肚脏或肾脏疾病。（凶）

地格 3 或 4：急变大疾之象，易患心脏疾病。（凶）

地格 5 或 6：表面看来安定，但随时可能陷入不安定之中。（凶）

地格 7 或 8：基础稳定，有财运，但难免数理凶，而有不幸不满意之事发生。（凶）

地格 9 或 10：可具大成功、大势力，但易变成意外之灾，易陷入孤独悲

凄之中。（凶）

9. 人格、外格对人际关系、社交能力、事业兴衰的影响

说明：人格、外格若数理大于数 10，则十位数忽略不计，只看个位数，例如：数理为 19，则按 9 来算；数理为 30，则按 10 来算，以此类推。

（1）人格为 1（阳木）时外格所暗示的社交能力及事业兴衰

外格为 1（阳木）：性格温和直率，性善计谋，勉力持家，多少有猜疑心，喜财利。如能守法将有一定社会实力。（吉）

外格为 2（阴木）：善容忍，少言多行，外柔内刚，能努力图发展，但有猜疑心，三才不善者有性急缺点，大多合作不利，有皮肤病。（吉）

外格为 3（阳火）：贵人相助，人缘颇佳，爱好社会，受人尊重，喜财利，勤俭持家,仁慈可喜,善于外交,三才不良者不遇。（吉）

外格为 4（阴火）：性稳健，善忍耐，温良亲切，礼貌周到，慷慨好施。易患皮肤病、中风中邪、感冒等，三才良者可望平安。（吉）

外格为 5（阳土）：性格固执，不善应酬，少劳多得。能提高信誉和实力，有成功的机会，但切勿鄙视他人，否则误事，错失扶持的良机。（吉）

外格为 6（阴土）：外格为 6（阴土）：好奇心强但不求实际，如不自轻信，可望成功。言行有信，不会有大过失，多患近视，皮肤病，不宜与人合作。（半吉）

外格为 7（阳金）：外表平静,内心不屈。富于理性,但难免猜疑心。好茶汤，易患近视，神经衰弱。（半吉）

外格为 8（阴金）：谦虚仁厚，宁为他人而不顾自己，义无反顾。其中有重用而成功者。喜自力更生，不宜与人合作。易患皮肤病。（凶）

外格为 9（阳水）：温良亲切,善于交际。广交朋友,受人尊重,一帆风顺,

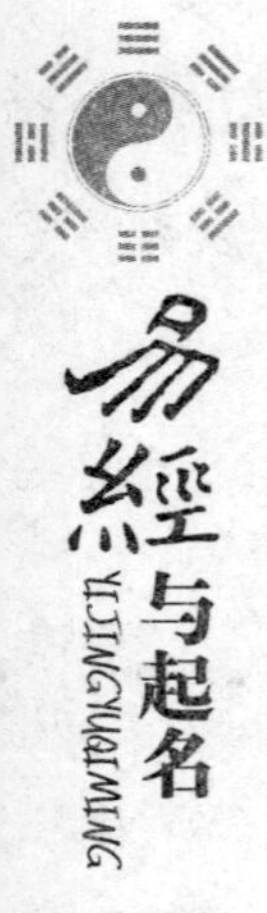

且有侠义之心扶危济贫，可高处众生之上。（大吉）

外格为10（阴水）：富于理性，不屈不挠，且内心充实，必获相当的成功。能慷慨施贫者有大成希望，易患皮肤病。（大吉）

（2）人格为2（阴木）时外格所暗示的社交能力及事业兴衰

外格为1（阳木）：外柔内刚，仁慈可嘉，三才不善者有过刚之嫌且有胃疾腹病之患。（吉）

外格为2（阴木）：善容忍，巧手创造自己的根基，温和中含有执拗性和嫉妒心，爱钱财，好静思；好茶汤而易患皮肤、胃病等。（吉）

外格为3（阳火）：急进而活跃，猜疑心强。三才不善者有腹疾及胃酸过多之患，善良人可得安全。（吉）

外格为4（阴火）：富于吸引力，如有人扶持，可大世功，顺利发展；大多慷慨好施，易受破财之患及腹部之疾。（吉）

外格为5（阳土）：外表柔和，内心刚毅，爱好名声，重理而不易服人，性格易变，有猜疑嫉妒心，少劳多得，勤勉者可成功，有胃病。（半吉）

外格为6（阴土）：稍有执拗，性格怪癖，猜疑心强。鄙视他人，但略有侠义之心，如能培养温和的性格，也可渐进佳境，恐易患胃腹、皮肤病。（吉）

外格为7（阳金）：表面温和而内有怒气，处处为了别人而不顾自己吃亏，经常被人所害。三才良者安全，有视力不佳，胃腹病。（吉）

外格为8（阴金）：表面沉默，劳力费力，易遇不平事，不善与人在事业上合作。易患腹疾、胃病、皮肤、视力减退等病或外伤。（半吉）

外格为9（阳水）：富有忍耐力。大多理解力强而不顾现实，守信誉。认真做事，不至有大不幸。恐有皮肤病、胃疾、外伤等。（半吉）

外格为10（阴水）：虽富于理性，但也难免猜疑，虽善计谋，重德望，但

难免劫财之灾。应慎重察人而行事，以免灾祸。有外伤、胃疾之患。（凶）

（3）人格为3（阳火）时外格所暗示的社交能力及事业兴衰

外格为1（阳木）：思想敏锐，善于社交，开朗活泼，善于创造根基。有出类拔萃的活动能力，家庭生活快光。三才良善者有大运。（大吉）

外格为2（阴木）：好社交，心胸开阔而尚礼，富有调和性，略有虚荣心。日常生活浪费。三才良善者能勤俭持家。有皮肤病。（吉）

外格为3（阳火）：好礼而多情，思想敏锐，气短易怒，爱好权势和声誉，喜装饰，恋美貌。大多礼貌热情。（吉）

外格为4（阴火）：表面稳静，胸中却有暴发性气氛；虽有手腕，却常常徒耗精力，时常有虚伪做作的举动，好色情者难免损财。（半吉）

外格为5（阳土）：性格乐观，不马虎，心坚实，沉稳，富有发达，妻家也富有。（大吉）

外格为6（阴土）：富有侠义之心，多情，为人诚实率直，易被人误会，但终会水清鱼现，得扶持而成功。（吉）

外格为7（阳金）：善辩，易得罪人，大多可占上风，自作主张，能心平气和者，也可成功。（半吉）

外格为8（阴金）：虚荣心强，快热快冷，无感情倾向。多受外部刺激，易浪费，易外伤，数理佳者可安全。（半吉）

外格为9（阳水）：待人虽有理，但要领不佳，不得他人的喜欢，多散财，受人欺负，不能长期安稳。（凶）

外格为10（阴水）：虽乐善好施,但不能使人满足,劳而无功,易被人迫害，劫财，伤害。（半吉）

（4）人格为4（阴火）时外格所暗示的社交能力及事业兴衰

外格为1（阳木）：有财，妻家富足而受福荫，成功顺利富有社交吸引力。受人扶持，贵人相助而成大气候。（大吉）

外格为 2（阴木）：热情有礼，乐善好施，表面乐观内实劳苦，而 24 数人格者，可白手起家；24 数以外者，易有胃腹疾、外伤。（吉）

外格为 3（阳火）：开朗活泼，富于理性；多少有失信的缺点，守信用者，也可发达，数理不吉者，易患胃、心脏疾病。（吉）

外格为 4（阴火）：表面沉静多礼，内心有爆发性气氛；虽好施贫者却受无赖汉的欺骗而常徒费精力，易患皮肤、肝脏、胃病。（吉）

外格为 5（阳土）：好礼，急进，有很广阔的活动能力，有智谋及机敏的手腕；气短易怒，重权势，爱好声誉，多少有未实现之嫌。如慎防小题大作，可成功发展。（吉）

外格为 6（阴土）：待人多礼，诚实率直，易被人误会，但终见黄河水清，被人扶持而发达成功，大多慷慨好施，易生皮肤、皮伤之患。数吉者，可平安。（半吉）

外格为 7（阳金）：反对他人恶劣作风，多管闲事，易得罪人，损己损人，易生不平不满，凡事不理，将成功终告失败，数吉者可得平安。（凶）

外格为 8（阴金）：刚直性急，有反抗性，粗暴激烈短虚而失败，大多义气旺盛，有肝脏、心脏之疾，数吉者可得平安。（凶）

外格为 9（阳水）：谦虚有理，为他人不顾自己，常被劫财，暗害，有疏忽之缺点。易患视力减退外伤等。数吉者，轻微患。（凶）

外格为 10（阴水）：虽慷慨好施，但要领不佳，劳而无功，易受小人暗害；有雅量，但易受无赖汉之骗，难以使他们满足，易患皮肤外伤之疾。（大凶）

（5）人格为 5（阳土）时外格所暗示的社交能力及事业兴衰

外格为 1（阳木）：热情，缺乏决断，少说多干，而天格五行为金者有大发展之兆。（凶）

外格为 3（阳火）：性情温和周到，富于社交，缺乏牺牲精神，如精心打下良好根基，大发达、大成功；如听之任之则失去一

半机会。（吉）

外格为 3（阳火）：性情温和周到，富于社交，缺乏牺牲精神，如精心打下良好根基，大发达，大成功；如听之任之则失去一半机会。（吉）

外格为 4（阴火）：仁义博爱，受人尊敬，诚恳待人，温厚柔顺，刻苦耐劳，乐善好施。易患皮肤病。（吉）

外格为 5（阳土）：温顺忠厚，做事沉着，执拗心强，有大志，讨厌小事，性偏执，易亲易离；平和中正者，受众人扶持而成功。（吉）

外格为 6（阴土）：有度量，遇事缺乏决断力，易热易冷，做事半途而废。如能克服上述缺点，则可发达成功。大多有皮肤病。（吉）

外格为 7（阳金）：不轻易妥协，能接受别人的批评，但在以后的行动中依然如故，无法改变。活动力强，和气处人者，可大发达成功。（吉）

外格为 8（阴金）：有潜在活动力，不屈于权势，讨厌细事，一见无法收拾，会想出阴谋排除异已，掩盖自己的过失。数吉者步步高升，事事如意。（吉）

外格为 9（阳水）：做事快捷而毛糙，欠明朗，口才欠佳，心意完全无法表露；易患外伤、皮肤病。（凶）

外格为 10（阴水）：沉着，口才欠佳，易得罪人，言语多唐突，好出风头，易使人反感，应慎戒言行。易患皮肤病、外伤。（凶）

（6）人格为 6（阴土）时外格所暗示的社交能力及事业兴衰

外格为 1（阳水）：不活泼，疑心重，若能加强涵养，交际时能忍耐者，可得发财；易患胃、腹之疾。数吉者，可望安全。（吉）

外格为 2（阴木）：外表温厚，富侠义之气，善于助人，但往往不能使人满足，有时被欺骗而失财，聚财而富。数不吉者，易患胃疾。（半吉）

外格为 3（阳木）：富有的豪杰式人物，受社会荫护，容易随心所欲；能

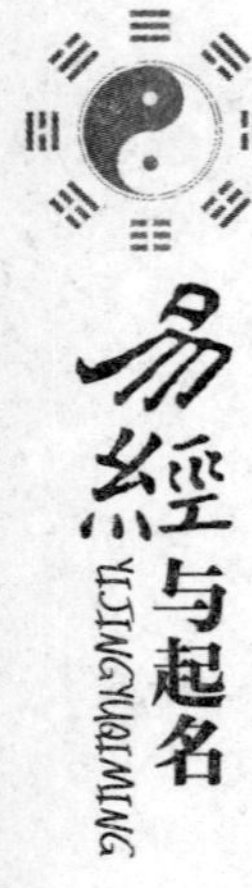

平和处事者，可成功发达，聚财而富。数不吉，易患胃疾。（吉）

外格为 4（阴火）：富侠义之气，行为好似英雄豪杰，行侠仗义，乐施贫者，受人欢迎。恐有腹疾，宜多运动。（半吉）

外格为 5（阳土）：诚实憨厚，言行谨慎，个性强，木讷保守，缺乏果断，易患果腹之疾。数吉者，可望平安。（吉）

外格为 6（阴土）：富有而又侠义的豪杰人物，有的可舍己为人，性格稳定执著，心性强，缺乏通融性；易生胃、腹之疾，数吉者，可望平安。（半吉）

外格为 7（阳金）：温厚老实，往往为人打抱不平，舍己成仁而自己吃亏，其反面是缺乏进取心；易患胃腹之疾，数吉者，可望成功并身心健康。（吉）

外格为 8（阴金）：性温和而有勇气，忍耐力强，临大难亦不动声色，外表显得沉默，朴实，不惜生命；数不吉者，易患胃腹疾。（半吉）

外格为 9（阳水）：性刚直，沉直，阴郁，疑心重，嫉妒心强，嫉妒一切社会人事，发生反感，以至失和；易患近视、胃疾、外伤等。（凶）

外格为 10（阴水）：自尊心强，不易接受教育，易为一时之气争斗，易受煽动，被劫财，大多为替人担保而受损；恐有胃疾、外伤等。（半吉）

（7）人格为 7（阳金）时外格所暗示的社交能力及事业兴衰

外格为 1（阳木）：有才能，但性情急躁短虚，易招内外不和，易为芝麻小事而怒气冲天，因怒躁而发生武打行为；数吉者可平安。（半吉）

外格为 2（阴木）：慷慨侠义，但易受煽动而失财，于人合作事业不利往往劳而无获，反受人诽谤；易患皮肤、外伤、视力减退等。（凶）

外格为 3（阳火）：有进取心，但性刚固执；有侠义之气，但有自大之嫌。

若有远大眼光，有修养者可望成功。（凶）

外格为4（阴火）：性刚固执，但心软仁慈，乐善好施，愿舍己为人，往往遇恩将仇报之事；易患皮肤病、外伤等。（凶）

外格为5（阳土）：有社交能力，才智过人，富于理解力，不妥协，不马虎，心坚实活动力强，认真行事，大发达，广进财源。（大吉）

外格为6（阴土）：性温和而有勇气，忍耐力强。为人重义，不惜牺牲。大多沉默朴实。数不吉者，可能遭难。（吉）

外格为7（阳金）：胸怀大志，奋斗心强，讨厌细事，外表温厚，内含刚气，行为似英雄豪杰，数吉者刚柔和平。（吉）

外格为8（阴金）：有侠义气且又大扬其名，必须温柔和平，勿为人所欺，并注重社交修养，方可成功，顺利发展。慎勿贪求，则免灾祸。（吉）

外格为9（阳水）：智力深厚，柔中带刚，爱好优美的事物而有牺牲精神，必得众人扶持，事业圆满大发。（吉）

外格为10（阴水）：有才干，长于口舌，缺乏进取之势，对外好欢娱，诸事荒废，良机易人。恐有皮肤病，外伤等疾。（凶）

（8）人格为8（阴金）外格所暗示的社交能力及事业兴衰

外格为1（阳木）：个性刚强，若能柔和处世，勤勉工作，则必能得到众人的尊敬，声望远播。（吉）

外格为2（阴木）：诸事不加细虑，言行易失不慎，故意招功则有引火烧身之危，若三思而后行，可化凶为吉。易患皮肤病、外伤、视力减弱。（凶）

外格为3（阳火）：有热心及勇气，性刚强讲义气，仁义心强，大有作为，因迫害而无立足地；易患心脏疾病。（凶）

外格为4（阴火）：有好事者多柔和，有耐力，有完成大事气魄，有先见之明，虽易受破坏，但能忍耐不计较，乐善好施。（吉）

外格为5（阳土）：有在乎权势，有排除万难的气概，不妥协，不马虎，处事稳妥，富有活动力，办事认真，可大发达，但有拖延的缺点。（大吉）

外格为6（阴土）：仁慈，忠节，少说多干，稳重有忍耐力，处事迟迟不决。（吉）

外格为7（阳金）：讲情义，奋斗心强，易与他人发生争执和纠纷，事后冷静下来，能分明是非，不再与人计较，数吉者，可成功。（半吉）

外格为8（阴金）：能隐忍，不易发脾气，但在忍无可忍时，若发起脾气来，可似雷声响，天翻地覆难以平息。（吉）

外格为9（阳水）：是非判断，聪明多谋，富有智慧，乐善好施，有侠义之气，受人敬，大发达。（吉）

外格为10（阴水）：重义轻财，刚毅果断，乐于助人而自己吃亏，往往被设计谋害，损财物又不利。（凶）

（9）人格为9（阳水）时外格所暗示的社交能力及事业兴衰

外格为1（阳木）：温和谦厚，才智过人，有技术方面的特长，勤勉做事必有大成就。事业家庭圆满，社交能力良好。（吉）

外格为2（阴木）：足智多谋，善于社交，言行坚实，恪守信用，能吃苦耐劳，不贪财，为人忠厚。（大吉）

外格为3（阳火）：足智多谋，思维敏捷，自我心强，略有心理变态，固执成性；易患皮肤之疾。（半吉）

外格为4（阴火）：是非判断力强，富有活动力，但过于逞强好胜，较能宽容他人，有济困救贫之侠义气概。易患胃肠、腹、皮肤等疾病。（半吉）

外格为5（阳土）：有积极进取的勇气，但注定有阻碍，困难、迫害特多。吉数者并能努力而行的人，终能成功，但有劫财之虚。（半吉）

外格为6（阴土）：强有力的活动家，心直，有疏财重义的气概，易被人迫害，受煽动，劫财特多。（半吉）

外格为7（阳金）：有口才，富智谋，能言善辩，有强化自己的主张，不怕失败，能大发达，大成功。（大吉）

外格为8（阴金）：有智慧和大度量，柔中带刚，由于缺乏决断，明知他

人有诈而不能禁止，以致陷入受累境地，数吉者成功。（吉）

外格为 9（阳水）：有口才，聪明多谋，性格稍微内向。如能平和处事，可以发展成功，增加财富，慎戒利己，过于守财。（吉）

外格为 10（阴水）：才智深厚，富理性有大声大望，讨厌做小事，性刚直，不畏万难，有侠义之气，慷慨好施。（半吉）

（10）人格为 10（阴水）时外格所暗示的社交能力及事业兴衰：

外格为 1（阳木）：才智优秀，好功，应三思而后行，勿过躁，略有过于豪猛的缺点，应慎戒邪途则可免遭灾祸。（半吉）

外格为 2（阴水）：逞匹夫之勇，易入歧途，应慎戒色情，以免耽误一生前途，数吉者处事圆满，重义好施。（半吉）

外格为 3（阳火）：富于智谋，但好出风头，做事欠考虑，自我心强，缺乏服从心，易得罪人，恐患视力减退，胃、腹等病。（凶）

外格为 4（阴火）：易颠沛流离败亡，如不真心真意干事，不但徒劳无功，还会惹火烧身。易发生外伤。患皮肤、胃病。（凶）

外格为 5（阳土）：性格稳重，能忍，不大活泼，猜疑心强，如能修身而交际，得人知，虽一时生活困苦，仍有成功日；易患胃、眼疾病。（半吉）

外格为 6（阴土）：虽足智多谋，但危急时可能处理不恰当，慷慨、疏财仗义，全往往不善应变，易受煽动，劳而无功。易患胃病。（凶）

外格为 7（阳金）：有大才大智，有统帅众人的力量，社交完满，但过于逞强好胜，应慎戒误歧途，干正事者可成功。（半吉）

外格为 8（阴金）：温和中良，有完成大事业的气魄，慎勿走入歧途，以免耽误一生的大好时机；易患胃、腹等病。（半吉）

外格为 9（阳水）：才智深远，有胆识傲视一切，变化无穷。大多爱好权势及积累财富，能勤劳持家。易患胃病、腹病。（半吉）

外格为 10（阴水）：有口才，富豪气，济困救贫，好打抱不平，恐因急躁而惹是非；易患胃腹、皮肤病。（凶）

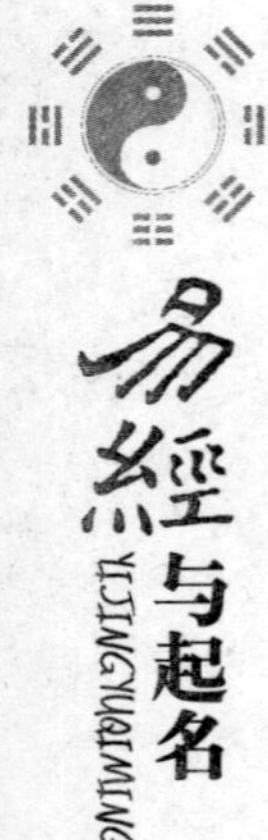

10. 三才配置与运势

按照五格数理之间的关系，天、人、地三格配置即三才配置的凶吉，直接决定事业成功率的高低，决定事业是否顺利如意，这是起名过程中最为关键的一环。

说明：天格、人格、地格若数理大于数10，则十位数忽略不计，只看个位数，例如：数理为19，则按9来算；数理为30，则按10来算，以此类推。

天格为1、2（木）人格为1、2（木）地格为1、2（木）：

事业顺利，愿望多能达成，基础安定牢靠，能向上发展，家门隆昌，身心健康，长寿大吉的配置。注意总格数凶者，恐有仇害之虑。（吉）

天格为1、2（木）人格为1、2（木）地格为3、4（火）：

成功顺调，向上发展，基础境遇安泰，终生幸福，繁荣长寿的吉祥配置。（吉）

天格为1、2（木）人格为1、2（木）地格为5、6（土）：

成功顺调，无障碍而向上发展，基础安泰，能得幸福长寿而平安自在。（吉）

天格为1、2（木）人格为1、2（木）地格为7、8（金）：

虽有成功运，多受环境或他人所迫害，有变动转移难得平安，受部下的损害麻烦，易生脑部或胸部的疾患等。（凶）

天格为1、2（木）人格为1、2（木）地格为9、10（水）：

有一时的成功发展，但易致使流亡失所，意中有烦闷，病弱，不安之兆。（凶）

天格为1、2（木）人格为3、4（火）地格为1、2（木）：

得上下惠助，顺利成功发展，基础强固，境遇安泰。子孙繁荣，心身健康而获得幸福及长寿的配置。（吉）

天格为1、2（木）人格为3、4（火）地格为3、4（火）：

顺利成功发展，但缺乏耐久力，或依靠性太强而招失败，有陷于失意病弱之兆。（半吉）

天格为1、2（木）人格为3、4（火）地格为5、6（土）：

受上司的引进，得成功顺利发展，基础强固，心身平安，能得长寿，属幸福理想的配置。（吉）

天格为1、2（木）人格为3、4（火）地格为7、8（金）：

虽有一时的顺调成功，但基础不安定导致家庭突变为不幸，易患脑及呼吸器官之疾。（凶）

天格为1、2（木）人格为3、4（火）地格为9、10（水）：

虽有一时的顺利成功，但基础不安定，恐遇意外的灾祸属急变，多风险的凶配置。（凶）

天格为1、2（木）人格为5、6（土）地格为1、2（木）：

命运被压迫，不可能成功，境遇不安，易生变动，有呼吸器官及皮肤之疾患，成为孤独之命，属凶配置。（凶）

天格为1、2（木）人格为5、6（土）地格为3、4（火）：

乏成功运，有不平不满的念头。难免有呼吸器官和肠胃疾病，但数理良好者，则属进展功成之配置。（半吉）

天格为1、2（木）人格为5、6（土）地格为5、6（土）：

成功运被压抑，不能有所伸张，易生不平不满之念，招致家庭不和或不幸，有呼吸器官、眼部的病患。（凶）

天格为1、2（木）人格为5、6（土）地格为7、8（金）：

成功被压迫，消极，境遇难安。易生不平意，易患胃、脑部疾病。（凶）

天格为1、2（木）人格为5、6（土）地格为9、10（水）：

成功运被压抑，不能有所伸张，尤其是容易遭遇急变、没落及招来不测之死，且易生腹部疾病。（凶）

天格为1、2（木）人格为7、8（金）地格为1、2（木）：

成功可能性小，费心困苦，心身过劳，损伤脑和神经，或者遇不测之风险，家亦多遭不幸的灾难。（凶）

天格为1、2（木）人格为7、8（金）地格为3、4（火）：

成功不佳，基础不稳，易生神经衰弱及呼吸器官疾病等，其配置凶。（凶）

天格为1、2（木）人格为7、8（金）地格为5、6（土）：

成功运虽不佳，但只要肯努力，也可获得相当的发展，易心身过劳而招致不幸之难，但其境遇安定。（凶）

天格为1、2（木）人格为7、8（金）地格为7、8（金）：

成功运不佳，顽固过刚，易生不合及争论，陷于非难，或孤独甚至损害大脑，

家庭易破裂。（凶）

天格为1、2（木）人格为7、8（金）地格为9、10（水）：

成功运不佳，常有烦恼和不安，尤其易起急变或失落的悲运，易患脑溢血或其他病难，有急死之虑。（凶）

天格为1、2（木）人格为9、10（水）地格为1、2（木）：

成功运佳，境遇安定。（吉）

天格为1、2（木）人格为9、10（水）地格为3、4（火）：

一时虽可以发展，但基础不稳，易生急变，有病难之虑，又克妻子而生不幸，配置凶。（凶）

天格为1、2（木）人格为9、10（水）地格为5、6（土）：

一时可以成功，但会逐渐崩破而归于失败，易生突发急变而蒙受急难、灾祸。（凶）

天格为1、2（木）人格为9、10（水）地格为7、8（金）：

虽然成功运佳，基础安定，财官俱得的配置，总格数理凶者。易生不平不满，损害脑或病弱。（小吉）

天格为1、2（木）人格为9、10（水）地格为9、10（水）：

虽可成于一时，但易生破乱而酿成灾变。或有病难和家庭不幸，但也有富豪长寿的可能。（半吉）

天格为3、4（火）人格为1、2（木）地格为1、2（木）：

有向上发展的生机，目的容易达到而成功，基础、境遇俱佳而安泰，必定长寿享福，配置吉祥。（吉）

天格为3、4（火）人格为1、2（木）地格为3、4（火）：

成功运佳，向上发展容易达到目的，基础、境遇俱属安泰，心身健康，得享长寿富贵。（吉）

天格为3、4（火）人格为1、2（木）地格为5、6（土）：

向上进取，容易成功而富贵，基础犹如立足于磐石，使之泰然安康，心身健全，得享长寿，配置大吉。（吉）

天格为3、4（火）人格为1、2（木）地格为7、8（金）：

一时虽可以成功但境遇不安，转徙移动，空害殊多，易生脑或胸部疾病，因急病而失去生命。（凶）

天格为3、4（火）人格为1、2（木）地格为9、10（水）：

可成功发展于一时，但必有陷于失败，家庭离乱，或因疾病而失去生命财产之虑。（凶）

天格为3、4（火）人格为3、4（火）地格为1、2（木）：

盛运昌隆，共事者亦可一帆风顺而成功。基础稳固而安定，心身健全，得长寿享荣誉，配置大吉。（吉）

天格为3、4（火）人格为3、4（火）地格为3、4（火）：

虽有成功运并发展，唯因基础薄弱，缺乏耐久力，故有轻意疏忽而招失败失意之虑。（半吉）

天格为3、4（火）人格为3、4（火）地格为5、6（土）：

外表吉祥，虽可成功发达，唯过于急迫，缺乏忍耐力，因而易生分离作用，又有失败短命之虚。配置凶。（凶）

天格为3、4（火）人格为3、4（火）地格为7、8（金）：

一时虽可成功，但心常不安，心身过劳，易患脑或呼吸器官等疾病。或克妻子，配置凶。（凶）

天格为3、4（火）人格为3、4（火）地格为9、10（水）：

非常不安定的命运数，易生意外灾变，有失生命之虑。其人有脑溢血，心肌梗塞而急死的可能。（凶）

天格为3、4（火）人格为5、6（土）地格为1、2（木）：

虽得上级提拔，以祖先的余德，可成功，但其基础不稳，扰动繁多。（半吉）

天格为3、4（火）人格为5、6（土）地格为3、4（火）：

得上级提拔，享父母的余德易成功。心身健全，得长寿幸福的配置。（吉）

天格为3、4（火）人格为5、6（土）地格为5、6（土）：

得上级栽培，或承父母的余德，易向上发展，境遇安泰，心身健全，得长寿享福。（吉）

天格为3、4（火）人格为5、6（土）地格为7、8（金）：

得父祖之余德，或长辈的引导成功发展，唯因其具有消极倾向。（凶）

天格为3、4（火）人格为5、6（土）地格为9、10（水）：

虽得长者之提拔，依祖上之余德可成功于一时，但有吉变凶的可能。（凶）

天格为3、4（火）、人格为7、8（金）、地格为1、2（木）

压抑，不易成功，易招失意，失妻子，损害呼吸器官，或发狂变死，遭遇不测之祸的配置。（凶）

天格为3、4（火）人格为7、8（金）地格为3、4（火）：

命运被压抑而不能伸张，基础不稳，害脑害肺，甚至发狂。（凶）

天格为3、4（火）人格为7、8（金）地格为5、6（土）：

成功运被压抑，不能伸张，常有烦恼和困难。心身过劳，易生脑、肺病，境遇稍有转变，有安定可能。（凶）

天格为3、4（火）人格为7、8（金）地格为9、10（水）：

成功运被压抑，有机不遇，易患脑溢血、心脏病，凶祸多，是大凶配置。（凶）

天格为3、4（火）人格为9、10（水）地格为1、2（木）

成功被压抑，不能伸张，有招致急难不祥之虑。不过，偶尔有出异常成功配置。（半凶）

天格为3、4（火）人格为9、10（水）地格为3、4（火）：

易生急变死亡的灾祸，家庭离乱，病难之虑等，甚至有可能发狂自杀。（凶）

天格为3、4（火）人格为9、10（水）地格为5、6（土）：

成功运被压抑，不能有伸张，时常苦恼、困惑，不是病弱短命，就是遭难变死，是招致没落的凶配置。（凶）

天格为3、4（火）人格为9、10（水）地格为7、8（金）：

成功运被压抑，不能有所伸张，时常苦闷烦恼。易生病难，家庭有不幸的破乱，灾祸繁多，不得平安的凶配置。（凶）

天格为5、6（土）人格为1、2（木）地格为1、2（木）：

气良好，但却苦闷烦恼殊多。有迟达其目的缺点，可得平安之配置。（半吉）

天格为5、6（土）人格为1、2（木）地格为3、4（火）：

成功运气似佳，然而有苦悲烦恼，唯数理极佳者，可得发展，改善境遇，获得平安。（半吉）

天格为5、6（土）人格为1、2（木）地格为5、6（土）：

成功运气不佳，常有苦闷烦恼，有迟迟达不到目的的缺点，境遇虽可安定，但有患神经衰弱或其他病难之虑。（凶）

天格为5、6（土）人格为1、2（木）地格为7、8（金）：

少有成功的可能，且常受迫害，有患神经、呼吸器官等疾病之虑，其境

遇变动不知所止。（凶）

天格为5、6（土）人格为1、2（木）地格为9、10（水）：

少有成功的希望，有苦闷烦变，易流转破乱，易招病难等。（凶）

天格为5、6（土）人格为3、4（火）地格为1、2（木）：

平稳实现，成功发展，基础稳固，心身平安，可得幸福长寿的配置。（吉）

天格为5、6（土）人格为3、4（火）地格为3、4（火）：

虽容易成功，但缺乏耐久力，基础薄弱，易招致失意。（半吉）

天格为5、6（土）人格为3、4（火）地格为5、6（土）：

易达到希望的目的，成功发展，飞黄腾达，基础稳固安泰，心身健康可得长寿幸福。（吉）

天格为5、6（土）人格为3、4（火）地格为7、8（金）：

成功运佳，目的亦易达到，唯有心身过劳而招致病弱，或因基础不稳而招致家庭不幸。（半凶）

天格为5、6（土）人格为3、4（火）地格为9、10（水）：

虽可获一时成功，但因其基础不稳，而易生突发的事变，尤其易获灾难、急死的配置。（凶）

天格为5、6（土）人格为5、6（土）地格为1、2（木）：

虽获得成功发展，但因基础不稳易生破乱，且有患腹部、胃肠、神经衰弱等疾病的配置。（凶）

天格为5、6（土）人格为5、6（土）地格为3、4（火）：

可获得意外成功的发展，有名利双收的运气，基础稳固，平静安康，可得幸福长寿的大吉配置。（吉）

天格为5、6（土）人格为5、6（土）地格为5、6（土）：

成功运佳，可达到希望的目的，并得平安之境遇，唯数理凶者难免苦难，若为妇女，或不重贞操。（吉）

天格为5、6（土）人格为5、6（土）地格为7、8（金）：

一帆风顺成功发展，目的平达，境遇好，心身健全，可得长寿幸福，是大吉的配置。（吉）

天格为5、6（土）人格为5、6（土）地格为9、10（水）：

虽可成功于一时，但因基础不稳，易招至崩溃失败，甚至有因急变急祸

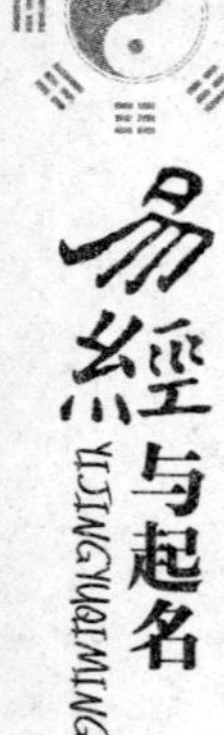

而失财之虑的配置。（吉）

天格为5、6（土）人格为7、8（金）地格为1、2（木）：

虽可得长辈的提拔而成功发展，唯基不稳，或克妻子，或者意外遭难和脑疾之虑，务用心注意。（凶）

天格为5、6（土）人格为7、8（金）地格为3、4（火）：

虽有先辈的栽培而可获得发达，唯境遇不安定，且家庭多破乱。（半吉）

天格为5、6（土）人格为7、8（金）地格为5、6（土）：

承蒙上司引进，平易成功发展，基础运坚固，境遇安泰，心身健康，可得长寿幸福配置。（吉）

天格为5、6（土）人格为7、8（金）地格为7、8（金）：

成功运佳，可达目的，唯有过刚的缺点。（吉）

天格为5、6（土）人格为7、8（金）地格为9、10（水）：

有成功运，得以发展，唯有意外的灾难或陷于急变没落的霉运。（凶）

天格为5、6（土）人格为9、10（水）地格为1、2（木）：

成功运被压抑，不能有所伸张，徒劳无功，身心过劳而病弱，常有不满。（凶）

天格为5、6（土）人格为9、10（水）地格为3、4（火）：

成功运不佳，多破乱变动，或克妻子，甚至有失财命之虑的配置。（凶）

天格为5、6（土）人格为9、10（水）地格为5、6（土）：

成功运被压抑，不能有所伸张，徒劳而无功，境遇不安定，尤其生脑溢血等症。（凶）

天格为5、6（土）人格为9、10（水）地格为7、8（金）：

成功运不佳，有不满。唯境遇可稍安定，有急事之虑。（凶）

天格为5、6（土）人格为9、10（水）地格为9、10（水）：

成功运被压抑，不能有所伸张，乱破变多，有病难和家庭的不幸。不过也有异常发达之可能。（凶）

天格为7、8（金）人格为1、2（木）地格为1、2（木）：

成功运被压抑，不平不满之事多，有患神经疾病之不幸。（凶）

天格为7、8（金）人格为1、2（木）地格为3、4（火）：

成功运被压抑，不能伸张，不平不满之事多生或短命等。凶配置。（凶）

天格为7、8（金）人格为1、2（木）地格为5、6（土）：

成功运被压抑，不得成功，惟境遇尚好可得1、2（木）（凶）

天格为7、8（金）人格为1、2（木）地格为7、8（金）：

成功运被压抑，不能什张，迫害殊多，常见不满的配置。（凶）

天格为7、8（金）人格为1、2（木）地格为9、10（水）：

成功运被压抑，易失败病难，甚至陷于短命，易生病症的凶配置。（凶）

天格为7、8（金）人格为3、4（火）地格为1、2（木）：

成功运被极度压抑，因不满之结果，易患脑疾等不祥配置。（凶）

天格为7、8（金）人格为3、4（火）地格为3、4（火）：

成功运被压抑，不能成功，尤其易生肺病和脑病。（凶）

天格为7、8（金）人格为3、4（火）地格为5、6（土）：

成功运被压抑，不能伸张，境遇虽可稍得安定，但易生肺疾和脑疾的凶配置。（凶）

天格为7、8（金）人格为3、4（火）地格为7、8（金）：

成功运被压抑，易生心身过劳及病难。（凶）

天格为7、8（金）人格为3、4（火）地格为9、10（水）：

成功运被压抑，不能成功，不安的配置。（凶）

天格为7、8（金）人格为5、6（土）地格为1、2（木）：

虽可顺利成功，达到目的，唯因基础不稳，有胃肠疾病，举家不和之虑。（半吉）

天格为7、8（金）人格为5、6（土）地格为3、4（火）：

可得意外的成功发展，名利双收，境遇巩固安定的配置。（吉）

天格为7、8（金）人格为5、6（土）地格为5、6（土）：

成功运顺利发展，易达到目的，名利双收，境遇安泰，得长寿幸福的吉配置。（吉）

天格为7、8（金）人格为5、6（土）地格为7、8（金）：

可得顺利成功之运，希望易达，基础稳固，心身健全，可得长寿、幸福、繁荣、隆昌。（吉）

天格为7、8（金）人格为5、6（土）地格为9、10（水）：

获得成功发展，并收名利，唯因基础不稳固突发之灾殊多，有遭难，外伤急死之虑。（凶）

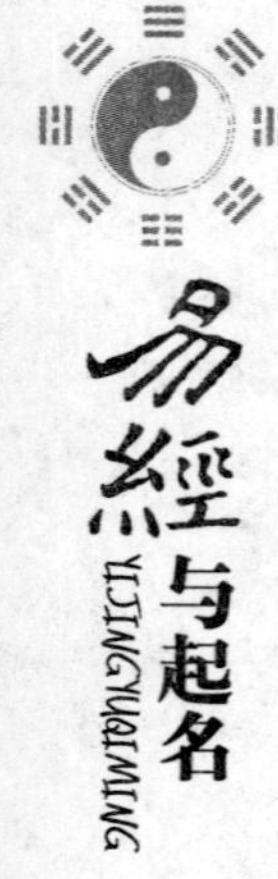

天格为7、8（金）人格为7、8（金）地格为1、2（木）：

虽得成功发展，但易于生灾，急论不和，有失妻子的危险。务必小心注意。（凶）

天格为7、8（金）人格为7、8（金）地格为3、4（火）：

虽有成功发展的运气，但因身过刚而易生脑溢血，肺病。境遇不安定，变动殊多。（凶）

天格为7、8（金）人格为7、8（金）地格为5、6（土）：

容易成功而达到目的，境遇安因，心身健全，惟易陷于过刚，和不谨慎，全遭到意外。（吉）

天格为7、8（金）人格为7、8（金）地格为7、8（金）：

虽有成功发展的运气，但因过刚，亲属不和，孤弱，生离死别，祸乱殊多。（凶）

天格为7、8（金）人格为7、8（金）地格为9、10（水）：

有成功运，基础尚稳固，唯因过刚易于孤独，遭遇危险。（凶）

天格为7、8（金）人格为9、10（水）地格为1、2（木）：

承受祖辈阴德或上级提拔获得意外成功，唯有家庭不和，身弱短命等危险的配置。（半吉）

天格为7、8（金）人格为9、10（水）地格为3、4（火）：

因上司提拔得到成功发展，但基础不稳，有克妻子，有速变急死等祸　。（凶）

天格为7、8（金）人格为9、10（水）地格为5、6（土）：

虽可获得成功发展于一时，但会逐渐崩溃，陷于病弱短命。（凶）

天格为7、8（金）人格为9、10（水）地格为7、8（金）：

得上司提拔或父祖的余德而可获得意外成功和发展，其基础稳固，唯因数理凶，有某种灾祸之虑。（凶）

天格为7、8（金）人格为9、10（水）地格为9、10（水）：

承祖之余德，得长辈的栽培，可向上发展，有异常成功之可能，但大多陷于离乱变动，酿成不幸和短命。（凶）

天格为9、10（水）人格为1、2（木）地格为1、2（木）：

得长者引进而顺利发展，基础安稳，心身健康，荣幸长寿。（吉）

天格为 9、10（水）人格为 1、2（木）地格为 3、4（火）：

有成功运和发展运，唯数理特吉，可得平安。（吉）

天格为 9、10（水）人格为 1、2（木）地格为 5、6（土）：

得长辈的提拔，顺利成功发展，境遇极其安泰，得长寿幸福。（吉）

天格为 9、10（水）人格为 1、2（木）地格为 7、8（金）：

虽可获得发展，成功运佳，家境不稳，易生心身过劳，易遭祸。（凶）

天格为 9、10（水）人格为 1、2（木）地格为 9、10（水）：

虽可顺利成功发展，但终流亡失败，困苦心累。（半吉）

天格为 9、10（水）人格为 3、4（火）地格为 1、2（木）：

成功运被压抑，不易成功，有突发灾祸。（凶）

天格为 9、10（水）人格为 3、4（火）地格为 3、4（火）：

成功运被压抑，不能伸张，且有急变的灾祸。（凶）

天格为 9、10（水）人格为 3、4（火）地格为 5、6（土）：

成功运被压抑，不平不满，陷于病难。（凶）

天格为 9、10（水）人格为 3、4（火）地格为 7、8（金）：

成功运被压抑，基础不稳，致过劳病难，克妻子。（凶）

天格为 9、10（水）人格为 3、4（火）地格为 9、10（水）：

凶的配置，非但不易成功，而且容易发生脑溢血，心脏病。（凶）

天格为 9、10（水）人格为 5、6（土）地格为 1、2（木）：

向上发展运被压抑，困难障碍殊多，境遇不安定，易生病疾。（凶）

天格为 9、10（水）人格为 5、6（土）地格为 3、4（火）：

成功运虽发达，但困苦多难，但有身体病弱或家庭不幸之虑。（半吉）

天格为 9、10（水）人格为 5、6（土）地格为 5、6（土）：

向上发展后障碍多，常有困难苦闷，且易生腹部的疾病。（凶）

天格为 9、10（水）人格为 5、6（土）地格为 7、8（金）：

成功运不佳，颇为消极，不易达其目的或身心过劳而瘦弱。（凶）

天格为 9、10（水）人格为 5、6（土）地格为 9、10（水）：

向上发展困难，有急变后灾祸等危险。（凶）

天格为 9、10（水）人格为 7、8（金）地格为 1、2（木）：

虽可顺利成功发展，唯因基础不安定，常有变动。（半吉）

天格为9、10（水）人格为7、8（金）地格为3、4（火）：

虽有成功运，但基础不稳，因过劳而致肺疾，属急变急死的配置。（凶）

天格为9、10（水）人格为7、8（金）地格为5、6（土）：

顺利成功，易达目的，基础平稳，心身健全，可得长寿幸福。（吉）

天格为9、10（水）人格为7、8（金）地格为7、8（金）：

成功运可得向上发展，惟有顽强固执的倾向，易生不和。（半吉）

天格为9、10（水）人格为7、8（金）地格为9、10（水）：

有成功发展的运气，但基础不稳，易生意外之灾祸，需注意。（凶）

天格为9、10（水）人格为9、10（水）地格为1、2（木）：

有异常成功，且境遇安定，但大多陷于放荡，可生破乱。（半吉）

天格为9、10（水）人格为9、10（水）地格为3、4（火）：

放荡成性，易生失败困难，或有突发急变灾祸。（凶）

天格为9、10（水）人格为9、10（水）地格为5、6（土）：

虽发于一时，但亦有放荡不羁而致失败。（凶）

天格为9、10（水）人格为9、10（水）地格为7、8（金）：

有异常大成功者，名利双收的可能，但易生意外。（半吉）

天格为9、10（水）人格为9、10（水）地格为9、10（水）：

流离失所，时时转移，属不遇的背运，但亦有异常豪富长寿者，名门旺家的可能。（半凶）

11. 五格数理1～81运势详细解析

在给孩子起名之前先确定八字，然后看其各自五行属性，再找与之匹配的字，算出五格相应的笔画数，接下来就可以利用下面“1～81数理运势”，观察分析人格、地格、外格及总格之数理的好坏凶吉，即从人格数理看基本运势，从地格数理看36岁以前的人生命运，从总格数理看36岁以后的人生命运。天格可以暂时不管。如有超过81之数，则81以上者，除其盈数80，以其所剩的数为准，再推理便可。譬如82数仍同2数，83数又与3数相同，95数则减去80，则与15数相同，以此类推。

以下一系列数理运势主要是查看人格、地格和总格之吉凶，同时也适于五格中任一格。要想起出好名字，这还不够，下一步就是查看后面的“天人地三才配置与运势吉凶一览表”。

数理 1：宇宙起源、天地开泰的太极起始之数。（吉）

含义：世间万事万物的基本数，彰显最大的吉祥之运，属富贵名誉、健康幸福、伟大成功的运数，可以享福终世。因其数理过好，故是常人难以承当之数。

基业：名誉、幸福、聪明、多学、财帛、进田、成功、富贵。

家庭：竹木成林、父母有荫、家庭圆满、子女多孝。

健康：“三才”善良者身体安康，可望长寿，否则不遇。

数理 2：变幻不定的分离破灭之数，此数有可能使当事者孤独一生。（凶）

含义：一切刚刚开始，混沌未定之象，为最大凶恶的暗示。意志不坚，无独立之气力，进退失自由，内外生波澜，困苦不安。摇动、病患、遭难，甚至残废。若伴有其他好数者可免致短命夭折。其人辛苦一生，志望难达，破灭无常。

基业：劫财、破灭、灾危、破家、红艳、变迁、美貌。

家庭：亲情疏远。夫妻应相互理解，则免别离之苦。

健康：凶变、病弱、短命也有之。易患皮肤病、外伤、夭折。

数理 3：进取如意的增进繁荣之数。（吉）

含义：阴阳抱合，天地人形成，确定之象。有吉祥福禄之暗示，为成功发达之兆。智达明敏，艺精工巧，诸事如意，能成就功业，名利两全，有首领之资质，享自然之福。荣进有望，福祉无穷。

基业：学术、技艺、祖业、丰盛、自立、建业、官禄。

家庭：家内施恩惠，可得贤妻，六亲和睦，须戒自私。

健康：松柏林立，健康良好，可望长寿。

数理 4：身遭劫难凶变的万事休止之数。（凶）

含义：万物枯衰，破败死亡之象。属破坏的凶变数、不足不全的灭亡之兆。进退不自由，独立乏能力，大多辛苦困难。病难灾厄相继，或者与其他凶运配合而致发狂病死、夭折、或者放荡、破灭，逆难，终成废人。但孝子、节妇、怪杰等，也有出自数者。

基业：美貌、香艳、破家、灾危、劫财、损家业。

家庭：六亲缘薄，兄弟如同画饼，热心相助者少。

健康：衰弱、外伤、皮肤病、夭折、发狂病死等。

数理5、种竹成林之象，福禄长寿的福德之数。（吉）

含义：阴阳交感，和合完璧之象，暗藏大成功运。雄威畅达，身体健康，家门兴隆，富贵荣华，福寿双全，无所不至。他乡成家，复兴家业。即使不如此，也会博得功名荣誉，福祉祯祥。

基业：学者、祖业、文昌、福星、暗禄、官星、财钱。

家庭：上下敦睦，相互合作，可望圆满，子女多荫。

健康：身体健康，福如东海，寿比南山。

数理6：安稳余庆吉人天相之数。（吉）

含义：天德地祥俱备，天地人和。财禄丰盈，富裕安稳，家势盛大，万宝朝宗之运。然而满极必损，盈极则亏。若其他要素配合不周者，恐或如流水而下，成为所谓乐极生悲之象。此数理为天赋之美，安稳吉庆终生。

基业：豪杰、官禄、财钱、将星、学者。

健康：可望健康，逢凶化吉，遇一次险，可得长寿。

家庭：家庭圆满和睦，安宁自在。

数理7：刚毅果断勇往直前的进取之数。（吉）

含义：独立、单行、权威之象，过刚而缺乏同化力之意。天赋的精力充沛，具有调节事物发展的才能。能够勇往迈进，排除万难，成功显达。若能涵养雅量，刚柔处事，扩大气度，自然幸福上进。如果玩刚弄权，易酿成内外不和，于己不利，宜戒之。女性有此数者，难免流于男性特征，切要注意温和养德，才会吉利而无过失。

基业：独立、官禄、进取、技术、刚硬。

家庭：缺乏同化力，内外不合，善涵养修身者可得家庭圆满。

健康：日月光明，心身健全，可望长寿。

数理8：意志刚健的勤勉发展之数。（吉）

含义：意志如磐石，富于进取的气概，排除万难达到目的。名实两得，忍耐克己逐成大功。若其他运配合不善者，可能有遭难的厄患。戒慎过刚，可免遭难。

基业：艺能、美术、学者、官禄、天官、师表、畜产。

家庭：兴家成为达贤者，家境先难后裕。

健康：高山立松，完健自在，可望长寿。

数理 9：破舟进海，吉尽凶始，穷乏困苦之数。（凶）

含义：浮沉不定之象。利去功空，陷落穷迫、逆运、短命、怪澹、悲痛，或者幼小离亲而困苦，或者病弱、不遇、遭难、废疾、贫困、灾难、孤独，甚而刑罚，有不测之凶厄。主运有此数者则为大凶。即或一身得免灾害，也难免丧失配偶或有缺子之叹。实为人生最大恶运。但有例外的怪杰、学者、伟人、富豪能出此数者。

基业：官禄、图印、太极、怪杰、富翁、突破。

家庭：亲情不睦，道长说短者多。力持贤明尚平安。

健康：女性成风流或与丈夫离别，体弱，男女皆晚婚，行事多积德，可免短命。

数理 10：万事终局充满损耗、晦暗之数。（凶）

含义：日没黄昏，四顾茫茫，神哭鬼号之象。其凶恶甚于九数，为事物吉终之运。有如黑暗的境地，空虚无物。主运有此数者，多非业短命。行事乏气力，常陷于不如意，障碍重重终失败，遂致破家亡产，贫困逆难迭至。无眷属之缘，自幼失亲，病弱遭难，或惹官非等。非业非运，一生多病不安，常遇不测之灾祸。“三才”配置不善者，大都中年前后编入黄泉之籍。然万人中亦有一二例外者可绝处逢生。

基业：天福、文昌、散财、官禄、破危、夭寿。

家庭：家内冷眼旁观者多，伤妻害子破重圆，百忍尚可得和平。

健康：杀伤、刑罚、病弱、灾危、女易风流、心性变态。

数理 11：久旱逢雨之象，挽回家运的回春之数。（吉）

含义：旱天降雨之象。阴阳复新，享天赋之幸福。万事顺利发展，稳健着实。有得富贵繁荣，再兴家业的暗示。为能挽回家运平静和顺的最大吉数。

基业：财星、天佑、暗禄、文昌、技艺、田宅。

家庭：养蜂结蜜，事事和顺，处处温和。

健康：河川永在，可望健康长寿。

数理 12：掘井无泉，意志薄弱的背运之数。（凶）

含义：无理伸张之象。妄顾自身薄弱无力，企图做力不从心的事，反致

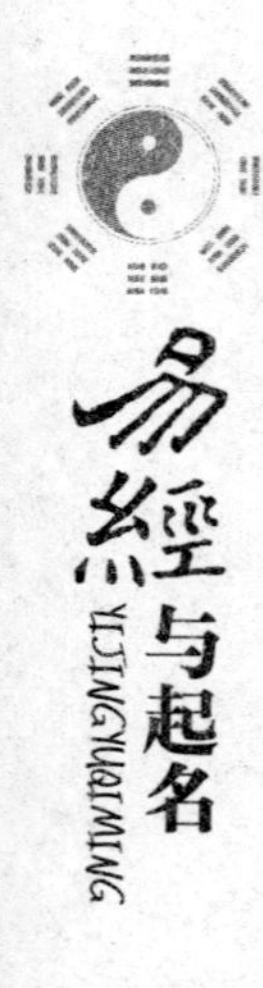

失败。遇事易生不足之心。家庭缘薄，孤苦无依，一生寂寞。陷于孤独、遭难、逆境、病弱、不如意等困境中，或因其他运的配合不善而导致意外的失败，甚至有不能完寿的悲运。

基业：凶星、破厄、劫煞、时禄。

家庭：亲情如秋水，骨肉似寒炭，施恩招怨恨，宜提高气节。

健康：枯木待春，小心患神经衰弱、胃癌之疾，外伤、皮肤病。“三才”善良者可安全。

数理 13：博学多才，智略超群的成功之数。（吉）

基业：天官、文昌、技艺、进财、学士、田产、财库。

家庭：祖宗余荫，子孙孝顺，可望团圆。

健康：身心健康，可望长寿。先天五行不合者不遇。

含义：天地溢现瑞气，享天赐之福，处处充满吉兆。富学艺才能，有智谋奇略。忍柔当事，任何难事皆巧于措置而奏大功，为得享福贵荣华的好诱导。得贵人相助，受惠丰厚，易得信用，建功立业，富贵双全，一生享福。

数理 14：沦落天涯，失意落魄之数（凶）

含义：浮沉不定，多破兆。家属缘薄，六亲无靠，骨肉分离，丧亲亡子、孤独、不如意、烦闷、危难、遭厄、灾祸迭至。为人慷慨，施恩招怨，劳而无功，辛苦凄惨。若其他运数配合不宜者，有伤夭寿。然此数之人颖悟非凡，若“三才”配置善良者也会有极少数的怪杰、伟人成就大业。

基业：暗禄、美貌、艺术、流浪、红艳、劫财。

家庭：骨肉疏远，离祖迁居。自家兄弟全无份，外处交友却有缘。

健康：皮肤病、感冒、风邪，先天五行相合者则健康。此数之男女均属好貌。

数理 15：福寿双全的立身兴家之数。（吉）

含义：最大好运，福寿圆满之象。顺和、温良、雅量。集上下之信，令人敬慕，多受福泽，德高望重，自成家业，富贵荣华。为吉祥有德，繁荣兴家的大吉数。

基业：天官、贵人、福星、官禄、祖基、进田、畜产。

家庭：清净家风，圆满之象，子孙昌盛。

健康：海底明珠，安稳馀庆，健康自在。

数理 16：贵人相助兴家兴业的大吉之数。（吉）

含义：反凶化吉象。位尊望重，建立基业。雅量厚重，足智多谋，善于协调，所谋如意，家门繁荣，福禄寿俱全。为大事大业可成，富贵发达的好暗示。属温和之首领运数。

基业：天官、贵命、豪杰、进田、学士、豪侠、基产。

家庭：春日花开，可望家庭圆满。男子有贤妻，女子不宜早婚。

健康：花草逢春，易溺于色情，戒慎者可望健康长寿。

数理 17：突破万难的刚柔兼备之数。（半吉）

含义：权威刚强，意志坚定，勇往直前，具有突破万难的气力。成就大功大业，但因赋性过刚，自我心强而恐与人不和，反招事非厄患，遂致失败，慎戒则为大吉。女性有此数者易流于男性，宜涵养女德，存主温和，福禄自然随之。先天条件弱的妇女反用此数为妥。

基业：天官、将星、威武、艺术、文昌。

家庭：可望圆满，女性能涵养女德则贤慧。

健康：身心健康，可望长寿。

数理 18：铁砚磨穿，有志竟成的内外有运之数。（半吉）

含义：铁石心发达运具备，有权力智谋。颖性非凡，志望一立必破万难达到目的，成就功业，博得名利。唯自信心过强而又乏包容之心，恐招事非诱发非难。宜养柔德，且慎勿骄。

基业：将星、文昌、太极、畜产、财帛、技艺。

家庭：有祖宗庇荫之福，心慈口硬，宜守和平，可望圆满。

健康：身心健康如万年之蛇，可望长寿。

数理 19：多灾多难，遮云蔽月的辛苦重来之数。（凶）

含义：风云蔽月之象，有才智多谋略。虽有成就大业，博得名利的实力，但因其过刚而频生意外的灾患，内外不和，一败涂地，困难苦惨不绝。若主运有此数，又乏其他吉数以助，多陷病弱、废疾、孤寡甚至夭折、妻子死别、刑罚、杀伤等灾。为万事挫折非命至极，故也叫短命数。若先天有金水者，可成巨富、怪杰、伟人。

基业：官禄、进田、红艳、财帛、智谋、凶危、破财。

家庭：兄弟成吴越，须思手足情。

健康：病弱、废疾、刑罚、杀伤、短命，先天五行属金水者可望安康。

数理 20：忙活一世空欢喜的虚数。（凶）

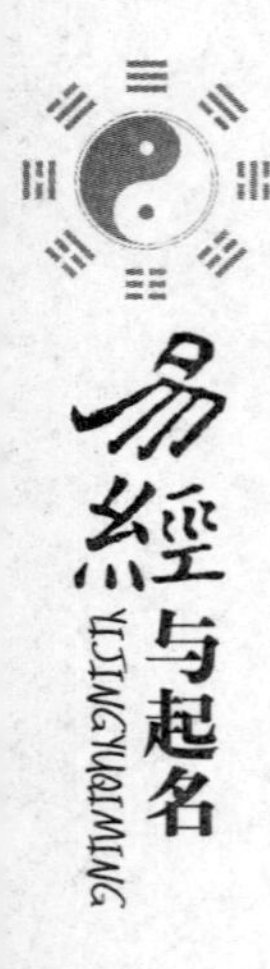

含义：物将坏之象。破败衰亡之数，具有短命非业的诱导。危机四伏，灾难迭至，凶祸频临，一生不得安宁，不如意，万事难成，陷于逆境。或导致病弱、短命、非业、破灭，或幼时别亲，而陷困苦，或叹子女不幸，或男女失偶。

基业：官星、部将、美术、智能、红艳、凶危。

家庭：亲情不立，兄弟相隐，离祖败家，凡事善忍则家中和平。

健康：泥身进海，难以为继。三才配置不善者命运多难、病弱。金木者安全。

数理 21：如日中天，明月光照，体质刚健的独立权威之数。（吉）

含义：光风霁月之象，万物形成自立之势。独立权威，能为首领之运。为人尊仰，享受富贵荣华。路径属迈进发展，中途难免相当苦心步步而进，宛如登梯。立业兴家，大博名利，寿禄丰厚，乃贵重的吉数。女性得此数者，易招灾害，故不宜之。按《易经》观点女性属阴应助男性，是为先天的补数，如具备首领之运，即妻凌夫之格。阴阳生出暗斗，自然不得安宁，故夫妻难免时常反目，或喜极生悲，且妇德不备，家庭不圆满，妻便克夫，所谓两虎相斗，必无双全者，慎之戒之。

基业；天官、太极、文昌、哲学、艺术、财库、福禄、首领、君臣、富翁。

家庭：六亲和睦，有子嗣之惠；女性反为不吉，用则破夫运。

健康：秋月芙蓉，壮年健壮，长寿。

数理 22：薄弱乏力，百事不如意之数。（凶）

含义：秋草逢霜之象，脆弱无力。骨肉离散，孤独生涯，百事不如意，徒劳无功，懦弱病弱，挫折困难，孤寂乏力，逆境不平，为此数者人生的写照。但也有伟人、豪杰出此数者，不过其人生多波折。

基业：远洋、天乙、君臣、将星、劫煞、破财。

家庭：六亲无力，自立成家。

健康：常有暗疾，难医或短命。

数理 23：旭日东升、发育旺盛之数。（吉）

含义：伟大昌隆之运，威势冲天之象，赫赫首领之数。微贱出身，砥志奋斗，克服万难，成就大志大业，功名荣达，终至首领。有如凯旋之将，猛虎添翼之势。权力旺盛，胜事恐过度而为憾，然而感情锐利，壮丽可爱，实属贵重的运数。此数不适宜女性，其理由同于二十一数，凡主运有此数者，难免转成香闺零落。

基业：首领、君臣、文昌、暗禄、财库、进宅、学士。

家庭：男性可望家庭圆满。女性则香闺零落，人格有此数多克夫。

健康：男性可望健康，女性则有孤独之苦。

数理 24：家门余庆的金钱丰盈之数。（吉）

含义：天赋幸遇，才略智谋出众。勤俭建业，克服困难，白手起家。财源广进，兴家积蓄，到老愈丰，为子孙继承余庆的福运之数。

基业：天官、福星、文昌、企业、财库、君臣、工商、富翁。

家庭：不依祖业而立身，家庭圆满，兄弟和睦，但应保持清正无私。

健康：松柏常青，可望长寿。

数理 25：英俊刚毅资性聪敏之数。（半吉）

含义：资性英敏，有独特的才能。慎重行事，自能成就大业而获成功。因其性情言语偏激，脾气古怪，与人交往欠谦虚，意气用事，傲慢无礼，恐弄吉反凶。慎戒之则吉。

基业：君臣、首领、福星、文昌、企业、时禄、技艺、财库、进田。

家庭：平和而谦虚者，家庭圆满，子孙昌盛。

健康：健康自在，“三才”善良者可望长寿。

数理 26：变怪奇异的豪侠之数。（凶）

含义：属波澜重叠，数奇变怪的英雄运格。秉性颖悟，富有义气侠情。然而变故常多，风波不息，大功不成，破产亡家，好运难遂。又因为他格的配合不宜，或陷放逆、淫乱、短命之中，或丧配偶枕边寒，或丧子女膝下零丁。英雄不成英雄祸，为大都不得顺境的运数。不少怪杰、烈士、伟人则有出自此数。

基业：豪杰、郡臣、官禄、侠义、红艳、财库、凶危。

家庭：亲情无义，妻子无助，若子女温顺可得圆满。

健康：大多破家病弱，先天带金者可望平安，男子有双妻之虑。

数理 27：欲望无休止的诽难运之数。（凶）

含义：欲望无止境，自信心过强，不容他人言语，多受诽谤攻击，而易致失败。始以其智谋，努力奋斗博得名利。待过中年，势渐趋下，内外酿出不和，难以发达到老，假使自身温顺富有，也不免内部背后是非不息。大多为半途中折之象，或因其他运的关系而陷于刑罚、孤独、死于逆难等。

基业：天官、将军、师长、学士、文昌、凶厄、破财、废疾。

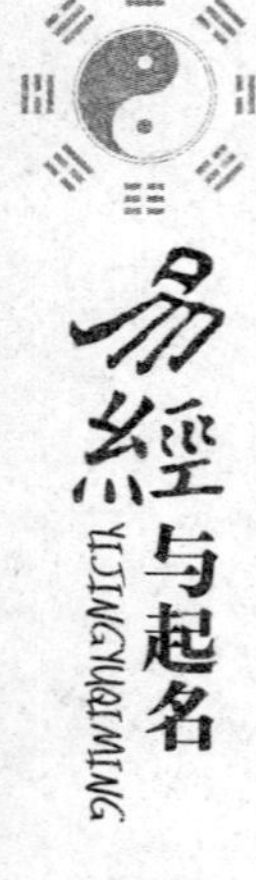

家庭：六亲不得力，兄弟疏远。

健康：肺病、刑罚、心脏病、短命。先天五行为水土者，可望安全。

数理 28：如水上浮萍，家亲缘薄，离群独处无定之数。（凶）

含义：虽有豪杰气概，也难免遭非难诽谤。危难袭来而致伤害，空虚灭亡，祸乱别离。或丧失配偶，相克子孙，也有自幼别亲者，争论不和、逆难、刑罚等灾祸相接，终身辛苦不绝，堪称遭难运。女性有此数者多陷孤寡或难成家。

基业：天官、将星、官星、学士、红艳。

家庭：亲戚多忌怨，兄弟少联络，子女别离。

健康：病灾、伤害、废疾、发狂。“三才”善良者无大害。

数理 29：智谋兼备，欲望难足之数。（半吉）

含义：智谋优秀，奏功受福之数。财力活动力俱备，成就大业之兆。但是不足不平的念头不绝，任意从事欲望无止境，多易弄巧成拙，招非致祸。女性若有此数者都流于男性，或者酿出荒唐猜疑之灾，切要慎戒之。

基业：天官、太极、君臣、天厨、将星、财帛、文昌、深谋、富翁。

家庭：乏祖力，地格为火时，有乏子息或不和。

健康：先天五行为金木而“三才”善良者可望安康，为土火者有病弱之虑。

数理 30：绝境逢生的运途分歧之数。（半吉）

含义：浮沉不定，凶吉难分，两者并行。因其他运的配合，或者成大功，或者遭失败。故乘吉运者，成功自至。数理不良者，不知不觉之间陷于失败。其遭遇不可测，突然别开生面者有之。诱发的投机心就像开矿探险一样，大成大败，都有些侥幸。另外也有孤独、丧失妻子、短命者。

基业：官星、将相、文昌、豪放、红艳、血支、灾厄。

家庭：亲情疏淡，夫妻不相合，难同白头。

健康：刑罚、外伤、废疾。先天五行为金木者可安然。

数理 31：春暖花开，心想事成享清福之数。（吉）

含义：如龙升天，智仁勇俱备。意志坚固，千挫不挠，脚步踏实，可成大志，为能成就大业的运格。可统率众人，博得名誉，繁华富贵，福泽绵长。属温良平静、威力强大的首领运数。

基业：太极、君臣、将星、学士、文星、田宅、祖业。

家庭：子女多荫，可望幸福，地格被克者则不遇。

健康：身心健康，可望长寿。

数理 32：宝马金鞍，权贵显达的意外惠泽之数。（吉）

含义：侥幸多望之格，常得长上之庇护。若能得长辈提掖，其成功将势如破竹。且此数理者品性温良，大有爱护他人之德。家门隆昌繁荣，为至上的吉数，最适合女性用。

基业：天德、月德、君臣、将星、文官、学士、文昌、进宅、祖业。

家庭：家门隆昌，可望圆满，子孙旺盛，男有双妻之格。

健康：可望安康，“三才”不善者有病患。

数理 33：家门隆昌的才德开展之数。（吉）

含义：鸾凤相会，昭日升天之象，形成确定之意。多功威智谋，刚毅果断有如旭日东升，旺盛隆昌至极，属名闻天下的吉祥运。若过刚恐招事非而误事。因其过于贵重，常人恐不堪受。但又是物极必反，尊荣的反面为黑暗，故勿轻用之。女性断不可用，用则孤寡。

基业：天官、臣将、部长、文昌、学士、田宅、富翁。

家庭：可望圆满，幸福。女性用则孤寡。

健康：可望健康，“三才”不善者有略患。

数理 34：破家亡身的财命危险之数。（凶）

含义：属破坏的大凶兆。乱离的祸象颇强，凶煞一到，便接踵而至，万事难以成功，内外破乱大凶。衰败悲痛无限。加因其他数的配置关系，有病弱短命、丧失配偶、子女离别、刑罚、杀伤、或致发狂。灾祸至极，实为破家亡身的最大凶数。

基业：臣将、君臣、文昌、学士、破财、凶厄、破灭。

家庭：家缘薄，流离，忍耐可保平安。

健康：短命、杀伤、刑罚、脑溢血、麻痹、发狂，先天五行“三才”善良者也可得安康。

数理 35：温和平静的优雅发展之数。（吉）

含义：温良和顺之象。有智达的能力，在文艺技术方面定能发展，取得成功。若怀大志成就大业者，须用最大气力，以补不足之威势。因其缺少胆略气魄，故此数实为保守平安的吉数。此数最适合女性，男性用则倾向消极。

基业：将相、学士、文昌、艺术、财库、田宅、工商、温柔。

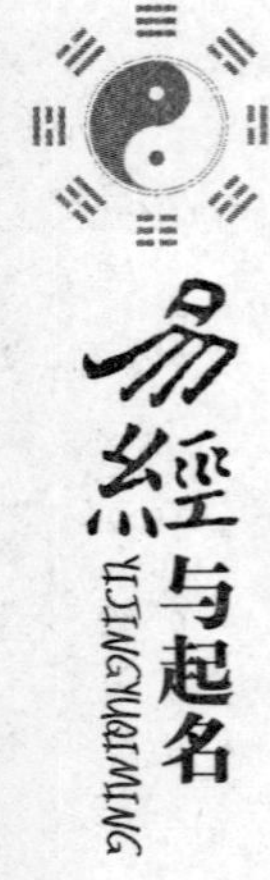

家庭：上流家庭，可望圆满。

健康：安稳馀庆，健康自在。若被天格克者，病苦亦有之。

数理 36：波澜重叠，风浪不息的侠义薄运之数。（凶）

含义：波澜重叠，浮沉万壮的英雄运，侠气义情敦厚舍已成仁之格。一生难得平安，辛苦困难甚多。袖手不动则不致大害，若愈活动即愈生波澜，大变动则大衰，甚或酿成失败沦落。与其他运配合不善者，或病弱、短命、孤寡、厄难等无所不至。

基业：将星、学士、文昌、文相、破厄、凶煞、崩山、劫财。

家庭：六亲不得力，夫妻离合，子息宜迟，多做善事以积德。

健康：短命、病重、外伤、废疾，“三才”善良者可望安康。

数理 37：猛虎出林，权威显达、吉人天相之数。（吉）

含义：独立、单行、权威、忠实、奏功无比之象。和畅通达，热诚忠烈，得众信，破万难而成大业。慈祥有德，善发挥才智，享受天赐之福，终身富荣之极。但因其权威独断独行，难免有孤独之憾，故宜涵养雅量，留神平和。

基业：将星、官禄、文昌、艺术、权威、祖业。

家庭：和睦圆满。女性略有刚强，宜守女德，则无大过。

健康：可望健康长寿。先天五行为火或人格被克者，易患肺病，少数为心脏病。

数理 38：磨铁成针刻意经营之数。（半吉）

含义：非无大志，实乏统率的威望，缺乏首领的才干。属于有志而乏其力，不得众信。薄弱平凡之象。自然易陷于不幸失意难以成功。但向文学、技艺方面发展，则有较强的上进能力，可望成功。此数为艺术成功数。

基业：将星、学士、臣将、神童、技艺、凶煞、伤害。

家庭：亲眷冷淡，兄弟无助，宜平和可圆满。

健康：灾祸、外伤、肺病，“三才”善良者尚平安。

数理 39：富贵荣华的变化无穷之数。（半吉）

含义：为祸乱一过，反成幸福的贵重之数。权威福寿，财帛丰富，德泽四方，财富盈身，富贵至极。暗藏悲惨凶象，所谓物极必反，故切勿轻用之。女性若有此数者必陷孤寡。基业：臣将、文昌、艺术、智能、财库、进田。

家庭：安宁自在，可望圆满，后代昌盛，“三才”被克者则不圆满。

健康：可望安康，“三才”不善者有病弱。

数理 40：谨慎保安的豪胆迈进之数。（凶）

含义：富智谋和胆略，但有不逊之心，易受诽谤攻击，处于浮沉吉凶的歧路上。好冒险投机，知进不知退，虽得一时成功，最终难免失败。他运配合不宜者，恐有酿刑伤犯罪，病弱短命。退之可保平安。

基业：将星、豪杰、文昌、学士、胆量、凶灾、厄祸、劫财。

家庭：亲情疏远，兄弟分离。

健康：凶病、胃病、外伤、残废、刑罚，“三才”善良者可弥补。

数理 41：德高望重，事事如意之数。（吉）

含义：纯阳独秀的吉数。胆力才谋具备，礼仪有德，健全和顺，能成就大志大业，实为博得名利富贵的最大好运数。

基业：将星、太极、名人、学者、学士、官禄、财库、福星。

家庭：家庭圆满，子孙旺盛，地格被克者不遇。

健康：可望健康长寿，“三才”不善者不遇。

数理 42：数十艺不成的穷困已极之数。（凶）

含义：博识多能，有技艺，精通世情，无奈十艺九不成。意志薄弱，缺乏自我奋发之念，大事不成，为寂寞悲苦之象，散漫失意之状。发奋进取或可成功，不然必败孤苦。此数中也有孤独病弱者。

基业：君臣、部将、官星、文昌、劫煞、灾厄、凶变。

家庭：亲情无义，朋友无缘，妻子反目。“三才”善良者则无妨。

健康：病弱、孤独，先天五行为火水且“三才”善良者可望安康。

数理 43：邪途散财，外祥内苦数。（凶）

含义：散财破产运，有如夜雨花落，薄弱散漫之象。虽有才智，但意志薄弱，诸事不能遂。外观幸福，内多困苦。表面俨然成事，里面不堪设想。如果女性有此数理且加上其他格的关系，易陷荒淫而不能善终。

基业：将相、文星、艺术、学者、凶星、灾厄、伤残。

家庭：妻弱无肋，子多不莠，心心不相印。“三才”者则无防。

健康：病弱、外伤、短命，“三才”善良者可平安。

数理 44：须眉难展，烦闷操劳之数。（凶）

含义：秋木落叶，破家亡身的最恶数。暗藏惨淡之运，破坏乱离之意，

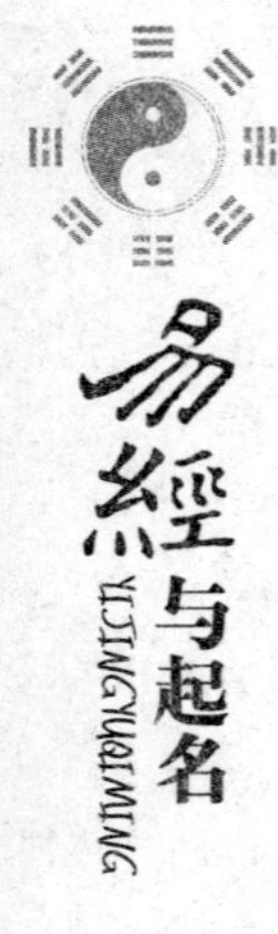

万事不能如意。逆境、烦闷、劳苦、病患、废疾、遭难、家属生离死别，或因其他运的关系而致发狂、短命。但怪杰、伟人、烈士、孝子、大发明家等，往往也出自此数。

基业：文昌、学士、财库、破财、灾厄、凶厄。

家庭：骨肉相疏，兄弟不和，能忍则平和。

健康：发狂、刑罚、病灾、烦闷、遭难、短命，先天五行为土木者可望安康。

数理 45：顺风扬帆，新生泰和的万事如意之数。（吉）

含义：顺风扬帆之象。经纬深，智谋大，德量宏厚，可遂大志大业，博得名利，富贵繁荣至极。若与其他运的凶数结合，即如浪中失舵之船，易遭灾难。

基业：部将、君臣、文昌、学士、艺术。

家庭：可望圆满，子孙满堂。“三才”不善者不遇。

健康：安康长寿，人格被克者不遇。

数理 46：罗网系身，浪里淘金，离祖败家之数。（凶）

含义：载宝沉舟之象。心力不济，意志薄弱，倾家荡产，悲哀困苦，破坏失败。然而也有大艰难尝尽后而又成功者，但难免于不幸的命运，故说生在富贵也败亡。或依其他运的关系，致陷于孤独，刑罚，病患，短命等灾祸之中。

基业：臣将、将星、官星、学士、豪杰、文昌、凶厄、崩山。

家庭：亲多而乏子息，“三才”善良者可弥补。

健康：刑罚、病弱、短命、外伤、暗伤、孤独，“三才”善良者可望健康。

数理 47：开花结果，点石成金，权威进取之数。（吉）

含义：开花之象。祯祥吉庆之数，可享天赋的幸福。能得长上之提拔，或与他人合作而大事大成。真乃进可以攻，退可以守，永远福禄于子孙之吉运也。

基业：君臣、将星、文昌、学士、艺术、高傲、食禄、财库。

家庭：家庭圆满，然时有争执，“三才”善良者可和睦相处。

健康：可望健康长寿，“三才”不善者也有病弱、短寿的可能。

数理 48：青松立鹤，德智兼备的出身清贵之数。（吉）

含义：才能谋略齐备，坚刚有德。享天之福，为功利荣达的吉数。宜为人的顾问，威望洋洋，乃师数也。

基业：将相、官禄、文昌、智谋、学士、技艺、财库。

家庭：家庭圆满，子孙满堂。“三才”不善者不遇。

健康：良好，可望长寿。“三才”不善者不遇。

数理 49：吉凶难分，不断辛劳之数。（凶）

含义：处吉凶之歧路。吉临则吉又生大吉，凶来则凶又变大凶，成败得失极其浩大，为易生变化之运格。其幸福与否，依赖“三才”之配合及他运的关系而定，但多陷于灾祸困苦之中。

基业：臣相、将星、文昌、智谋、学士、凶星、散财。

家庭：六亲不得力，子息宜迟。

健康：凶灾、病患、外伤、短命，“三才”善良者可补救。

数理 50：小舟入海，吉凶参半，需防倾覆之数。（凶）

含义：成与败之象。先得“5”字的数理庇荫而成大业，享受富贵，后由盈数（10）的暗示诱导而陷失败。晚年破家亡身，凄惨至极。若其他运又有凶数者，则是惨上加惨，杀伤、离愁、孤寡频临，甚至刑罚。

基业：将官、文昌、财钱、灾厄、离愁、散财。

家庭：亲眷多而无助。

健康：刑罚、杀伤、意外之灾、外伤、白痴、狂癫等。“三才”善良者则无妨。

数理 51：盛衰成败相互交加的竭力经营之数。（半吉）

含义：一盛一衰之象。虽有一时之幸遇，可得一时昌盛和名利，无奈因自然的凶兆和缺乏实力，晚年难免挫折困苦，遂至失败。

基业：文昌、学士、节度、时禄、劫煞、败退。

家庭：时有争执，宜守和平，“三才”善良者可得圆满。

健康：人格被克者，有灾厄病患，“三才”善良者安康自在。

数理 52：有先见之明，理想实现之数。（吉）

含义：哲人知机，有先见之明，一跃成功之象。势力强大，有谋略，富投机心，有回天之手段，能实现大志大业而名利双收。

基业：元帅、医师、文昌、技艺、财库、官禄、财星。

家庭：幸福，顺从行孝，子女和睦。“三才”不善良者则不遇。

健康：可望安康长寿，人格被克者不遇。

数理 53：忧愁困苦，内心忧患之数。（凶）

含义：外观俨然吉庆祯祥，内实障害祸患甚多。若非前半生不幸而后半生幸福，便是前半生富贵而后半生落魄，为吉凶互换，盛衰参半的运数。一

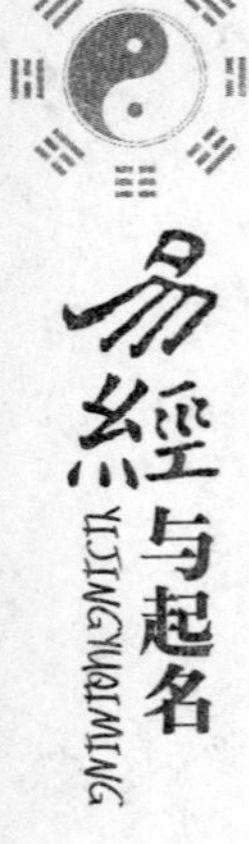

旦陷入凶煞，大多破家亡身，即使得吉数他运相救，也仅保稍安而已。

基业：伟人、学士、时禄、磨难、灾厄、劫煞。

家庭：亲眷薄情，乏子息。

健康：病灾、祸患、外伤、刑罚。“三才”善良者或可弥补。

数理 54：石上栽花，多难悲运，难望成功之数。（凶）

含义：自陷薄幸，为大凶煞的暗示。悲惨不绝，不和、损伤、忧闷频来，遂致倾家荡产。或陷废疾、刑罚、横死短命。

基业：文昌、技艺、凶灾、劫煞、时禄、灾厄。

家庭：父母如过客，兄弟似残星。若和睦相处，亦可无大过。

健康：病灾、遭难、伤残、短命、刑罚，“三才”善者可望健康。

数理 55：外祥内苦，和顺不实之数。（凶）

含义：五数为最吉数，五上添五，乃是最吉相叠，吉之极而反生凶。表面颇为隆昌，而内里灾祸迭生，凡事不能安心，危难、别离、病患等无所不至，为吉凶相伴的运格。意志薄弱者，绝无立身之地。善能振雄威，矢志不懈努力奋斗，克服万难者也可能有成功之日。

基业：官星、技艺、文昌、学者、灾厄。

家庭：亲眷相忌，父母老病，尽心忠孝可无大过。

健康：“三才”善者可望安健，否则不遇。

数理 56：浪里行舟，历尽艰辛，四周障害之数。（凶）

含义：凡事缺乏实行的勇气和进取的精神，不能达成愿望。易遭意外损失、灾厄、亡身，祸不单行。万事龃龉，精力不足，乃晚景最凶的运格。

基业：豪杰、文昌、时禄、文艺、红艳、灾厄、伤残。

家庭：不可靠亲享福，宜离祖自立。

健康：外伤、病患、残废、短命，“三才”善者可望健康。

数理 57：日照寒雪中的青松，最大荣运之数。（吉）

含义：寒莺逢春生机之象。资性刚毅，胆智过人，事业成功，享天赋之富贵幸福。但一生必遭大难一次，然后得享吉祥繁荣，万事如意。

基业：官禄、文昌、学士、艺能、时禄、财库、进田。

家庭：父母尊严，时有冲突，“三才”善良者可和睦圆满。

健康：健康自在，可望长寿，“三才”不善者不遇。

数理 58：晚行遇月，先苦后甘，宽宏扬名之数。（半吉）

含义：浮沉多端，祸福无常。天赋福分，必经大失败、大患难、家产荡尽，然后发奋再创业，方得富贵繁荣。晚年享受饴庆之福，为先苦后甘之格。

基业：官禄、文星、学士、技艺、灾厄、伤残。

家庭：亲情少，兄弟疏。须互相信任。

健康：伤残、刑罚、外伤，“三才”善良者可望平安长寿。

数理 59：寒蝉遇悲风，须防外患的时运不济之数。（凶）

含义：破家败产之数，意志衰退之象。乏耐心缺勇气，无成事之能力，遂致破家败产，灾患不绝，愁苦一生。

基业：官星、福星、文昌、智能、灾厄、伤残、财库、破厄。

家庭：亲情无缘，子女离乡别井。

健康：病患、刑罚、外伤，“三才”善良者可望平安。

数理 60：争名夺利，黑暗无光之数。（凶）

含义：晦冥黑暗，摇动不安的凶兆。方向不定，遭尽风波的运格。无谋无计如坠五里雾，行事不成，成功无望，失败困苦。易陷于刑罚、杀伤、疾患、短命等。

基业：官星、将星、文昌、智能、技艺、灾厄、伤残。

家庭：祖宗无基，亲友无情，兄弟无缘，“三才”善良者可弥补。

健康：刑罚、外伤、病疾、短命。

数理 61：牡丹芙蓉，名利双收，修炼积德之数。（吉）

含义：独之自营的野心旺盛，赋有繁荣富贵的吉兆，可获得名利双收。无奈傲慢不逊，致酿成内外不和，家庭反目，兄弟隔于墙，行事恐难如愿。表面装饰堂皇，里面空虚。如果能修德慎行，且守和顺，自可防患于未然。享天赋的幸福，一生受尽祯祥。

基业：将星、文昌、福星、技艺、财库、财帛、破厄。

家庭：自立成家，衣食丰盈。

健康：“三才”良者可望安康长寿，否则不遇。

数理 62：基础虚弱的艰难困苦之数。（凶）

含义：持宝腐损，虽有祖先遗产，难免破败。内外不和，缺乏信用，志望难达，渐入衰败之境。意外灾害频来，属身弱家废，步步凶惨之数。

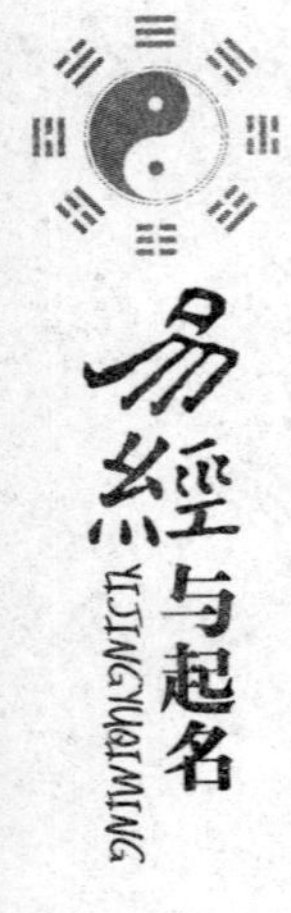

基业：国印、文昌、虚度、将星、技艺、灾厄。

家庭：亲情疏淡，骨肉分离。

健康：伤残、外伤、刑罚、短命、灾厄，“三才”善良者可安全。

数理 63：舟归平海，富贵荣华，身心安泰之数。（吉）

含义：万物承惠雨露而发育壮大之状。事事随心所欲，逢凶化吉，得天赐之福。属不费心神，万事如意，荣显可传子孙的最大吉数。

基业：官禄、将星、文昌、艺能、财库、田宅、工商。

家庭：子女多孝，顺从敬爱，圆满之象。

健康：身心健康，可望长寿。

数理 64：骨肉分离，孤独悲愁之数。（凶）

含义：此数为破坏、灭亡、离散、沉滞的凶兆。东奔西忙，终身劳禄，无所成就。意外灾害重重，或骨肉离散，或病患非命临身，人生难得安宁。

基业：将星、学士、技艺、灾厄、破财、劫煞。

家庭：六亲多忧，妻子见破。

健康：水厄、刑罚、病患、外伤，“三才”善良者可望平安。

数理 65：巨流归海，富贵长寿，光明正大之数。（吉）

含义：为凡事无不成功之数，富贵长寿之贵运。天长地久，事事成就，家运隆昌。福寿绵长，一生平安。

基业：臣君、将星、官禄、文昌、技艺、财库、田宅、时禄。

家庭：祖业有根基，子孙昌盛，“三才”不善者不遇。

健康：安康自在，多施恩德则能延年益寿。

数理 66：岩头步马，内外不和，多祸失福之数（凶）

含义：进退失自由，内外不和，艰难不堪，祸害灾厄交至，大有身家破灭的凶相。

基业：将星、豪杰、灾厄、崩山、破财、破败。

家庭：六亲冷淡不相投，兄弟疏远。

健康：刑罚、外伤、亡身、伤残、短命。

数理 67：财路亨通，志气坚强这数。（吉）

含义：草木逢春成育发达之意。受长辈上级的援助，万事无障碍而达目的。乘天助的幸运，实现志望，家道繁昌，是富贵东来的好运数。

基业：君臣、将星、文昌、学士、刚性、艺能、财库、进田。

家庭：父母多荫，子女多孝，圆满幸福。“三才”不善者时有争执，宜守平和。

健康：安康，可望长寿。先天五行为火且“三才”不善者有肺病或呼吸器官疾病。

数理68、顺风扬帆，兴家立业，宽容好运之数。（吉）

含义：智虑周密，志向坚定，独立经营，勤勉力行，发展奋进之象。有发明的才能，克集众信，有回天之力。愿望达成，名利双收。

基业：将相、学士、文昌、财帛、荣誉、暗禄、进田、节度。

家庭：幸福，“三才”不善者不遇。

健康：良好，“三才”不善者有肺病或心脏病。

数理69：坐立不安，处世多难之数。（凶）

含义：穷迫、滞塞、逆境之数。缺乏坚定信念，进退维艰，倾家荡产。灾祸迭至，摇动不安，甚至陷于疾病、短命、伤残，或尝尽痛苦而死。

基业：将星、财帛、学士、文昌、技能、艺术、破厄、劫财。

家庭：六亲不相投，兄弟难相处，不宜心直口快。

健康：刑罚、外伤、病灾、伤残，天生五行为金木者可望平安。

数理70：残菊逢霜，家运衰退，晚景凄凉之数。（凶）

含义：险恶灭亡之象。命运多劫，一生惨淡，忧愁不绝，空虚寂寞。难免有杀伤、废疾、刑罚、短命、离散等灾厄，不然便是世上无用之人。

基业：官星、学士、文库、巧艺、财库、破厄、劫禄。

家庭：父母难当，兄弟无助，妻、子宜迟。

健康：病患、废疾、外伤、刑罚。先天五行为金木者可望平安。

数理71：石上栽花，耗神耐劳之数。（半吉）

含义：本有生成的吉兆，自应享受富贵幸福。无奈内心劳苦甚多，缺乏实行贯彻的精神，进取的勇气不足，遂致失败。

基业：技艺、文昌、学士、破厄、劫禄。

家庭：时遇争执，宜守平和。

健康：外伤、些少疾病，“三才”善者可安康。

数理72：先甜后苦，万难艰辛之数。（凶）

含义：阴云蔽月之象，快乐贫穷兼有之数。思想不遂，烦闷苦恼。一时

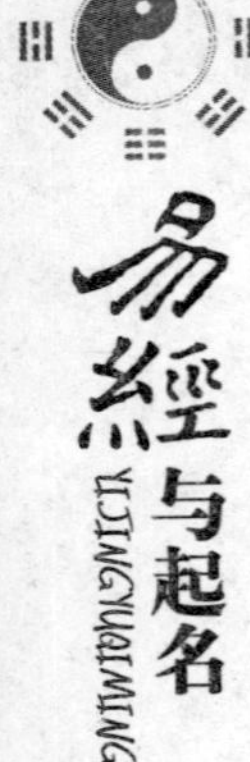

幸遇发达，但荣华不久。其前半生幸福，后半生悲惨。外观虽吉，内里生凶，甚有晚年家破人亡者。平素戒贪心，可免陷困苦。

基业：技能、官禄、出乡、工商、学基、财帛、田宅、破厄。

家庭：亲眷疏淡，妻、子宜迟。

健康："三才"善良者可望健康，否则不遇。

数理73：努力奋斗，志高力小之数。（半吉）

含义：盛衰交加之象。无实行贯彻之勇，徒有高志而无成事之能，常有成事不足败事有余之憾。然而做事小心，努力奋斗，可步步踏上光明。积少成多，晚年必丰，子孙可享馀庆。加之天生福气，大都终世平安。

基业：技艺、文昌、艺术、时禄、厄星、红艳。

家庭：六亲无缘，夫妻旗鼓相当，难为儿女。

健康：良好，须防肝病和眼疾。

数理74：残花经霜，秋叶落寞，沉沦逆境之数。（凶）

含义：无智无能，仅取得衣食，且徒食山崩，真是世上无用之辈。易生意外灾厄，辛苦繁忙，妻离子散，沉沦逆境，寂寞孤苦。晚年不幸，衰叹命运。

基业：技艺、文昌、时禄、破厄、红艳、劫禄。

家庭：妻子不知心，亲情无助，宜心胸开朗。

健康：时遇伤残、病患、刑罚、短命，先天五行为土者安康自在。

数理75：守者可安，大器晚成之数。（半吉）

含义：生来虽是有德，无凶之吉相，奈因做事情怠，缺乏勇气，策划无术，纵自幸遇，发展有限，享福不久。若要成大事，便招致失败，进取必陷于失意灾厄，退守可保吉祥。

基业：将星、学士、时禄、破厄、灾动、文昌。

家庭：可望圆满。

健康：安康，"三才"不善者有病患。

数理76：倾覆离散，虽劳无功之数。（凶）

含义：外观幸遇，内里不然。内外不和，骨肉分离。逆境凶煞无限，倾家荡产亡身悲运数。且多病弱，困苦不安，为短命离愁之凶数。

基业：豪杰、文昌、将星、劫禄、破财。

家庭：六亲无缘，夫妇分离，乏子息。

健康：病弱、短命、亡身。

数理 77：家庭和悦，半吉半凶之数。（半吉）

含义：多获上级援护，宜与众人相亲，协力合作事业可得成功，幸福享至中年。但因人多事难，未免被小人作弄，终究失败，陷入苦境，悲叹命运。如果有悲运于前半生者，后半生却反得吉祥。

基业：将星、财帛、劫禄、破厄。

家庭：六亲不得力，子息宜迟。

健康：须防肺病，先天五行为土者平安。

数理 78：功德光荣，晚景凄凉之数。（半吉）

含义：祸福虽是参半，凶相较多一些。天生智能齐备，中年以前成功发达。及至中年后，渐自衰退，陷于困苦，为大悲惨的暗示。

基业：将星、学士、技艺、破厄、劫财。

家庭：亲缘少、兄弟疏，宜多联络。

健康：呼吸病、负伤、遭难。先天五行为水土者，可望健康。

数理 79：云头望月，身疲力尽，挽回无力之数。（凶）

含义：穷迫不解的逆境。自尊心强，精神不安，缺乏计谋实行的能力。乏气节失信用，受攻击遭非难，为世人所弃，成个废人，终身困苦。

基业：将星、学士、技艺、时禄、灾厄、破厄、文昌、破财。

家庭：亲眷疏，兄弟不和，凡事谨慎则宁安。

健康：外伤、病患，先天五行为金木者可望平安。

数理 80：凶星伴随一生，多灾多难之数。（凶）

含义：一生辛劳，困难重重，灾厄不断。病患、刑伤、夭折者多。宜早日隐遁，避开尘世，可保安心立命，化凶转吉。

基业：学者、时禄、破财、将星、技艺、灾厄。

家庭：家务琐碎，口舌较多，不可多言，宜沉默。

健康：病患多、刑伤、夭折，“三才”善良者可望平安。

数理 81：冬去春来，周而复始，积极盛大、生机勃勃之数。（吉）

含义：此数为最极之数，周而复始，一切又要重新来过，还本归元，其数理与基数 1 相同。万宝朝宗，吉祥重叠。体力旺盛，庆幸万多，富贵名誉，繁荣长寿，实属富贵尊荣的大诱导数。

基业：天福、天官、赐禄、财库、将星、技艺、文昌。

家庭：家庭和睦，子女孝顺贤淑，兄弟圆满。

健康：身心健康，可望长寿。“三才”不善者可能病患。

第五章
十二生肖与起名

自古以来，民间就有配合十二生肖与属相为孩子起名的习俗，并且流传甚广。十二生肖与起名形式多样，并且有很大的玄机。

1. 十二生肖与起名之由来

十二生肖从《易经》中演变而来的，它是组成中国古老文明的一个重要文化因子，它诉说了一种宇宙时间、空间里的磁气场对人类这个生命地球体无形影响的理论，阐述了作为“人”是怎样在“受命于天”这个关系过程的。

十二生肖对于人们来说是妇孺皆知。“子鼠丑牛，寅虎卯兔，辰龙巳蛇，午马未羊，申猴酉鸡，戌狗亥猪”，不但成为朗朗上口的童谣，即便是目不识丁之人，往往也会掐着手指娓娓数来。

十二生肖是远古时代人类对于生命问题所做出的一个富有神话色彩的美丽构想。无法确认它何时就有，但纵观各个民族乃至世界各地，却是同时有着并不完全相同的十二生肖，那是人类共有的灵感，也是人类共有的情结。

时至今日，生肖在人们的生活中，已演变成为口口相传的民俗文化，它似乎已超越了阶层，超越了年龄，融进了每个人的生活中。君不见，每到自己属相的所谓“本命年”，人们不论身分、地位，总要在衣着上添点红色以避邪；又有多少人把生肖与命运挂上钩，婚丧嫁娶，生儿育女，多多少少都受到了它的影响。

子鼠：据说天地生辰于子时（午夜十一点至一点钟），生之初，没有缝隙，气体跑不出来，物质无法利用。老鼠有打开天体之神通，子时就属鼠了。

丑牛：老鼠打开天地之缝，牛方出来耕耘大地，于是丑时（午夜一至三点钟）就属牛了。

寅虎：传说人生于寅（凌晨三至五点钟），“寅”字有敬畏之意，人最怕老虎，寅就是属虎了。

卯兔：卯时（早晨五至七点钟）已经进入清晨，但太阳还没有出来，月亮还控制大地的亮度，而月宫中唯一的动物是玉兔，于是卯时就属兔了。

辰龙：传说辰时（早上七至九点钟）正是群龙行雨的时候，此时自然属龙了。

巳蛇：蛇利用草掩护其行踪，据说巳时（九至十一点钟）蛇不在人行走

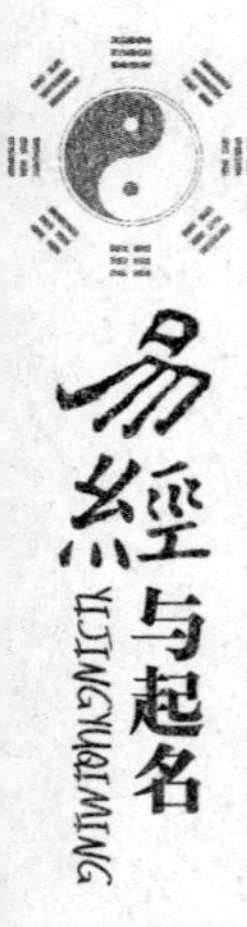

的路上游动，不能伤人，所以巳时属蛇。

午马：午时（十一至下午一点钟）阳气达到极限，阴气刚欲产生，马跑离不开地，是属“阴”类动物，故午时属马。

未羊：传说羊吃了未时（下午一至三点钟）的草，并不影响草的再生，未时就属羊了。

申猴：申时（下午三至五点钟）有伸的意思，而猴子最善于伸屈攀登，申就属猴了。

酉鸡：酉时（下午五至七点钟）鸡开始归窝，此时当属鸡。

戌狗：戌时（晚七至九点钟）天渐渐黑了，狗开始“工作”，看家守夜，这时就属狗。

亥猪：亥时（晚九至十一点钟）已入夜，万物寂静，天地混沌，而猪和天地混沌一样，除“吃”以外一无所知，亥时就属猪了。

自古以来，民间就有配合十二生肖与属相为孩子起名的习俗，并且流传甚广。十二生肖与起名形式多样，并且有很大的玄机。

在一些经济欠发达的偏远地区，有些父母直接以十二生肖与属相给孩子起名，例如：

王申猴、王子鼠、牛丑牛、孙寅虎、郑卯兔、李未羊、江午马、公辰龙、袭亥猪、吴戌犬、黄酉鸡。

这种方法有两点不足之处。一是，这种方法比较浅，名字也显粗俗，没有反映十二生肖与属相的内在含义。二是，中国人口众多，同姓率极高，用这种方法起名，同样容易造成同姓同名率极高的现象。配合十二生肖与属相为孩子起名的另一种方法，则是依据十二生肖与属相的内在精神起名。例如龙有腾穿万里，壮志凌云之义，三国时，便有赵云，其名字寓意即为壮志凌云，犹如翱游于太空之蛟龙一般。以下几节内容，我们就从这个角度，把十二生肖的起名方法和宜忌，逐一地简单介绍一下，以供大家参考。

2. 子鼠与起名

属鼠之人的出生日期：

农历：庚子年阳历：1900 年 01 月 31 日 —1901 年 02 月 18 日

农历：壬子年阳历：1912 年 02 月 18 日 —1913 年 02 月 05 日

农历：甲子年阳历：1924 年 02 月 05 日 —1925 年 01 月 24 日

农历：丙子年阳历：1936 年 01 月 24 日 —1937 年 02 月 10 日

农历：戊子年阳历：1948 年 02 月 10 日 —1949 年 01 月 28 日

农历：庚子年阳历：1960 年 01 月 28 日 — 1961 年 02 月 14 日

农历：壬子年阳历：1972 年 02 月 15 日 —1973 年 02 月 02 日

农历：甲子年阳历：1984 年 02 月 02 日 —1985 年 02 月 19 日

农历：丙子年阳历：1996 年 02 月 19 日 —1997 年 02 月 06 日

农历：戊子年阳历：2008 年 02 月 06 日 —2009 年 01 月 25 日

属鼠之人，为天贵星，性格非常聪明伶俐，凡事宜有心德，此人志愿颇高，利欲心很强，颇有成就，且有积蓄财富，一生多幸福，不过贵星太多，防欺人太甚，到时则会如命理所说："四贵克子孙"，多与人和睦，到中年运到来风调雨顺，一切所谋遂意，到老年万事达到成功境界。

五行：子属水。

五常：水属智。

吉祥方位：东南、东北方。

吉祥颜色：蓝、金、绿；忌黄及咖啡色。

幸运数字：二、三；大凶数字为五、九。

幸运花：百合花，非洲紫罗兰，铃兰。

属鼠的人起名适宜用字

（1）十二生肖中，老鼠排名最前，尽管它的个头小，但也可以称王，所以在名字中宜选用如琳、珍、琪、玲、琴、冠、玺、珲等字。

（2）鼠之生肖属子，申子辰三合，用"申""辰"的字形帮助力较大，可以壮大其身，贵人运强、财运更顺畅。三合力量很大，如能选用三合的字形，可优先考虑，尤其在名字的第二个字。如：玖、坤、袁、媛、农、振、丽、震、麒。

（3）鼠为杂食动物，喜欢吃五谷杂粮。名字选用宜有"米"、"粱"、"豆"、"麦"、"禾"、"草"的部首。如：谷、稷、粱、麦、程、稔、精、芬、芳、芸、茉、稼、娄、粟、苗、荃、若、华、菁、茵、葵、蓉、蕙、艺、苏。

（4）亥子丑三会，老鼠与猪、牛为三会。三会的力量也有贵人运，对自己也有帮助。字形如有"亥"或"丑"、"牛"的也可选用。如：象、家、豪、豫、

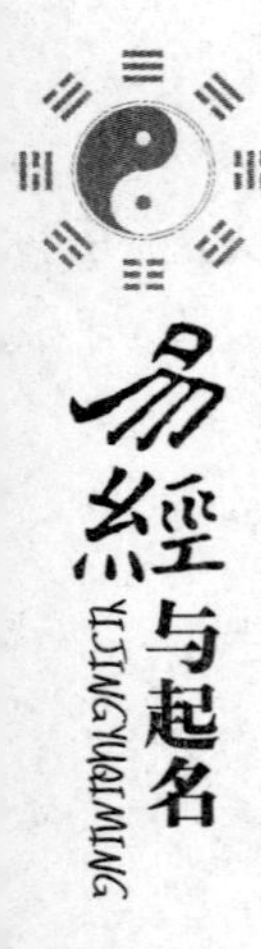

毅、聚、生、扭、隆、特、产、牟。

（5）老鼠喜欢打洞，作为藏身之所，名字宜用有“口”、“山”“乙”的部首，有“厶”的字也可用。如：商、超、台、君、合、哲、单、喜、乔、嘉、严、呈、和、品、如、园、宏、宇、家、宙、容、富、实。

如：商、超、台、君、合、哲、单、喜、乔、嘉、严、呈、和、品、如、园、宏、宇、家、宙、容、富、实。

（6）鼠喜欢披彩衣、华丽其身。可用有“纟”、“巾”、“系”、“衣、“采”等偏旁的字起名。如：彦、彤、彬、彩、帆、希、帅、师、红、纯、素、细、绅、结、絮、紫、经、绿、纲、绮、缘、绩、继。

（7）老鼠喜欢在夜间活动，字形宜有“夕”字。如：铭、名、多、外、夜、黄、梦。

属鼠的人起名不宜用字

（1）因为老鼠的生活习性喜暗不喜光，所以在起名时尽量避免用有“日”的字形，白天活动危险多，有“日”之字根则处境危险，易遭受到伤害。如旦、旭、明、昆、旺、昌、昭、春、映、显、晨、景、晶、智、晴、晖、晓。

（2）避免有“火”、“灬”之字形，因为子为水，忌水火相处。如：烈、炎、炳、炫、炯、照、焉、然、焕、煌。

（3）鼠为子。子午对冲，午为马，凡是有“午”或“马”的字形应避免用，否则犯了对冲。如马、骏、胜、许等。

（4）避免有“人”、“亻”字形的字。老鼠怕人，人看到老鼠就喊打，老鼠就会提心吊胆。如：仍、代、仙、以、任、企、介、今、仁、休、仲、伍、白、佑、余、佩、何、伸、作、佐、住、来、仑、佳、依、保、俐、侯、俊、侠、信、得、从、复、微、德、俞、伦、修、值、健、伟、杰、传、侨、俪、律、徐、彻、征。

（5）避免用“廴”、“辶”、“阝”、“弓”、“邑”的字根，因其形如蛇，鼠惧蛇、蛇会吞鼠，会遭受到伤害。如：巴、孔、张、艳、逸、迎、迪、逢、连、造、进、达、道、运、远、选、迈、那、邦、郎、邱、郁。

（6）避免使用有“羊”字的字形，因为子未相害，俗话说“羊鼠相逢，一旦休”，伤害力也很大。譬如羊、群、羡、善、美、翔、妹。

3. 丑牛与起名

属牛之人的出生日期：

农历：辛丑年阳历：1901年02月19日—1902年02月07日

农历：癸丑年阳历：1913年02月06日—1914年01月25日

农历：乙丑年阳历：1925年01月25日—1926年02月12日

农历：丁丑年阳历：1937年02月11日—1938年01月30日

农历：己丑年阳历：1949年01月29日—1950年02月16日

农历：辛丑年阳历：1961年02月15日—1962年02月04日

农历：癸丑年阳历：1973年02月03日—1974年01月22日

农历：乙丑年阳历：1985年02月20日—1986年02月08日

农历：丁丑年阳历：1997年02月07日—1998年01月27日

农历：己丑年阳历：2009年01月26日—2010年02月13日

属牛之人，性诚实，富有忍耐心，对事多固执，乏其交际，女人多信他人甜言以致失败，后悔不及，应该谨慎之。此人沉默寡言，不被人重用，但内心温和，作事勤勉，活动独立，热心坚实，性向钱财等，早离乡白手成家，少年有福，中年交来多少苦劳与精神的麻烦与苦恼，晚景天禀赐福的荣幸，有婚姻上的麻烦等。

五行：丑属土。

五常：土属信。

吉祥方位：东南方、正南方及正北方。

吉祥颜色：蓝、红、紫色；而忌用白色、绿色。

幸运数字：九、一；大凶数字为三、四。

幸运花：郁金香、万年青、桃花。

生肖属牛的人起名适宜用字

（1）有“田”的字根，牛在田野吃草或耕田都适得其所，悠哉享受美食或勤劳耕田，尽其本分，任劳任怨。例如：甲、由、申、甸、男、界、备、思、留、富、畴、疆、苗、蕾。

（2）有“宀”部的字，代表牛在屋檐下休息。例如：家、守、安、宝、定、宾、宏、宜、宛、廉、庭、沈、婉等。但“宇”字有“牢”之意，慎用之。

（3）有“辶”的部首，其形象似蛇；还有“酉”、“鸟”、“羽”的部首，因为“巳酉丑”为三合，即牛与蛇、鸡相称“三合”，互相帮助。例如：己、导、配、酉、兆、凰、秋、泽、巷、迈、凤、飞、建、鸾、鹤、雀、鸣、鸥、莺、鸽、鸿、鹏、巴、毛、翔。

（4）有“草”字部首的字。因牛以草为主食，名字有草，代表粮食丰富，内心世界充实，一生不愁吃穿。例如：莉、花、芝、苗、茹、萍、菁、莲、艺、芙、芸、芹、苍、苏、芳、若、英。

（5）有“禾”、“叔”、“菽”、“麦”、“米”、“豆”的字根，以上均为素食者喜好之主粮，肖牛者名字有以上诸字根，表示粮食丰盛，不愁吃穿，这辈子不穷了。例如：秀、禾、秉、科、秦、程、种、禀、稻、谷、稷、稼、酥、颖、积、麦、米、粱、粲、豆。

（6）有“车”字的形字，意味牛拉车，有升格为马之意。牛拉车虽辛苦、劳累，但牛还是认命，不负所托，完成任务，受到主人的肯定，有能力、有担当的牛，有表现的机会。如：连、莲、运、轩、运、轮、轲、轻、轼、辉。

生肖属牛的人起名不宜用字

（1）避免有“彡”、“巾”、“衣”、“采”、“示”、“系”的部首，为披彩衣之象。牛如果披上彩衣，不是变成祭品，便成为火牛阵，一生为别人无怨无悔地付出，直到老死。例如：彩、彦、彬、希、裕、祖、禄、福、礼、祜、裘、褚、祥、裴。

（2）避免用“马”的部首，因为“青牛遇马，不战而逃”，盖“牛头不对马嘴”，“风马牛不相及”，牛与马相刑，即丑午相害。例如：骏、骋、骥、腾、玛、冯、许、笃、骅、骆、午。

（3）避免用“羊”的部首，因为牛与羊为“对冲”，即丑与未对冲。例如：善、群、祥、美字，容易有生离死别的迹象，以及不如意之事发生。

（4）避免用“心”的部首，因为“心”字代表心脏，主荤食也。牛不食荤，如果肖牛者名字有“心”、“忄”旁者，便易有精神失落感，有肉却食不得。例如：心、志、忠、怡、恒、恩、惠、意、慧、怀等。

（5）避免有“尧”、“舜”、“禹”、“雍”、“熙”的字根。肖牛者名字中忌讳与以前皇帝之名为名，如李世民、朱元璋等国君的名讳。肖牛者称君为王，会使牛辛苦异常，也会伤到自己的健康，抵抗力减弱。

（6）避免有“王”、“玉”、“君”、“帝”、“大”、“长”、“冠”的部首。人怕出名猪怕壮，牛也忌肥大。牛太大时，易成为牺牲品。例如：玲、玫、珍、珉、理、珠、琴、琪、瑞、瑛、瑜、璋、环、央、奂、奎等。

（7）避免有“示”之字根，“示”意为祭祀。自古以来，以牛、羊、猪祭天，身为牛牺牲自己，以生命换来荣耀，代价未免太高了，因此要避免“飘”、“标”、“禀”等字。

（8）避免有“日”、“山”的部首，因为牛在太阳下耕作，变成“喘牛”；牛走山路也很辛苦，牛上山头步履维艰；古时候天子祭天牲牛必在太阳下。例如：昱、旭、明、易、旺、春、昶、晶、智、晖、晓峰、岳、峻、冈、崇、嵘。

4. 寅虎与起名

属虎之人的出生日期：

农历：壬寅年阳历：1902年02月08日—1903年01月28日

农历：甲寅年阳历：1914年01月26日—1915年02月13日

农历：丙寅年阳历：1926年02月13日—1927年02月01日

农历：戊寅年阳历：1938年01月31日—1939年02月18日

农历：庚寅年阳历：1950年02月17日—1951年02月05日

农历：壬寅年阳历：1962年02月05日—1963年01月24日

农历：甲寅年阳历：1974年01月23日—1975年02月10日

农历：丙寅年阳历：1986年02月09日—1987年01月28日

农历：戊寅年阳历：1998年01月28日—1999年02月15日

农历：庚寅年阳历：2010年02月14日—2011年02月02日

属虎之人，外表宽容，内心刚强，好勇好誉之性，但为人慈悲心深，有舍己成仁之气概，好出风头，有侠义之心，往往有不利名声的留在世间，宜要注意。此年生人平常好大不做小，宜要其信，自得受人尊敬，女人者多有智达、贞淑，虎年生人初年运至，中年运浮沉未定，变化多端，中年后暂得良好机会，晚景德高望众者亦有之。

五行：寅属木。

五常：木属仁。

吉祥方位：南方、东方及东南方。

吉祥颜色：蓝、灰、白、橙，而切忌金、银、棕、黑等色。

幸运数字：一、三、四，大凶之数为七、六、八。

幸运花：富贵菊。

生肖属虎的人起名适宜用字

（1）宜有"系"、"巾"、"衣"、"采"之字根，可华丽老虎之身，增加其威风俊秀。如：表、衫、衽、裴、彤、形、彦、彬、彩、彰、彭、影、巾、布、希席、常、帜、沛、采、紫。

（2）宜用"王"、"君"、"令"、"大"之字根，老虎为森林之王，喜称"大"、"君"、"王"，并喜发号施令，可掌大权，有权威之意。可用：王、玉、珏、玲、珍、佩、琳、瑶、莹、瑾、璋、璇、环、瑗、大、夫、太、天、群。

（3）宜有"肉"、"月"、"心"的字根，因老虎为肉食动物，有以上字根，表示粮食丰富，内心充实。可用：月、有、青、朋、朗、望、胜、必、志、念、忠、怡、恬、恒、意、愉、愫、慕、慧、忆、怀。

（4）避免有"人"或"亻"的字根，因为老虎不喜欢被人控制，也会被人所伤。如：人、介、今、仙、仲、任、伊、伯、余、佑、佘、佩、佰、来、保、俊、信、侠、俞、倍、倪、伦、倩、修、健、伟、杰、傅、侨、俭、依、仪、亿、德。

（5）宜有"山"、"木"、"林"之字根，为老虎适得其所之意。因老虎大都栖息在森林，又称森林之王，有"山"、"林"的字根，可以让老虎充分发挥其潜能。其字如：山、岑、岱、峰、峭、峄、岳、峦、木、朵、林、柏、柳、柱、桃、根、栩、株、梁、梭、栋、森、楠、概、荣。

（6）宜用"马"、"午"、"火"、"戌"、"犬"的字根，因寅午戌三合，能互相帮助，贵人多助之意。可用：马、冯、骏、腾、然、炎、炳、炫、烈、烽、焕、炽、杰、威、成、盛、状、城、猛。

生肖属虎的人起名不宜用字

（1）避免有小"口"、大"口"的字根，因为老虎开口，"不伤人，更伤己"，以及老虎受困之惑，不易展现其威。如：古、各、合、后、名、同、吉、口、台、另、向、吕、告、含、呈、吟、谷、如、吾、和、岩、回、因、固、国、园、圆、团、欧、周、乔、喜、嘉、器。

（2）避免有"人"或"亻"的字根，因为老虎不喜欢被人控制，也会被人所伤。如：人、介、今、仙、仲、任、伊、伯、余、佑、佘、佩、佰、来、保、俊、信、侠、俞、倍、倪、伦、倩、修、健、伟、杰、傅、侨、俭、依、仪、亿、德。

（3）避免有蛇的字根，如“辶”、“一”、“丨”、“邑”、“虫”、“廴”。因为“寅”与“巳”相刑害，“蛇遇猛虎似刀戳”。如：巡、迅、造、速、进、远、迁、选、还、邦、那、邱、刑、部、邵、郎、郑、廷、建、川、仁、虹、蜜、蝶、融、萤、尤、尼、屯。

（4）避免有“人”或“亻”的字根，因为老虎不喜欢被人控制，也会被人所伤。如：人、介、今、仙、仲、任、伊、伯、余、佑、佘、佩、佰、来、保、俊、信、侠、俞、倍、倪、伦、倩、修、健、伟、杰、傅、侨、俭、依、仪、亿、德。避免有“人”或“亻”的字根，因为老虎不喜欢被人控制，也会被人所伤。如：人、介、今、仙、仲、任、伊、伯、余、佑、佘、佩、佰、来、保、俊、信、侠、俞、倍、倪、伦、倩、修、健、伟、杰、傅、侨、俭、依、仪、亿、德。

（5）避免有“日”、“光”的字根，因为老虎大都在树阴下或山洞内，不喜在太阳下。如：日、晶、旦、旭、昆、旺、星、昀、昭、春、昶、晨、普、景、晴、智、暖、晖、替、勖、曾、勋。

（6）避免有“申”、“袁”（猴）的字根，或谐音，因为“寅”与“申”正冲。诸如：申、绪、坤、伸、砷、袁、侯、远、媛。

（7）避免有“草”、“田”的字根，因为老虎入“草”原及到“田”间，都有“虎落平阳被犬欺”之意。如：艾、芳、芬、芙、花、芸、芹、芝、芩、若、荃、茜、莉、荷、莎、萍、菩、菲、莱、菱、华、菁、菊、蓓、蒙、蓁、蓉、蔡、蕙、萧、蕊、苏、薛、薇、苔、略、畦、番、畴。

（8）避免有“门”之字根，老虎被关在家里，不易展其威之感。如：闪、间、闲、闽、闰、阅。

（9）避免有“皮”之字根，有“与虎谋皮”之嫌和老虎皮被展示之意。如：皮、皱、坡、破、颇。

（10）避免有“示”之字根，因为老虎进不了宗庙、祠堂。如：宗、社、祝、祖、崇、祥、禄、福、祯、礼。

（11）避免有“虎”之字根，因为“一山不容两虎”。如：虎、彪、虚、虔。

（12）避免有“小”的字根，老虎宜大，才有威风，称“小”就变成病猫。如：小、少、尖、亚、士、臣。

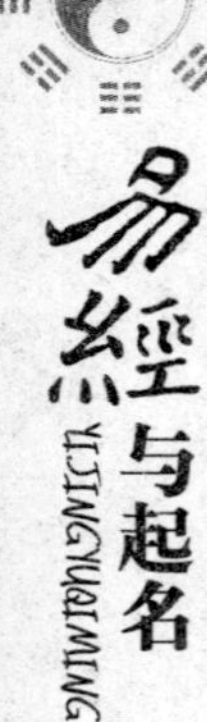

5. 卯兔与起名

鼠兔之人的出生日期：

癸卯阳历：1903 年 01 月 29 日 —1904 年 02 月 15 日

乙卯阳历：1915 年 02 月 14 日 —1916 年 02 月 02 日

丁卯阳历：1927 年 02 月 02 日 —1928 年 01 月 22 日

己卯阳历：1939 年 02 月 19 日 —1940 年 02 月 07 日

辛卯阳历：1951 年 02 月 06 日 —1952 年 01 月 26 日

癸卯阳历：1963 年 01 月 25 日 —1964 年 02 月 12 日

乙卯阳历：1975 年 02 月 11 日 —1976 年 01 月 30 日

丁卯阳历：1987 年 01 月 29 日 —1988 年 02 月 16 日

己卯阳历：1999 年 02 月 16 日 —2000 年 02 月 04 日

属兔之人，性温和而事业有妖娇，好静不宜好动，缺乏思虑决断，致使遗失了好机会，但富有背叛心而重友情，常浪费金钱，亦为事业上多情屡次失败，此人色情之念深致误招一生的不幸，宜应谨慎之，兔年生的人敏感，记忆力强，有慈悲心。守秩序、坚实、谦让、沉静、孤立、审美，有福渐渐衰微之兆，所以前运应积俭，以待老年之用。

五行：卯属木。

五常：木属仁。

吉祥方位：东、东南及南方。

吉祥颜色：红，粉红、紫，蓝，忌深啡、深黄及白色。

幸运数字：三、四、九，凶数为一、七、八。

幸运花：兔子花、玉簪花、网纹草。

生肖鼠兔的人起名适宜用字

（1）宜有“草”的字根，因兔子为素食动物，有“草”字根均喜欢。如：芬、芳、芙、卉、茗、茶、茹、普、菊、寂、董、葵、苇、蔡、蓉、蒋。

（2）宜有“禾”、“米”、“豆”、“麦”、“梁”、“翟”、“稻”、“叔”，以上均为五谷杂粮，为肖兔者喜用之字根。如：禾、秀、积、苏、获、豆、麦、麻、么、米、粉、粒、梁、精、粮、黍、黎、麦。

（3）宜有“亥”、“未”的字根，因亥卯未三合，兔子与猪、羊称三合，有帮扶之意。如：豪、家、毅、朱、美、善、祥、羡。

（4）有“寅”、“虎”之字根，因寅卯辰为三会局。如：寅、演、虎、彪、豹、虚。但老虎对兔子有威胁感，应尽量少用。

（5）宜用有“彡”、“系”、“衣”、“采”、“巾”、“示”之字根，兔子看重毛色，有以上诸字根，可华丽其表。如：形、彦、彩、彬、彭、影、雕、红、约、级、素、统、细、练、绛、洁、丝、绿、绮、维、福、礼、祝。

（6）宜用“木”之字根，因“木”属东方，“卯”也为木，有见到自己同类的感觉。如：朵、李、杉、束、材、村、东、果、松、桐、桔、梅、植、叶、朴、桦、树。最好不用森、林，因为兔子入森林危险多多。

（7）宜用有小“口”、大“口”、“宀”的字根，因狡兔三窟，兔子喜欢在洞穴里窜来窜去。如：口、台、吉、谷、向、吕、告、含、呈、吟、吾、和、周、品、味、哈、啥、四、园、围、图、团、容、宋、定、宙、宜、尚、有、家、富。

生肖属兔的人起名不宜用字

（1）避免用有“辰”、“龙”、“贝”之字根，因为“玉兔逢龙云里去”，地支卯辰相害。如：辰、宸、晨、农、侬、龙。

（2）避免选用有“酉”、“西”、“鸡”、“凡”、“羽”、“金”字根，因以上诸字根均为代表西方“西”，而“卯”与“酉”对冲。如：西、覃、酥、醇、醒羽、翌、翔、翡、凤、凰、鸾、金、钏、钧、铃、录、锦、钱、镜、秋。

（3）避免选用有“日”、“阳”之字根，因为犯了日月交冲之破绽，兔又代表“月”兔，遇有“日”的字根则会日月对冲。如：日、明、春、旭、晨、易、旺、时、晋、晶、景、普、晚、晴、晖、暖、暑、晰、乾。

（4）避免选用“宇”、“安”，因为“宇”的下半部为“于”，即“我”之意，“我”也是肖兔，即“宇”字转化为“兔”字，将含冤、受冤枉之意。另外“安”字的下半部为“女”字，即为“汝”字，汝意为肖兔本身，故“安”字在肖兔而言和“冤”同意，不吉。

（5）避免用“心”、“忄”之字根，因“心”与“忄”是代表“肉食”者，而兔子是草食动物，见到“肉”会有失落感，看得到而不得吃。如：念、忠、性、思、怡、恭、恒、息、恕、恩、悠、悦、惠、情、惟、意、慧、忆、怀。

（6）避免选用有“山”、“林”之字根，因为兔子若处在森林、山中，日子过得比较惊心动魄，时时有危机，森林中的肉食动物比比皆是，弱肉强食

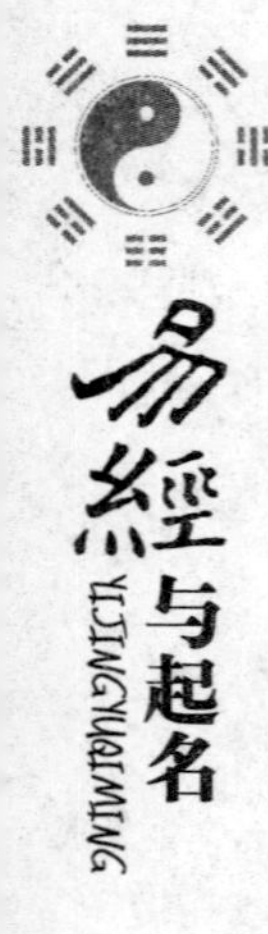

的原则下，兔子常成为其他动物的美餐。如：山、岗岚、林、森。

（7）避免选用有“人”的字根，俗云：“守株待兔”。如：人、仁、代、仙、壮、仲、任、伸、佐、作、佩、来、佳、使、依、俊、信、侠、伦、修、值、健、伟。

（8）避免选用有“大”、“君”、“冠”、“帝”、“工”之字，因兔子为小动物，无福称“大”、称“王”。

6. 辰龙与起名

属龙之人的出生日期：

农历：甲辰年阳历：1904 年 02 月 16 日—1905 年 02 月 03 日

农历：丙辰年阳历：1916 年 02 月 03 日—1917 年 01 月 22 日

农历：戊辰年阳历：1928 年 01 月 23 日—1929 年 02 月 09 日

农历：庚辰年阳历：1940 年 02 月 08 日—1941 年 01 月 26 日

农历：壬辰年阳历：1952 年 01 月 27 日—1953 年 02 月 13 日

农历：甲辰年阳历：1964 年 02 月 13 日—1965 年 02 月 01 日

农历：丙辰年阳历：1976 年 01 月 31 日—1977 年 02 月 17 日

农历：戊辰年阳历：1988 年 02 月 17 日—1989 年 02 月 05 日

农历：庚辰年阳历：2000 年 02 月 06 日—2001 年 01 月 23 日

属龙之人，其性有刚毅活泼之风气，嫌因循傲慢尊大，致与长上之意见不和，善恶断分之癖，故缺圆满交际，且性急乏妨耐与宽大心，做事偏激失败者多。对此欠与矫正修得精术，技艺的意志者，自然得良焉。龙年生人多推论、思索、奋斗、意志强。权威，女子者嫌孤独、自信心强，不容易与他人相处，失去幸福前程，对共同事业难得持久力，少年运为固执、失败，中处恐陷入不正事端惹祸。

五行：辰属土。

五常：土属信。

吉祥方位：西、西北及北方。

吉祥颜色：金、银、灰白，忌红、绿、紫及黑等色。

幸运数字：一、七、六，大凶之数为九、八、三。

幸运花：龙吐珠、采雀草。

生肖属龙的人起名适宜用字

（1）宜选用有“星”、“云”、“辰”的字根。因为龙喜行于天空，而与日、月、星、辰为伍。其字如：霈、辰、晨、农、浓、依、振、星、云、霖、腾、宸。

（2）宜选用有“日”、“月”的字根。因龙喜得月明珠，日、月为其最爱，可增加属龙者的内心世界充实感。其字如：日、月、青、有、旺、清、早、明、昆、易、星、昌、春昶、是、映、洵、晃、晁、时、晨、晶、景、普、晴、晰、暑、暖、晖、畅、云。

（3）宜选用有“子”、“壬”、“癸”之字根，因地支申子辰为三合，龙为“辰”，鼠为“子”。其字如：子、享、孚、孟、承、孳、学、李、壬、癸。

（4）宜选用有抬头的字根，如“亠”。因龙喜欢抬头，可展露其威，教化人民。倘如龙低头，便成为一条“降龙”屈服于人了。其字如：“有”、“存”、“育”、“彦”、“真”、“青”、“升”。

（5）宜选用有“氵”、“水”之字根。因龙喜水、雨，取龙为雨神，江河之水为水龙王掌管。龙得水，亦适得其所。其字根如：水、冰、永、求、江、沈、汪、添、法、泰、泉、注、沛、泳、淳、海、淋、涵、清、汤、涣、滢、凑、渝、洁、潮、济、瀑、瀚、洒。

（6）宜选用有“申”、“爰”、“袁”之字根，因申子辰三合，龙与猴为三合。其字如：申、绅、砷、袁、媛。

（7）宜选用有“马”、“午”之字根，因龙与马在一起，会有“龙马精神”的干劲，积极努力开创前程。其字如：马、冯驻、骋、骏、腾、骞、腾、骛。

（8）宜选用有“王”、“大”、“君”、“主”、“帝”、“令”、“主”、“长”之字根，因龙在中国人心中的地位为最大，宜称“大”，发号施令，不宜称小。其字如：大、王、君、玲、琴、玉、珍、珠、球、现、琳、琪、玛、瑗、瑜、瑶、璞、璋、环、琼、珑、璎、太、夫、天、奂、奏、旺。

生肖属龙的人起名不宜用字

（1）避免选用有“戌”、“狗”之字根，因辰与戌正冲，犯了正冲，是生肖姓名中的最大破绽。其字如：戌、成、诚、茂、晟、锹、状、狐、猛、犹、猷、狮、狱、独、获、献。

（2）避免选用有“山”、“丘”、“卢”、“艮”、“寅”的字根，会犯上“龙虎斗”。因“山”为老虎之乡，“艮”卦意也为“山”。其字如：山、屯、屹、岌、岑、岷、

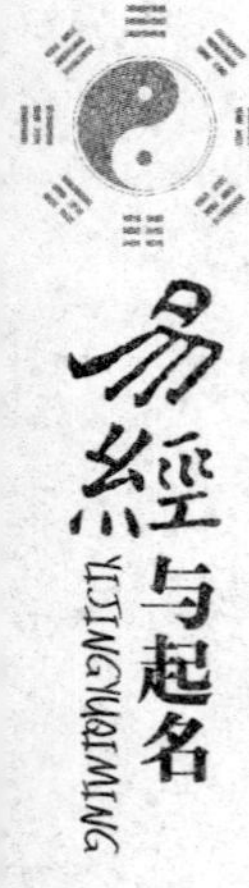

冈、岸、岩、岳、峒、峋、峙、峰、岛、峻、峡、仑、岗、昆、崆、崇、崔、崧、岚、嵩、岭、嵘、巍、峦、艮、良、艰、虎、虔、彪、寅、演。

（3）避免选用有小“口”之字根，会形成“困龙”之意。其字如：台、古、可、句、召、史、司、右、名、同、合、后、吉、向、吕、含、呈、吟、吴、吾、和、同、味、品、哈、咭、唐、哥、哲。

（4）避免有“辶”、“L”、“弓”“川”、“儿”、“巳”、“邑”的字根，会有龙降格为蛇之感，由大变小，有地位降低之意。其字如：允、兄、充、光、先、兆、克、兢、弘、弟、强、张、弼、弯、川、州、洲、巢、巳、巴、巷、先、选、巡、迎、迪、逢、通、连、造、进、逵、逸、道、达、运、远、迁、迈、还、邑、邦、那、邢、邱、郃、郭、邓、郑、邝、郎、郁、都、乡、廷、延、建。

（5）避免有“宀”之字根，因为龙不喜洞穴，有龙见龙，王贝之意。其字如：字、守、宏、宋、定、宙、宗、宜、宛、宣、宫、家、容、密、寅、富、宁、宝、宽、寰。

（6）避免选用“草”之字根，龙不喜落人草丛，有龙困浅滩之意。其字如：艾、芬、芳、芙、花、芝、苗、苔、范、符、苓、若、英、茹、茵、莉、庄、萍、莱、菁、菊、董、蕙、莲、萧、蕊。

（7）避免选用有“虫”之字根，因“虫”为蛇，大虫亦为虎之意，有龙虎斗之嫌。其字如：虹、蜀、蜜、蝶、融、萤、蝉。

（8）避免选用有“田”之字根，龙也不喜欢下田，有被困之意。其字如：田、苗、申、由、男、界、留、疆、畴、黄、富、迪、单、惠。

（9）避免选用有“羊”之字根，会犯了天罗地网之意，因辰戌未乃天罗地网。其字如：羊、善、美、羚、群、羡、养、姜、羲。

（10）避免选用有“卯”、“兔”之字根，因为“玉兔见龙，云去”，地支卯辰相害。其字如：卯、昴、卿、勉、逸、苑、柳。

（11）避免选用有“心”、“十”、“肉”之字根，因其都为“肉”形之意，而龙乃不食人间烟火，肉对其而言，更是糟蹋。其字如：心、蕊、必、志、念、恬、怡、恩、恒、息、恕、悦、惠、情、爱、意、慕、慧、怀、懿。

（12）避免选用有“臣”、“士”、“相”、“人”、“小”、“少”之根，都会使龙降格为臣、为士、为人之意，由尊而卑、气势下降。其字如：贤、藏、士、壮、志、小、少、尖、尚、就。

7. 巳蛇与起名

属蛇之人的出生日期：

农历：乙巳年阳历：1905年02月04日—1906年01月24日

农历：丁巳年阳历：1917年01月23日—1918年02月10日

农历：己巳年阳历：1929年02月10日—1930年01月29日

农历：辛巳年阳历：1941年01月27日—1942年02月14日

农历：癸巳年阳历：1953年02月14日—1954年02月02日

农历：乙巳年阳历：1965年02月02日—1966年01月20日

农历：丁巳年阳历：1977年02月18日—1978年02月06日

农历：己巳年阳历：1989年02月06日—1990年01月26日

农历：辛巳年阳历：2001年01月24日—2002年02月11日

属蛇之人，其性稳和才智，好安排进退，甚喜交际。有高尚的品质，受朋友好评，但其内心常有阴毒与忌妒心，致难以保持永久交情，心情易造多疑之虑，而且好色，好与人争论而常失去好机会，对此宜应要慎戒之。蛇年生人带有勇敢、亲切，但女子善好家事，易怒短虑，好饮汤癖。少年运多受风霜之苦，中年运多爱女色，晚年运渐渐养得幸福进来。

五行：巳属火。

五常：火属礼。

吉祥方位：东北、西南及南方。

吉祥颜色：红、浅黄、黑，忌白、金及啡色。

幸运数字：二、八、九，凶数七、一、六。

幸运花：兰花、仙人掌。

生肖属蛇的人起名适宜用字

（1）适宜有“口”、“山”、“一”字首，因蛇喜欢在洞穴内的隐匿之所，并可栖息、冬眠，在洞穴钻来钻去，悠游自如。洞穴内是其江山。如：容、口、可、呈、吴、周、品、哈、喜、乔、嘉、严、四、回、因、国、园、圆、图、团、宅、安、字、富、宁、宝、宽。

（2）宜有“木”之部首，蛇亦喜欢上树，有升格变成“龙”之意味。如：

木、本、杰、杏、杉、材、东、林、松、桐、格、橘、栩、栋、枫、森、柏、荣、桥、树。

（3）宜有“纟”、“系”、“衣”、“示”、“采”、“巾”等披彩衣的字首，可转化为“龙”，有升格意味。如：彤、形、彦、彬、纪、约、纷、维、练、纬、缘、县、绩、缤、祝、祖、市、师、常、帆、采、释。

（4）适宜有“西”、“丑”的字首，因地支巳西丑三合。如：西、羽、西、金、姚、风、鸣、鹃、鹏、鹤、莺、鸾、牡、特、纽、翔、轩、悲、翟、翰。

（5）喜有“马”及“羊”字根的字，因地支巳午未为三会，有帮扶的力量。如：马、许、群、喜、祥、翔、姜、妹。

（6）适宜有蛇形之字根如“廴”、“辶”、“弓”、“走”、“几”、“巳”、“虫”、“邑”。

如：巴、乾、元、兆、克、延、建、进、逸、道、达、运、远、选、还、迈、郭、邹、邹、郑、邓。

（7）适宜有“忄”、“心”、“月”之字根，因为蛇为荤食，喜食肉类，而“心”、“十”是心脏肉，上等肉之意。如：心、必、志、惠、情、慈、愉、慧、怀、育、肯、胡、脉、膏。

（8）适宜有“小”、“少”、“臣”、“士”、“夕”之字根，因蛇之别称为“小龙”。如：尚、而、尹、士、壮、寿、臣、贤、多。

（9）适宜有“田”之字根，蛇喜欢在田间活动，田字有四个洞穴，亦有藏身之所的意思。如：田、由、甲、申、男、界、留、番、画、畸、当、畴、疆、福、思、迪。

生肖属蛇的人起名不宜用字

（1）避免选用“亥”猪的字根，因为地支巳与亥对冲，即蛇与猪冲。如：象、豪、豫、家、毅、聚、缘、朱。

（2）避免选用“虎”部字首，因为“虎”与“蛇”为相刑害，古云：“蛇遇猛虎似刀戳”，盖地支巳与寅相刑也。“山”之字根亦有虎之意味。如：虎、虔、虚、虞、良、山、邱、丘、岗、仙、嵘、峥。

（3）避免选用“日”之字根，因为蛇怕太阳，太热，易烤焦其身，蛇大都是在洞穴，树阴下活动，极少暴晒于日光下。如：日、晶、旭、旦、早、旨、明、昊、昌、易、映、昀、春、昱、晋、晟、皓、晨、普、晴、智、晖、暖、喧、畅、曜、晓、历。

（4）避免选用“草”之字根，欲称“打草惊蛇”，而蛇如在草丛中活动，虽有游走的空间，但也容易被人发现，还要遭受到风霜雨打，稍觉辛苦。如：芝、芬、芳、花、苗、若、英、茜、荃、荷、莉、菊、蓉、茜、莲、蕊、蕙、萧、薇、蕾、薛、兰。

（5）避免选用“水”、“氵”、“子”之部首字根，因为蛇之地支属火，遇有“水”之字根，犯了水火相克之破绽。尤其在字形的左半部或下半边。如：水、永、求、汪、冲、沛、河、治、泉、泰、洋、洞、洪、津、洲、浩、浪、海、深、清、添、游、涣、渊、港、汤、温、源、

溪、沧、泽、济、涛、浚。

（6）避免选用“人”的字根，因为蛇不喜欢碰到人，人类是其敌人之一，由亚当、夏娃的故事，人类将蛇代表邪恶，见到就要打。如：人、仁、代、仙、仲、任、企、伍、伯、伸、似、布、住、佐、何、余、佛、作、佳、依、倩、倪、伟、健、备、杰、傅。

（7）避免选用“豆”、“米”类五谷杂粮字根，因为蛇为荤食动物，喜食青蛙等肉类食物，不宜有“豆”等字根，如犯之，则表示其人内心不服输，脾气大，又有失落感，看到食物，却不是自己喜欢吃的食物之故也。如：豆、禾、秀、秋、秉、科、秦、程、稻、积、穆、穗、稼、粱、米、粉、粲、精、黍、麦、黎。

8. 午马与起名

属马之人出生日期：

农历：丙午年阳历：1906 年 01 月 25 日 —1907 年 02 月 12 日

农历：戊午年阳历：1918 年 02 月 11 日 —1919 年 01 月 31 日

农历：庚午年阳历：1930 年 01 月 30 日 —1931 年 02 月 16 日

农历：壬午年阳历：1942 年 02 月 15 日 —1943 年 02 月 04 日

农历：甲午年阳历：1954 年 02 月 03 日 —1955 年 01 月 23 日

农历：丙午年阳历：1966 年 01 月 21 日 —1967 年 02 月 08 日

农历：戊午年阳历：1978 年 02 月 07 日 —1979 年 01 月 27 日

农历：庚午年阳历：1990 年 01 月 27 日 —1991 年 02 月 14 日

农历：壬午年阳历：2002 年 02 月 12 日 —2003 年 01 月 31 日

属马之人，其性好动不好静，多喜出风头，而对社会交际极为巧妙，且多管他人事，备受人敬爱，并有贵人牵引以至成功，此人欲好外观，对内事缺乏观察，又好投机事业，且有怪癖之主张。致所思想及计划之事，难保其机密，此人有伶俐、敏速、为人亲切、好旅行、牺牲、自夸、焦燥、悲观的素质。

五行：午属火。

五常：火属礼。

吉祥方位：东北、西南及西北方。

吉祥颜色：啡、黄、紫，忌蓝、白、金等色。

幸运数字：八、二、六；凶数为一、六、七。

幸运花：海芋、慈姑花、茉莉。

生肖属马的人起名适用字

（1）宜用有龙之字形，代表“龙马精神”。积极、有生气、有活力、有干劲和成功之意。如：龙、辰、农、袭。

（2）马喜有三合字根，如“寅”、“戌”，及三合的字根如“巳”、“未”。如：彪、寅、建、美、群、骏。

（3）宜有杂粮的字根，如“禾”、“麦”、“叔”、“稷”、“豆”、“栗”、“粱”。因为除了喜食草以外，五谷杂粮也为其主食。如：禾、秀、秦、梨、稼。

（4）喜用有彩衣的部首，如“系”、“巾”、“彡”、“衣”，良马方能被人披上彩衣。如：纪、紫、洁、纲、彤、采、雕、彦、彩、彬、彪、彰、希、帆、席、常。

（5）宜有“目”字根，表示马有大眼睛，美丽有人缘。如：目、直、省、相、县、盼、看、眉、真、睦、睿。

（6）宜用有“草”的字根之字，因马为素食动物，有草则肥，亦壮，粮食丰盛，则内心世界充实。如：芙、芝、芬、茵、花、芳、芷、苑、茶、茹、荷、草、荐、荃、菁、菽、萱、董、苇、倩、莲、蔡、蒋、颖、荟。

（7）宜用有“宀”的字形，表示有屋檐、洞穴可遮风挡雨。如：守、安、宋、宜、定、家、容、实、宽、宝。

（8）宜有“木”字根，因马在林间来去自如，有树木也可遮阳。如：木、杉、彬、琳、杞、杭、荣、林、柄、霖、柔、杰、栋、森、杨、树、桦。

生肖属马的人起名不宜用字

（1）不宜见到“忄”、“心”、“月”的字根，因其代表荤食，而马为素食动物。如：思、心、必、志、忠、恰、恩、恭、愉、慈、慕、慧、态、怀、育、郁。

（2）不宜有“米”之字根，因马儿吃米吃不饱。米食不适合马吃，有吃没吃饱，无饱足之感。如：米、粉、栗、粒、粲、精、粹。

（3）不宜有“山”的字根，因马在山路跑，相当辛苦。如：山、岌、岳、岱、岷、峒、峭、峻、峡、崇、峰、昆、崎、仑、岗、峥、崧、嵩、岭、巍。

（4）不宜见到有“牛”、“丑”的字形，因为自古“青牛遇白马，不战而逃”。如：牛、牟、牧、特、星、生、造。

（5）不宜有两个人的字根，如“彳”或“亻”再加“忄”，因为好马不跨双鞍，如犯之，则为无节之马，不忠、不贞、滥情、情愁。如：彼、征、往、役、仿、律、徐、得、徒、从、御、复、循、微、德、彻、仁、莜、薇。

（6）不宜有“田”字根的字，表示劣等马委曲求全，当作下田耕种用。如：富、由、町、界、单、留、画、甸、备、畸。

（7）不宜有“子”、“氵”、“壬”、“冫”、“癸”、“北”的字根，容易有水火相冲，因马为火，不宜选用有水的字形。如：水、永、冰、江、冲、沙、河、沛、波、注、泉、洋、浩、浪、海、深、清、涣、港、游、湘、洁、潭、润、潮、澄、泽、济、涛、凌、冷、子、字、存、孟、季、学。

（8）马怕骑，所以不宜见到“奇”、“其”字义的字。如：骑、奇、琪、祺、旗、期、棋、琦、齐、绮。

9. 未羊与起名

属羊之人的出生日期：

农历：丁未年阳历：1907 年 02 月 13 日 —1908 年 02 月 01 日

农历：己未年阳历：1919 年 02 月 01 日 —1920 年 02 月 19 日

农历：辛未年阳历：1931 年 02 月 17 日 —1932 年 02 月 05 日

农历：癸未年阳历：1943 年 02 月 05 日 —1944 年 01 月 24 日

农历：乙未年阳历：1955 年 01 月 24 日 —1956 年 02 月 11 日

农历：丁未年阳历：1967 年 02 月 09 日 —1968 年 01 月 29 日

农历：己未年阳历：1979 年 01 月 28 日 —1980 年 02 月 15 日

农历：辛未年阳历：1991 年 02 月 15 日 —1992 年 02 月 03 日

农历：癸未年阳历：2003 年 01 月 31 日 —2004 年 01 月 21 日

未年生人，其性温柔，有孝心重礼仪，而对同性之人心甚强，多伶俐，好美观性，常常多舍已成仁，致劳苦困难事常有，此人思虑深沉，又有美术工艺趣味，多热心且向神佛、宗教的信念强，终身喜好居住闲静之处。

五行：土属信。

五常：水属智。

吉祥方位：东、东南及南方。

吉祥颜色：绿、红、紫；大凶之颜色为金、啡、黑色。

幸运数字：三、九、四；凶数为七、六、八。

幸运花：康乃馨、报春花、爱丽斯。

生肖属羊的人起名适宜用字

（1）羊喜食草，故有“草”字根者，对属羊者大有帮助。如：卉、芳、芸、苑、若、苹、苗、芝、茗、茱、茹、荷、秀、莉、菊、菁、蓁、萱、叶、蓉、叶、蓉、莲、倩、艺。

（2）羊也喜食五谷杂粮，因羊为素食动物，喜有“米”、“麦”、“禾”、“豆”、“稷”、“叔”字根。如：米、栗、粱、禾、秀、秋、科、稠、稻、谷。

（3）羊喜有“木”的字根。如：木、本、朵、材、杰、梁、梓、棋、栋、椒、森、枫、楣、楚、榛、荣、槐、树、橙。

（4）羊喜有大“口”、“山”、“门”、“冖”的字样，即有洞穴休息。如：口、同、周、唐、亚、商、乔、单、回、圆、园、图、团、宋、容、家、富、宽、婷、宏、安。

（5）羊喜有“足”的字根，因羊喜欢跳跃、自得其乐。如：足、跋、跳、路、踊、跃、践。

（6）羊喜有三合或三会的字根，如三合的根有“豕”与“卯”，三会的字根有“蛇（巳）”与“马（午）”。如：家、豪、稼、朋、逸、青、马、骏、南、许、柄、丁、杰、速、连、达、远、适、邓、延、建。

（7）羊有跪乳习惯，喜见有“儿”的字根。如：允、元、兄、先、克、免、儿、亮。

生肖属羊的人起名不宜用字

（1）属羊之人不宜有“心”、“忄”、“月”的字根，因羊为素食动物，见到肉类荤食，内心不充实，有失落、失意之感，看得到肉，却不是自己喜欢的食物，内心定会苦闷。如：心、必、志、快、忻、忠、念、悟、悠、情、惠、想、胡、脉、能。

（2）属羊之人不喜有“大”、“王”、“君”、“长”之字根，羊为三牲之一，羊长大了容易被用来当祭品、供品，意味牺牲、奉献、为别人而活，一生将会很辛苦，但如果生性就乐于服务他人之人，也就无妨。如：大、天、太、奇、奉、奏、英、珏、砷、玲、玳、珉、诱、琦、瑟、暄、瑜、荣、瑰、璃、玛、琼。

（3）属羊的人不喜见到“氵”、“水”、“北”、“子”、“亥”的字根，因为羊是所有动物中最不喜欢喝水的。如果水喝多了，会影响其行动、健康。如：冬、冲、永、求、江、汝、冲、沛、河、波、泉、泰、森、颖、泽、润。

（4）属羊之人不喜见到对冲的生肖，如“丑”、“牛”及相害的生肖“鼠”、“子”的字根，刑克很重。如：牡、隆、生、子、孔、存、学、燕、游、郭。

（5）属羊之人不宜见到天罗地网的字，因“辰”为天罗、“未”为地网，同理也不宜见到“戌”、“犬”，即“辰”、“戌”、“丑”、“未”均不宜见到。“未”为羊，如果羊见到羊，必然先争斗角力一番，也是不吉。如辰、晨、农、成、国、犹、献、独、获。

（6）属羊之人不喜见到“示”部字根，有如当祭品供奉用，因羊在中国为主要的三牲之祭物。如：示、社、祁、祝、秘、神、祟、禅、礼、禀。

（7）属羊之人不宜见到有彩衣的字根，如“巾”、“彡”、“衣”，因为羊如披上彩衣、加冠、华丽其身时，就是被供奉用了。如：帆、希、帅、常、帜、彤、彩、影、袭、裴。

（8）其他不喜之字形：如：“刀”、“皿”、“酉”、“车”等。

10. 申猴与起名

属猴之人的出生日期：

农历：戊申年阳历：1908 年 02 月 02 日 —1909 年 01 月 21 日

农历：庚申年阳历：1920年02月20日—1921年02月07日

农历：壬申年阳历：1932年02月06日—1933年01月25日

农历：甲申年阳历：1944年01月25日—1945年02月12日

农历：丙申年阳历：1956年02月12日—1957年01月30日

农历：戊申年阳历：1968年01月30日—1969年02月16日

农历：庚申年阳历：1980年02月16日—1981年02月04日

农历：壬申年阳历：1992年02月04日—1993年01月22日

农历：甲申年阳历：2004年01月22日—2005年02月08日

属猴之人，其性多活泼、好动，伶俐，多才且灵巧，有竞争而敏捷的手腕，又有侠义的心肠，多为他人的事，放弃自己的事务，平常好说大话，不合自己的意见都即时反对且急癖，又带有虚言，诈伪的行为终为刑罚之苦的人有之，对此缺点矫正方可以成功发达。

五行：土属信。

五常：金属义。

吉祥方位：北、西北、及西方。

吉祥颜色：白、金、蓝色；忌红、黑、灰、深啡色。

幸运数字：一、八、七；凶数为九、二、五。

幸运花：菊花、葱花。

生肖属猴的人起名适宜用字

（1）属猴的人宜喜有“木”的字根，猴子在林间，采食水果，来去自如，荡来荡去，好不悠哉，得其所也。但小猴子学习上树会跌倒受伤，申金克木，宜慎用之。如：本、杉、杏、材、东、林、果、梁、桔、机、森、栋、樱。

（2）属猴之人喜见有“人”或“言”的字根，因为猴子喜欢模仿人类的动作，即人模人样，爱作秀、表演，所以名字中有“亻”、“彳”或“人”或“言”字形均佳。如：任、仲、企、令、布、余、作、俐、值、词、试、詹、语、诚、谊。

（3）属猴之人宜有大“口”、“宀”、“冖”之字形，意谓“美猴洞”、“水帘洞”，猴性喜在洞穴休息。如：古、台、史、君、周、启、冠、宇、安、宏、宗、容、宽。

（4）属猴之人喜有“王”字形，因猴子喜称王，但在称王过程中必须身经百战，猴王得来不易，又随时会易主，故猴子称王有喜亦有忧，虽然威风，但付出的代价太高。如：王、玉、玲、珍、珏、璇、琪、琛、环、琼、琳、珑。

（5）属猴之人喜有三合（申子辰）的字根，即“子”、“冫”、“氵”、“水”、“辰”字形，三合之帮扶力量较大。如：孔、字、李、孙、侬、学、丽、贝、真、庆、麒、麟、永、求、泽、江、沈、沐、沛、泉、泰、涛、涵、绅、坤、汉。

（6）属猴之人喜有“彡”、“巾”、“系”、“采”、“衣”、“示”华丽其身，更为人模人样，提高其地位。如：彤、彦、影、常、沛、红、紫、绚、丝、袁、裕、襄、示、祁、祝、绿、棋、礼。

生肖属猴的人起名不宜用字

（1）属猴之人不宜见到有“禾”、“谷”、“田”、“麦”、“稷”、“米”之字根，因猴子喜欢作践五谷，有句话说“大猴损五谷”，意谓在田间的猴子，只会践踏、玩弄五谷杂粮罢了，表示浪费挥霍之意。如：田、由、甲、申、界、留、米、粉、秀、秉、秋、科、秦、谷、穗。

（2）属猴之人不喜有“对冲”之字，如寅与申冲，虎字形则最不利于属猴者。如：寅、虎、彪、虔。

（3）属猴之人不喜有“金”、“酉”、“西”、“兑”、“皿”、“鸟”、“月”之字形，因以上字形皆有西方“金”之意，然而，在五行中，金与金相聚，易有刑克、争执，反而不能得其比和之助，更甚而遭到凶灾。酉五行即是金，鸟为鸡类，属酉也为金，月亮在西方，也是属金来论。如：金、钏、铜、铭、锐、钢、鹏、要、覃、配。

（4）属猴之人不宜见有“豕”猪字形，因地支六害之故，即是“猪遇猴似箭头”，刑克很重。如：亥、家、象、豪、豫、缘、豹、貌。

（5）其他如见大“口”有被关注之感，不吉。另外“皮”、“力”、“刀”、“牙”、“君”、“将”也不宜用之字。

11. 酉鸡与起名

属鸡之人的出生日期：

农历：己酉年阳历：1909 年 01 月 22 日 —1901 年 02 月 09 日

农历：辛酉年阳历：1921 年 02 月 08 日 —1922 年 01 月 27 日

农历：癸酉年阳历：1933 年 01 月 26 日 —1934 年 02 月 13 日

农历：乙酉年阳历：1945 年 02 月 13 日 —1946 年 02 月 01 日

农历：丁酉年阳历：1957 年 01 月 31 日 —1958 年 02 月 17 日

农历：己酉年阳历：1969 年 02 月 17 日 —1970 年 02 月 05 日

农历：辛酉年阳历：1981 年 02 月 05 日 —1982 年 01 月 24 日

农历：癸酉年阳历：1993 年 01 月 23 日 —1994 年 02 月 09 日

农历：乙酉年阳历：2005 年 02 月 09 日 —2006 年 01 月 27 日

属鸡之人，其性诚实多智慧兼伶俐，能与人交际，望得贵人提拔，抱大志多计谋，终遂捷径光明，且带快热冷的心理，致自抱自弃的缺点，对自己不利的事多与计较，致见少利而生大财之嫌。忠告：属鸡的人，远方男性女性都容易受异性引诱，恋爱的次数相当多，而且每一次都会付出真情，自尊心高，讨厌依赖别人，个性直率，所以并不是每种类型的人都合适你，因此在选择伴侣时，一定要三思而后行。特性：保守、热心、漂亮、坦诚、幽默。缺点：傲慢、自大、盲目崇拜。

五行：酉属金。

五常：金属义。

吉祥方位：西、西南、东北方。

吉祥颜色：金、啡、啡黄、黄；忌绿、红、蓝、灰。

幸运数字：七、五、八；凶数为三、九、一。

幸运花：剑兰、凤仙花、鸡冠花。

生肖属鸡的人起名适宜用字

（1）宜有“禾”、“豆”、“米”、“梁”、“麦”、“粟”之字根，因鸡为食五谷杂粮的动物，整天都在找粮食，见到杂粮，欢欣鼓舞，可以吃撑到脖子，有以上字根，属鸡之人，内心充实饱满。如：禾、秀、秦、程、稞、谷、积、米、粮。

（2）属鸡之人喜用有“山”之字形，为鸡上山头，可展其英姿，有凤凰之象，提升其格局地位。另外，鸡本来都喜欢栖息在树干上睡觉、打盹，安详自在。如：岂、岗、岱、岭、森、树、桦、荣、栋、梁。但“酉”金会克木，也有稍许破绽，故“木”之偏旁宜慎用之。

（3）属鸡之人喜见用“彡”、“纟”、“采”、“系”之字形，“彡”字形为鸡的羽毛漂亮，即增加其人缘，“采”的字形，即代表鸡冠漂亮，冠冕加身之意，雄赳赳、气昂昂。如：形、彦、彤、彬、彭、纬、维、采。

（4）因鸡喜欢“金鸡独立”，代表脚很健康，单脚就可站立。所以属鸡之人喜有“金鸡独立”的字形。如：章、彰、毕、平、中、聿。

（5）属鸡之人喜“小”字形及抬头之字义，因小鸡可爱，鸡长大后大都被人宰食。再者，健康之鸡，大都能抬头，昂首阔步。如：士、土、吉音之字形。

（6）属鸡之人喜有“宀”、“冖”之字形，意味鸡在洞穴、屋檐下可遮风挡雨，有保护作用。如：守、安、宋、宜、宛、宙、定、宇。

（7）属鸡之人喜有三合“巳酉丑”之字根，“巳”即为蛇。如：道、达、邱、牛、轩、牡、产、凤、鸣、茜、羽、翎。

生肖属鸡的人起名不宜用字

（1）属鸡之人最怕见到与其对冲之字形，因鸡为酉，卯与酉对冲，所以凡是有“卯”之字形或字义均不可犯之。如犯之，则伤害大，刑伤、生病难免，卯之字义可推及东方之月、兔均属之，因卯居东方，酉局西方，东西对冲，所以有“东”、“月”、“兔”之字形不可用。如：卯、柳、仰、勉、逸、东、栋、陈、月、朋、有、朝、期、本。

（2）属鸡之人不喜见到“金”之字形，因鸡为酉金，但五行中，金与金组合过重，容易犯冲金杀伐之意，“金”之字意还有“西”、“兑”、“申”、“秋”、“酉”均属之。如：金、钧、铭、锋、钱、镇、秋。

（3）属鸡的人不喜见到有“心”、“忄”、“月”之字形，因以上字形代表一块肉的意思，但鸡为素食动物，不食荤肉，若给其肉食，会让其心不服输，不满意，失望但又无可奈何。如：志、忸、忠、念、思、恒、恬、肯、胡、能、修。

（4）属鸡之人不喜有“大”、“君”、“帝”、“王”字形，因鸡长大往往被作祭品，或为人食用，一生多为别人付出多。如：奇、奏、奋、君、玉、珠、琪、琴、瑛、瑶、璞、环、琼。

（5）属鸡之人不喜有字形脚会开者，因为鸡的脚如果分开，代表病鸡，不健康也，鸡能够金鸡独立最佳，不喜见到分叉的脚。如：文、亮、元、充、光、克、共、烘。

（6）属鸡之人不喜见到有“犬”、“犭”、“戌”字形，因“犬”与“犭”、“戌”为狗之意，因地支酉与戌为六害，古云“金鸡遇犬泪双流”，意味着狗会追咬鸡，鸡犬不宁之意。

（7）属鸡之人不宜见到太多“口”之名字，容易七嘴八舌，成为长舌妇，

鸡婆也，好管闲事，易生是非，及吃力不讨好。如：品、蓉、容、吕、喜、高、器、歌。

（8）其他：属鸡之人亦不喜见有“刀”、“示”、“力”、“石”、“人”、“手”、“血”、“水”、“字”、“子”、“亥”、“北”之字形。

12. 戌狗与起名

属狗之人的出生日期：

农历：庚戌年阳历：1910 年 02 月 10 日 —1911 年 01 月 29 日

农历：壬戌年阳历：1922 年 01 月 28 日 —1923 年 02 月 15 日

农历：甲戌年阳历：1934 年 02 月 14 日 —1935 年 02 月 03 日

农历：丙戌年阳历：1946 年 02 月 02 日 —1947 年 01 月 21 日

农历：戊戌年阳历：1958 年 02 月 18 日 —1959 年 02 月 07 日

农历：庚戌年阳历：1970 年 02 月 06 日 —1971 年 01 月 26 日

农历：壬戌年阳历：1982 年 01 月 25 日 —1983 年 02 月 12 日

农历：甲戌年阳历：1994 年 02 月 10 日 —1995 年 01 月 30 日

农历：丙戌年阳历：2006 年 01 月 28 日 —2007 年 02 月 17 日

属狗之人，其性刚直，重义理与信义励业，此人有胆力、奋斗、活动性、聪明、直感性、机敏、大望、热情、费金钱，有稍暴燥性，女子者，富有引人之魅力，易多变自己必理，嫌虚荣、短气、苦劳性、不坚实、忍耐性，对此矫正自然获得良运遁来。

五行：戌属土。

五常：土属信。

吉祥方位：东、东南及南方。

吉祥颜色：绿、红、紫色；忌蓝、白、金色。

幸运数字：三、四、九；凶数为一、七、六。

幸运花：玫瑰花、文心兰、惠兰。

生肖属狗的人起名适宜用字

（1）狗是最忠于人的动物，所以属狗之人喜有“亻”、“人”、“入”字形，意味着有其饲主，并忠于主人、忠于事业、忠于爱情、忠于钱财。如：人、今、任、令、仲、企、布、住、伯、杰、健。

（2）属狗之人喜有“宀”、“冖”字形，意味家庭内的狗，比较好命，有主人、有房子住，不必去当流浪狗。如：字、守、安、宁、宙、家、富、冠。

（3）属狗之人喜三合之字根，狗为戌，“寅午戌”为三合。“寅”字形如：虎、虔、虚。“午”字形如：玛、笃、骏、驻、骆。三合的力量对人的帮扶大，人缘、贵人运都好。

（4）狗喜披彩衣，有虎风之味，增加其威势，提升地位之感，字形是“纟”、“彡”、“巾”、“衣”均是。如：约、珍、绅、维、彤、形、彦、彩、装、希、佩、席。

（5）属狗之人喜有“心”、“忄”、“月”之字形，因狗喜食肉，而“心”、“忄”、“月”为肉形，正合狗意，粮食丰富，生活优越、快活。如：心、必、志、思、恭、忻、育、肯、有、胜、腾。

（6）另外，属狗之人也喜欢有“小”、“少”、“士”、“臣”之字形，一般而言，小狗比大狗可爱，狗不为君、帝、将、帅、宁为臣、士。

生肖属狗的人起名不宜用字

（1）狗喜忠于人，但如果一只狗要同时侍奉几个人，则成为不忠之狗，如名字中见到有两个人的字即是回避字。如：征、律、徐、得、微、德、彻、彼。

（2）狗不喜素食、五谷杂粮类，狗为荤食动物，其牙齿尖锐，可见嗜肉如狂。如有字形是“禾”、“米”、“豆”、“粱”、“稷”、“麦”之字，对狗而言，如食鸡肋，弃之可惜，不吃挨饿。

（3）属狗之人不喜有两个“口”之字，或姓名中合起来有两个口，容易形成“两口犬”为“哭”字，不祥，凡事不顺，多乖逆。如为三口犬则成为疯狗，如有一口之犬称吠，喜欢多闲事，爱乱叫嚷，所以对属狗之人，最好不用“口”之字形，如姓氏为吕就有两个口，若逢流年为狗年，自己又属狗，由当年形成的哭字，特别不利自己。

（4）狗见到“日”，有一句话说“狗吠日”，狗看到太阳出来也要乱叫两声，意指爱管闲事，大嘴巴，徒劳无功。如：曰、旭、日、旨、升、昆、昌、星、购、皓、晴、智。

（5）属狗之人不喜有田之字形，因为狗在田间，喜欢践踏五谷，有浪费、不惜福之意。如：田、甲、申、畴、画。

（6）狗不喜欢见到狗，因狗大都有领土、领域之感，如有其他的狗进来，便会引起战争，狗咬狗是也。如：状、狄、狮、独、狭、猛、筛。

（7）古人云："金鸡遇犬泪双流"，所以属狗之人也不宜见到有鸡之字形，如"酉"、"佳"、"兆"、"鸟"、"羽"、"兑"、"西"、"金"等字均有鸡之意。如：飞、翎、习、翠、习、翰、酷、耀。

（8）属狗之人不宜见到有"木"形的字，因狗属土，由于木克土，所以字根如有木边，则犯上木克土，被压抑住，力量无从发挥。如：林、木、村、柳、枯、梁、栋、桑、楚、树、权。

（9）属狗之人不宜用有"未"、"羊"、"丑"、"牛"之字形，因为狗为戌，天罗地网，辰戌丑未最好不见，容易有破绽，不利发展。如：善、妹、美、群、羡。

（10）属狗之人不宜见到有"水"、"之"、"字"、"子"、"北"、"亥"之属于水之字根，因狗为戌土，土会克水，对其不利，伤害大，会泄露精力、财气。

（11）属狗之人如遇到"熊"字，则依森林动物定律，当大熊下山时，狗听到都会心寒而脚软，不知逃跑。此意味狗最怕熊，所以，不要用"熊"字命名。

（12）属狗之人最不喜见到其对冲之字形，如辰戌对冲，龙与狗对冲，龙即为"辰"，所以要避免使用"辰"字根之字为名字，象：辰、最、侬、秋、家。"贝"为龙象，故要避之。如：樱、真、贝、贞、贡、财、贯、贵、宝、赖、赞。

13. 亥猪与起名

属猪之人的出生日期：

农历：辛亥年阳历：1911 年 01 月 30 日 —1912 年 02 月 17 日

农历：癸亥年阳历：1923 年 02 月 16 日 —1924 年 02 月 04 日

农历：乙亥年阳历：1935 年 02 月 04 日 —1936 年 01 月 23 日

农历：丁亥年阳历：1947 年 01 月 22 日 —1948 年 02 月 09 日

农历：己亥年阳历：1959 年 02 月 08 日 —1960 年 01 月 27 日

农历：辛亥年阳历：1971 年 01 月 27 日 —1972 年 02 月 14 日

农历：癸亥年阳历：1983 年 02 月 13 日 —1984 年 02 月 01 日

农历：乙亥年阳历：1995 年 01 月 31 日 —1996 年 02 月 18 日

农历：丁亥年阳历：2007年02月18日—2008年02月06日

属猪之人，其性耿直无弯曲，能向直中取，不可曲中求，心如洁白，无雅量，外观稳重，内心刚毅，好财，好批评他人是非，无忍耐性，依靠性强，不善交际。忠告：过于正直，非常讨厌拐弯抹角，所以在社会上容易与别人引起纠纷，也会被大家敬而远之。

五行：亥属水。

五常：水属智。

吉祥方位：西南、东北方。

吉祥颜色：黄、灰、啡、金；忌红、绿、蓝。

幸运数字：二、八、五；凶数为三、一、九。

幸运花：绣球花、猪笼草、太阳菊。

生肖属猪的人起名适宜用字

（1）属猪之人喜有“宀”、“冖”、“人”、“门”字形，似有家的感觉，被养的猪不愁吃。如：字、家、宋、安、宏、宜、兰、宽、守。

（2）属猪之人喜有“田”字形，代表猪在田间有五谷杂粮可食，自在逍遥。如：田、甲、留、当、畴。

（3）属猪之人名字喜有“豆”、“禾”、“米”、“草”之字根，因为猪最喜爱吃的食物为“豆饼”及米饭杂粮，吃馊水是不得已。所以名字中有豆字形者，皆可予猪之人丰盛满足感，一生不愁吃穿。如：豆、米、梁、集、精、秀、禾、秉、种、菊、苏、麦、樱。

（4）属猪之人宜有大“口”之字形，因猪在一般人认为是爱吃的动物，有口福之欲，因此有口得食之意。但大猪不喜欢小洞穴，故宜谨慎用之。例如：口、和、合、周、商、善、回。

（5）属猪之人喜得三合之字形，猪为“亥”，而“亥卯未”为三合。卯为兔，未为羊。如姓名有卯与未之字根则能大有裨益，一生贵人多助，妻贤子孝。如：卯、柳、卿、未、善、羡、羚、家。

（6）属猪之人喜“木”、“月”字边，因木属东方，东方卯兔，月兔，而亥卯未为三合；同时猪在树下，也可获得短暂歇息。如：林、森、榆、桂、柔、柏。

（7）属猪之人喜有“金”字旁的字，因属猪为“亥”水；而金能生水，故金对属猪之人有帮扶之意。如：钮、铃、铭、钧、镇、锐、锋、钟。

生肖属猪的人起名不宜用字

（1）属猪不宜见到有“王”、“君”、“长”、“帝”、“大”之字形，因猪在民间供奉品中列入三牲之一，所以凡是猪长大，愈大愈容易上供桌，当祭品用，意味着牺牲，故凡属猪者，有以上字形，就注定一生要牺牲奉献。如：王、玉、琴、珍、珠、佩、瑛、瑜、瑟、瑞、璋、环、大、天、奇、君、群、将、帅、主。

（2）属猪之人不宜见有彩衣字表，如“巾”、“采”、“乡”、“衣”、“自”，意味着猪准备上供桌前，将其身上华丽地装饰一番。所以属猪之人，不宜有彩衣，否则，就得随时准备奉献。如：形、彤、彦、彩、彬、彪、彭、彰、影、帆、希、常、褚、纪、约、红、纯、素、绍、结、紫、吉、经、绿、绸、维、纲、绮、绩、继。

（3）属猪之人最忌讳之字形，即具其六冲生肖，猪与蛇六冲，蛇之地支为“巳”，其通义之字形如“廴”、“辶”、“川”、“一”、“邑”、“乙”、“弓”，均为一条蛇的形象。犯六冲之字形，伤害性最大，不管六亲之缘分，财运、事业、健康均受影响，不得不慎。如：迅、婉、凯、毅、迎、逸、邦、郭、邓、郑、延、巡、迪、建、川、州、一、仁、三、之、乙、也、乾、虹、蛾、蜜、蝶、强、疆、弯、发、张、弼、纪、风、风、妃、枫。

（4）属猪之人不宜见到有“猴”之字形，古云：“猪遇猿猴似箭投”，与猴子通义的字形如“申”、“袁”、“爰”、“侯”。在八字五行中，亥与申为相害。如犯之，易伤人、伤身、伤情，一切不利。如：申、伸、绅、砷、袁、侯、九、媛。

（5）属猪之人不宜见到有脚分开之字表，如“贤”、“贵”、“宾”、“赏”、“赞”。脚分开代表不健康，站立不稳。

（6）属猪之人不宜见到“示”字形，示之意通祭祠，也就是要被人宰杀祭祀用，劳苦一生，无所得，还要被送上断头台。如：社、祀、祁、祈、祇、祖、祝、祚、祟、祥、票、禁、禄、祺、福、祯、礼、禧。

（7）其他：属猪之人亦不宜见到“皮”、“力”、“血”、“刀”、“几”、“石”等与猪的形象发生矛盾、冲突的字。

第六章 易经五行与工商起名

无论是办公司还是开店铺，大家的目的都是一样的，那就是“赚钱”。但有时候却偏偏事与愿违，同样的公司，同样的店铺，有人天天赚钱，有人却天天白忙活。有人百思不得其解，这是为什么呢？除了产品质量、经营方式的差别，问题可能就出在公司、店铺的名字上。跟人的名字一样，公司店铺的名字除了好听，最好还要与易经五行相匹配。这是最基本的要求，如果做不到这一点，可能就要出问题。

1. 一名万金财源滚滚

一个好的名字可以给人带来很多积极的影响，公司、店铺的名称也一样。

首先，从传播的角度看，名称是公司对外形象的第一要素。名正言顺，名字响亮，朗朗上口，就能让更多的人认识公司，了解公司的产品；只要公司和产品有广泛的知名度和良好的信誉，就能吸引更多的客户，产生更大的效益。

公司的名称包括公司名和产品的商标等，是公司的巨大的无形资产。

京城一家很有影响的媒体曾对国内最有价值品牌的商品进行了通报。通报结果是：红塔山以 423 亿的品牌价值名列榜首，海尔 265 亿、长虹 260 亿居其次，五粮液、一汽和康佳分别以 86 亿、79.08 亿和 78.87 亿随其后。其余为联想 76.82 亿、TCL75.56 亿、科龙 59.16 亿、三九集团 49.18 亿、青岛啤酒 46.839 亿、美的 46.68 亿、美菱 41.16 亿、小天鹅 38.52 亿、红旗轿车 35.01 亿、燕京啤酒 31.86 亿、古井贡酒 31.33 亿、森达 28.42 亿、鄂尔多斯 27.55 亿、双汇 25.18 亿。

公司、店铺的名称隐含了其多方面的信息。通常我们去衡量一个人的格调有很多种方式，或从用词方式，或从发型打扮，或抽烟姿态，或肢体语言，或打牌表现，或从对待财物的态度，不难略知一二。

所以公司在起名的过程中一定要考虑品牌格调。这从一方面也可以反映出公司的管理能力和经营头脑。公司和产品的命名高雅者，客户往往因心理的附加价值产生“相乘”效果，自然财源滚滚来。相反，一旦公司、产品名落入低俗，后果就很难想象了。

如果您认为自己的公司规模很小，名称无足轻重，于是就起个简单的名字，随随便便“出炉”，但那未免太自贬身价了！

理由很简单，即使只是一个小小店面，也不要随便对待。您常常会在电视上看到某些公司的广告一年好几千万甚至上亿元。这样一来，给人最直接的印象就是，该公司规模一定财大气粗，实力雄厚！其实并不一定！有些公司规模很小，却懂得造声势为自己广开财源。有一家跨国的领带品牌，每年

广告量大得惊人，但在产地的规模却小得令人不敢相信。某品牌口香糖锁定青少年和初涉爱河的情侣，它的广告也很大，但公司里办事员连老板加起来不过6位。这难道不让人跌破眼镜？

所以，公司的名称最好要具备“世界观”理念，才能放眼天下，生意兴隆通四海，财源茂盛达三江！

2. 公司、店铺的名称要与行业的五行属性相匹配

要想用《易经》起名学给公司、店铺起一个吉祥的名字，首先必须了解各行各业的五行属性，只有名字与公司、店铺所处的行业五行属性相匹配，才能最大限度地趋吉避凶，发挥名字积极的影响力。

（1）五行属金的行业：

电子产品行业：家用电器、电脑及其周边产品制造、一般无线通讯、微波通讯、卫星通讯、重电机等等。具体包括：电子零件制造、通讯连接器、网路硬体、监视器、电器用品、银行、电玩硬体、扬声器、证券业、麦克风、通讯零组件、笔记型电脑、PDA、LED（发光二极体）、主机板、电脑介面卡、电源供应器、汽车、积体电路测试、证券投顾、光纤电缆业、积体电路（制造、封装）、电线电缆、电容、电阻、CD-R、DVD、光电产品、软体业、网站经营、电子商务、系统组装、保险业、磁碟片、电池、PCB等。

冶金行业：钢铁业、金属建材、金属医疗器材、金属商品制造等等。另外，粗铁材或金属工具材料等方面的中间贸易商、一切武术家、民意代表、五金商、挖掘、发掘、开矿、鉴定师、律师、汽车界、交通界、金融界、保险界、电料界、电气店、工程店、科学界、珠宝界或伐木事业均属之。售工具机械或制刀剑等行业的五行也同属金。

（2）五行属木的行业：

木器，木材，家具，装潢，花草，树木，苗，盆栽，竹，音乐，茶，纸器，书，文艺，文教书店，文具，教育业，文化事业，作家，教师，出版业，宗教业，香料及敬神用品，布匹，司法，军警，政治，公务业，种植业，药物医疗（中

医类）等。

文学、文艺、文具店、文化事业、文人、作家、写作、撰文、教员、校长、教育品、书店、出版社、公务业、司法业、治安警业、官途之业、治业、参政业、新创设业、特殊动植物生长业之学者、植物栽种试验业、木材、木器、木制品、家具、装璜木成品、纸业、竹业、种植业、花业、树苗业、青果山、草业、药物业〔开药房或药剂师〕、医疗业。培养人才业、布匹买卖业、售敬神物品或香料店、宗教应用物业、宗教家之事业或售卖植物性之素食品都是属木的行业。

（3）五行属水的行业：

五行属水的行业有几个特征：漂游、奔波、流动、连续运动、易变化等等，还有其他靠水发财的事业，例如雨衣、雨帆、洗衣粉等。航海业〔船员也是〕、饮品饮料业、水产业、水利业、冷藏业、保洁、洗浴行业、菜市场内售卖冷食物〔鱼、肉豆腐〕、特技表演业、运动家、导游业、旅行业、玩具业、声乐音响业、魔术、马戏团、采访记者、侦探、旅社、或灭火器具、钓鱼器具等都是属水的行业。

此外还有，进出口贸易、国际企业经营、汽车维修、管理顾问业、百货业、超市超商、运输业、渔业、水族馆、航空业、广告业、广告设计、商品设计、网路美编、建筑设计、补教事业、房屋代销、观光业、大众传播业、演艺圈、IC 设计业、政治、加油站、娱乐业、饭店业、医生、土地开发设计、植物养殖业、花店、农业、出版业、化妆品、火锅店等。

（4）五行属火的行业：

五行属火的行业有高热性、火药性、光亮性的特征，包括：放光照明、易燃品、油、酒、瓦斯等，还有食品、自助餐、热食、手工艺、理烫发、饰物品、镕铸、百货、服饰、印制业、化妆品、美容、烤肉、化学、电、医药品（西医类）、一切人身装饰物品。军工业、歌舞艺术、百货行、印制家、雕刻师、评论家、心理学家、演说家等等都是五行属火的行业。

（5）五行属土的行业：

五行属于的行业有：土地交易、房地产开发、建筑、土产业、农蓄、农牧、

饲料、机械买卖、中介业、企业顾问、设计、秘书、农作物、经销商、代理商、防水业、丧葬业、水泥业、石板石器、瓷器、代书等等都属五行属土的行业。

3. 名称与行业五行属性相匹配的两种方式

（1）按笔画数字

以这种方式给公司、店铺起名，具体来讲是看公司名字总笔画数字的五行是否与行业的五行相配，也就是按照水 1、火 2、木 3、金 4、土 5 之数来定。行业属木者喜 1、3（因“1”为水，水生木）之数；公司火类者喜 3、2 之数；行业属土类者喜 2、5 之数；行业属金者喜 5、4 之数；行业属金者喜 4、1 之数。

按行业确定公司字号时其总笔画数或字号数，按金木水火土五行分类后，可参考如下提示：

制造业属土：2、5、8、20、25、27、28、72.

技艺业属水：4、10、11、14、40、49、94

美术业属火：3、9、19、20、22、23、38、83

花卉业属木：10、11、13、16、30、31、33、61

银行业属金：4、5、40、45、50、105

包办业属土：2、5、8、20、25、27、28、72

中介业属土：2、5、8、20、25、27、28、72

古玩业属土：2、5、8、20、25、27、28、72

医药业属土：2、5、8、20、25、27、28、72

食品业属木：10、11、13、、16、30、31、33、61

交通业属水：4、10、11、14、40、49、94

教育业属火：3、9、19、20、22、23、38、83

化学业属水：4、10、11、14、40、49、94

铁工业属金：4、5、40、45、50、105

物务业属火：3、9、19、20、22、23、38、83

园艺业属木：10、11、13、16、30、31、33、61

加工业属木：10、11、13、16、30、31、33、61

娱乐业属火：3、9、19、20、22、23、38、83

上述笔画数是基本要求，如根据行业特点需要一些文字时，但又与行业相克，怎么办？就应会五行起名通关法，如中介业为土，字号中用了带“木”之字时，就应加上带“火”之字的偏旁部首，木生火而火又生了土也谓顺象，如用“日林”、“阳森”等等。再如娱乐业属火，字号中用了带“水”之字的，就应再加上带“木”之字的偏旁部首，水生木而木又生了火就变为顺象，如“江楠”、“海林”等等。

（2）按文字属性搭配五行相生相克

将一些公司店铺名称的常用字的五行属性按相生相克的原则进行搭配，相生的为吉，相克的为凶，最后选用相生的名字为店名。

这样在选择店名时，就从汉字中挑选五行相生相克的字进行组合。

易经起名学认为，五行相生的吉利店名用字的五行组合一般是：

水配合木，水滋养木生长。

木配合火，木使火更旺盛。

火配合土，火使土更旺更纯净。

土配合金，土保护生助金。

金配合水，金使水更旺更富贵。

易经起名学认为，五行相克的不吉利店名用字的组合是：

水遇到火，水使火熄灭。

火遇到金，火使金熔化。

金遇到木，金使木伤害。

木遇到土，木将土穿透。

土遇到水，土将水覆盖。

按照传统的说法，商家一定要避免使用相克的字组合店名，以免给经商带来不利。关于起名用字的五行属性，可以参考本书后面的附录。

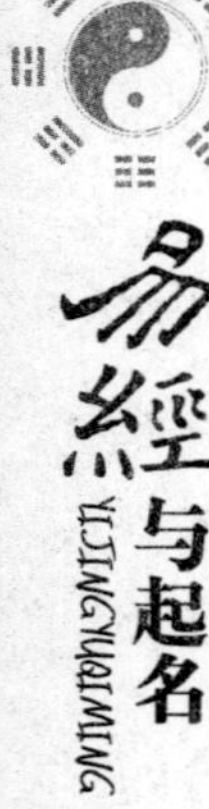

4. 公司、店铺起名的思路

用易经起名只是一个方法，学会了这个方法不一定马上就能找到合适的吉利的名字。很多人就面临这样的问题，在起名的时候不知道从那里入手。可以从《易经》六十四卦中找，那里有很多适合商业用的名字。除此之外，我们再给你提供几个思路以供大家参考。

（1）迎合消费者的喜好

迎合消费者的喜好就是以流行的形式或深受人们喜爱的人或事物的名字来为公司、店铺取名的方法。借助时尚来取名字，因其迎合时人的某种心理，常常会受到意想不到的效果。如“及时雨典当行”、“宴宾饭店”、“便民商店”、“利民商店”等。每一个行业都有自己的特点,因此,招徕顾客的方法也非常多，如，从事电讯业务的“联通公司”、“万声公司”，以及起名为“移山”的搬家公司等，都是以提供给顾客的服务所具备的特点，来为公司命名的。

当社会上流行“出国热”时，一时间托福考试升温，人们戏言“托福托福，托上就是福”。托福的时尚价值和吉祥的字面含义被几个敏感的硕士毕业生抓住了,他们不失时机地将自己开的一家小饭馆取名为“托福餐厅”。“托福”在各店林立之中显得既不俗气，又迎合时尚，含义吉祥。

美国旧金山华人区，有一家餐厅名叫乡音阁，生意十分兴隆。这里的客人多是中国人。长年漂居海外的华人，多有一种思乡之情。工作之余找同乡一聚，以慰思乡之情，乡音阁便成了他们最好的去处。

这些事例说明，一个好的店铺名称必须适合其目标顾客的心理需求，适合该店铺的经营宗旨和情调，这样才能为店铺树立美好的形象，从而增强对顾客的吸引力。

（2）从自己的业务特色入手

从自己的业务特色入手给公司、店铺起名，可以使消费者对自己从事的事业一目了然，从而达到高效传播的目的。

例如：

无线电、电视机：如飞乐、东声、红声、红波、红歌百声、佳音、凯波、国际、明声、金声、星际、春歌、美声、高歌。

文体用品、乐器和工艺美术商店：如长征测绘品商店、翼风航模材料商店、声歌乐器商店、宏音民族乐器商店、时美装饰商店、晶美工艺商店。

医药：如万年青中药店、万寿参茸店、卫民中药店、卫众药房、卫康中药店、长寿参店、迎春药房、南山参茸补品商店、保泰中药店、养参茸补品商店、健民中药店，以及益民、益康、民康、利民、利康、葆青、葆春、新健、新康、永宁、永安、永春、永康、永健、复康、保尔康等。

钟表眼镜：如精准、永明、永新、向明、光艺、光仪、光明、光新、时光、时鸣、时准、时声、科艺、科学、新艺、新光、明艺。

自行车：如万里、飞达、飞轮、飞虹、飞速、长风、长征、云飞、天马、永久、永进车行、环球、春风、顺风、顺达。

服装鞋帽：如大不同皮鞋店、大方鞋帽商店、阔步鞋帽店、健步皮鞋、迈万里皮鞋商店、蓓丽童装商店、龙凤中式服装商店、云霞服装商店、艺华服装商店、云霞鞋帽商店、风帆鞋帽商店。

照相：如艺华、艺林、天真、吉祥、吉象、红春、光艺、丽影、迎春、佳美、英姿、明星、春蕾、科艺、美影、爱好者、新苗、新春、新影、憧憬等。

茶叶、食品、果品：如时新果品商店、春芽茶叶商店、思源茶叶商店、四季水果品店及味香、味美等。

理发店：如风容、风华、风光、洁美、洁容、施美、春风、春光、菊花馆、葆春美发厅、紫罗来美发厅、斯为美理发厅、新新美发厅。

（3）从吉利的语言入手

人人都有求吉利的心理，对待公司店名自然也不例外。古时生意人喜欢讨个吉利，讲究口彩，开口闭口“生意兴隆通四海，财源茂盛达三江”，因此以吉利语作店名是极普遍的做法。例如上梅的大鸿运、大富贵、五福楼等就很受旧时顾客的青睐，认为到那里去举行宴会会使自己“财运亨通，福星高照”。

我们国家的第一家啤酒厂，北京的双合盛五星啤酒厂是山东人张阁与郝升堂为主集资创办的，取双方合办，财源茂盛之意，故命名为“双合盛”。

位于前门外肉市胡同的全聚德开业于清同治三年（1864 年），创办人为

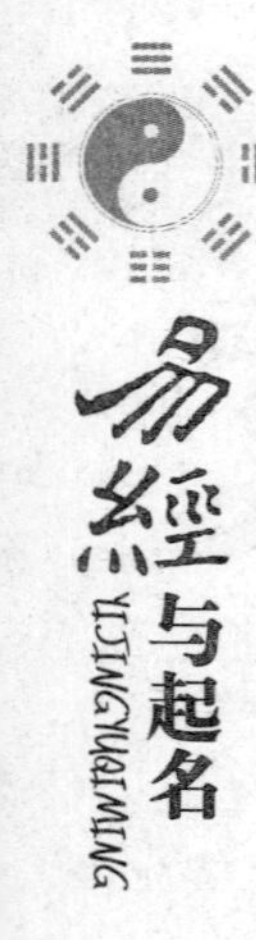

河北省冀县扬家寨人杨寿山，字全仁。最初在道光十七年（1837年）秋天，他在北京正阳桥头旁开设一个小小的鸡鸭摊，专卖鸡鸭。几年后积累了资本。恰逢肉市胡同一家由山西人经营的杂货铺“德聚全”，因生意萧条，无法营业，杨全仁买下该店，开设挂炉铺。将原字号颠倒，改称全聚德，“全”字暗含自己的字（全仁），取“以全聚德，财源茂盛”之意。

上海的盛锡福帽店1912年由刘锡三创办于天津，是以自己名字中的一个字，前后加上“盛”“福”两字组成的，以示“天官赐福，兴旺发达”之意。

这种取名方法一直延续到今天。在市场经济条件下，由于市场的变换莫测，人们总有着期盼吉祥、美好的心理愿望。因此，有着吉祥美好词义的词汇，往往是启发命名的最佳信息。这方面的名称有：“金利来”、“万家乐”、“荣事达”、“高宝”、“舒乐”、“雅倩”、“嘉利”、“红豆”、“鸿达”、“顺发”、“鸿远”等等。

在国外，尽管各个国家的取名方法各有各的特点，但有一点却是共同的，就是都喜欢找一种适合于本民族的比较吉利的词语作为名称。比如在我们的邻国日本就曾发生过这样一个故事。在日本静岗县有一家很小的酒厂，生意一直不景气，老板十分着急。一天老板忽然想到“当选”这个商标名称并马上进行注册，隆重推出后收到了极好的效果，因为在日本，国会议员、县（府、道）议员等都是全民选举产生。于是选举之际，候选人为讨吉利要买此酒，支持某派的选民也都来买它，至于当选之后的庆贺就更是非它莫属了。

（4）从本人的名字入手

以产权人或创始人的名字来给公司、店铺起名，很长时间以来一直比较流行。如著名的老字号北京的张一元茶庄是个典型的例子。它是安徽人张文卿创办的。1900年张开了一家茶庄叫“张玉元”，其命名中包含了他的良苦用心：“张”表示这是张家的买卖；“玉”是“茗”的简称，在陆羽的《茶经》中，它是茶叶的通称，因此与“张”字合起来表示这是张家的第一等的茶庄。1908年，张开办了第二家茶庄，取名张一元茶庄。“一元”是根据“一元复始，万象更新”的说法，象征他的茶庄开市大吉，永远兴旺。1912年，张又开设了他的第三家茶庄，取名“张一元文记茶庄”。“文”字是他名字中的那个字，表示这是正宗。此外，传统上还有许多是以“姓（名）+记”或“行业+姓氏”的方法来取店名的。如李王记、珍记（店主吴庆珍）、泥人张、烤肉季等。

在现代有以体操王子李宁的名字命名的“广东李宁体育用品有限公司”及李宁牌体育用品,以著名歌星杭天琪的名字命名的“北京天琪艺术学校”等。生活中一些成功者，或者公司本身的创立者，他们的名字便具有一定的知名度或特定含义，完全可以借用为公司或店铺的名字。如：“希尔顿饭店”、“波音飞机”、“福特汽车”、“永芳珍珠霜”、“太白酒楼”等。也有的公司店铺以文学作品中虚构的人物作店名，如“包法利饭店”、“刘三姐旅游公司”、“阿凡提瓜子”等等。

如果产权人或创始人为两个或两个以上的人时，则采取各取一字或概括简称的方式。如我国饮食业的老字号“老正兴”，清同治元年（1862 年）由卓正本和蔡仁兴合资在上海创办。最初二人合开一个小饭摊，后开设饭店，取两人名中各一字为店名，叫“正兴馆”，后来改为“老正兴”。

（5）从诗词典故中的雅字入手

就是借用诗词典故来为店铺取名的方法。由于我国的诗词典故蕴含着丰富的文化和美学价值，能够使人产生丰富的联想，所以常常成为人们来为店名商号取名的素材。许多公司店铺都是以此而获得典雅而富有诗情画意的名称的。如杭州楼外楼菜馆便得名于林升的诗：“山外青山楼外楼，西湖歌舞几时休？暖风薰得游人醉，直把杭州作汴州。”

北京的荣宝斋原名松竹斋，清光绪二十年改为荣宝斋，取“以文会友，荣名为宝”之意。

店名也是一种丰富、有趣的民俗文化。走在街上，四处林立的招牌就如一部精华小说，或典雅庄重，或秀气质朴，博远精深的文化就沉淀在区区几字之中。

（6）从行业的习惯用字入手

行业的习惯用字是在长期历史发展中形成并约定俗成的。很多行业都有这种情况。

例如理发铺用“厅”字，如南京理发厅、新新美发厅、红玫瑰理发厅、白玫瑰理发厅等。

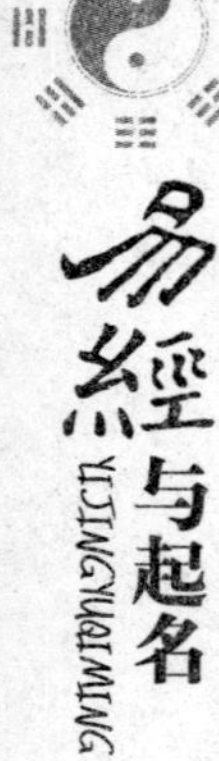

中药店爱用“堂”字，如北京同仁堂、鹤年堂，杭州胡庆余堂，上海蔡同德堂、童涵春堂等；西药店用“房”字，如华美药房、华德药房、冠心药房等。

西餐馆用“社”字，如德大西餐社、海虹西餐社、天鹅阁西餐社、华美西餐社等。

上海的饭店爱叫“菜馆”、“酒楼”、“酒家”，如老正兴菜馆、老四茹春菜馆、新雅粤菜馆、洁而精川菜馆、大鸿运酒楼、大富贵酒楼、新老半斋酒楼、松鹤楼、松云楼、京华酒家、天府酒家、绿杨村酒家、梅龙镇酒家等；而旅馆爱叫“饭店”如锦江饭店、国际饭店、衡山饭店等。

过去北京的饭庄分两大类。一种叫“饭馆”，能包办大型宴会，一次摆几十桌酒席，还备有供堂会用的戏楼，如福寿堂、会贤馆、福全馆等。另一种叫“饭庄”，主要是应时小卖，菜肴多样，顾客随要随做，兼办小型宴会，如泰丰楼饭庄、致美楼饭庄、萃华楼饭庄等，也有具备两种功能的，如东兴楼饭庄等。

还有一些是在长期的发展过程中，形成了某些行业特别喜欢用的字。

这些字用在正式的名称中，似乎具有沟通的效果，让人一看就知道是什么行业。

例如绸布店用“祥”字。北京有瑞蚨祥、瑞生祥、瑞增祥等；上海有一样祥、协大祥、大昌祥、公大祥、华大祥、宝大祥、信大祥等。

果品店用“丰”。如大丰、久丰、长丰、永丰、立丰、华丰、年丰、伟丰；兆丰、庆丰、齐丰、宝丰、林丰、果丰、青丰、南丰、懒情丰、春丰、海丰、泰丰、登丰、勤丰、源丰、瑞丰、翠丰、穗丰、新丰、迎丰、丰年、丰乐、丰收、丰产、丰茂、丰实、丰硕、丰盛、丰满等。

北京的药店常用“仁”字，如同仁堂、宏仁堂、乐仁堂、永仁堂、怀仁堂、沛仁堂、继仁堂等；其中多数是同仁堂的分支。

素菜馆常用“林”字，如功德林、觉林、桔林等。

游乐场则叫“世界”，如新世界、大世界、小世界、神仙世界、大千世界，连外国人在中国开设的明园游乐场也被叫做“外国大世界”。

5. 公司、店铺起名的原则

给公司和店铺起名时可以充分发挥你的想象力和创意，但同时要遵循一个基本的原则，这样才能事半功倍、避免出错。

（1）内外合一，名副其实

古语云："名不正则言不顺，言不顺则行不果。"

名称是事物的专有标志，只有名实相副，才能准确地反映事物的特征，才能让人叫着顺口，听着顺耳。这就是古人所说的"名正言顺"的含义。因而"名副其实"是命名的一个重要原则。

我国颁布的《公司名称登记管理规定》明确指出，公司名称不得含有"可能对公众造成欺骗或者误解"的内容和文字。

目前在公司取名，尤其是店铺的取名当中，比较突出的问题是夸大、攀贵、求洋倾向日重。有些档次不高，规模也不大的小店，却动不动就冠以某某大饭店，某某大舞厅，再不就是纷纷叫"城"，像什么美食城、玩具城、儿童城、娱乐城、装饰城什么的，有的还嫌不够，于是又有"亚细亚"、"五洲"、"环宇"等等。名字虽大，其实难副，很容易使人产生华而不实之感。

另一种不实的表现是攀贵，向"皇家"靠拢。如皇都、皇宫、皇冠、帝豪、皇后、贵族等店名满街都是，令人目不暇接，仿佛进了紫禁城。

求洋有时也令人啼笑皆非。一些与异国没有什么联系的店铺也取洋名，像什么"欧罗巴餐馆""法兰西发屋"、"伊丽莎白歌舞厅"等，让人觉得不伦不类。

求洋、攀贵、夸大原本是为了招徕顾客，但实际上却往往会起到相反的作用。商号、商标是否与实际相符，人们一看便知，而名不副实很容易引起顾客的反感。

公司店名虽只区区数字，但在设计上的确需要下一番功夫。好的店名既可作为店家的标志，又能兼顾到人们的审美需要。考虑到前者，就要注意名实相副，且使之醒目；考虑到后者，就应力求构思新颖，且寓意高雅。

如“红豆”牌衬衫，取自古诗“红豆生南国，春来发几枝，愿君多采撷，此物最相思”。取“红豆”二字作为商标，使其具有特殊的情感魅力和极富诗意的文化内涵，把“红豆”衬衫与相思结合在一起，给人的感觉是“红豆”衬衫的温暖、关怀、相思之情。结果“红豆”衬衫一上市，很快激发了广大消费者的购买欲，人们就像久违的老友似的。许多的海外华侨和熟悉唐文化的日本人及周边国家的朋友们，竟把“红豆”衬衫当作收藏品。如今，“红豆”制衣名列全国十大名牌服装之一。

公司店铺的名称必须准确地反映出公司的经营范围，经营理念，服务宗旨，经营目标等，只有这样，公司店铺名称才能准确地反映出公司的独特形象，才能达到塑造形象的目的。

（2）字义和谐，搭配得当

尽管人们在给公司店铺起名时享有很大的自由度，可以充分发挥自己的想象力、创造力和灵感，但这并不意味着可以完全不受任何约束地去起名，而必须考虑到各个方面的制约因素。自古以来，中国人就非常看重名字，无论是个人命名，还是店铺命名，甚至包括朝代命名、皇帝的年号等，都是非常慎重的。不仅如此，还形成了具有中国特色的命名文化和命名传统。

无论给什么样的公司店铺命名，含义都是必须考虑的首要因素。

重视含义的中国命名传统的核心要素包括两个方面的内容：第一，由于受汉字表意性质的制约，使人们养成了“顾名思义”的心理定势。一个好的公司店铺名称，可以使人们产生良好的评价。第二，由于受名物训诂传统的影响，使得人们对事物名称总是要追究得名之由，解词析字讲究理据。因而，公司店铺的名称若富含意义，则可使人们更容易接受。

但令人遗憾的是，大多数的店名在设计上毫无新意，有的店名甚至粗制滥造。如“常来住小吃店”、“味道好餐馆”显得很不含蓄；还有的店名冠以“想吃就来”，显然是废话，谁不想吃会跑来呢？一家理发店竟命名为“大头理发店”，很不雅观，和美容场所难以协调。另外，有一些设备简陋、规模不大的店家竟起了颇为洋气的店名，如“娜娜菜馆”、“桑塔纳酒厅”、“希尔顿酒家”“阿西门酒家”、“大西洋服装店”等等。

好的公司店铺，往往能让消费者产生美好的联想，它包含了吉祥、快乐、舒适、美丽、真诚、健康、可爱等各种美好的文化意味。

如：荣事达：恭呈的是吉祥如愿；

金利来：恭呈的是顺心发财；

娃哈哈：联想到的是儿童的快乐；

安尔乐：联想到的是妇女的舒适；

雅倩：联想到的是女人的高雅靓丽；

傻子：联想到的是货真价实；

健力宝：联想到的是健康；

熊猫：联想到的是憨态可掬；

米老鼠：联想到的是机灵可爱。

在取名时所选择的任何一个字都必须慎重考虑，中国的文字包含着丰富的内涵，稍不注意，就容易产生错觉、谐音等，这些都是在取名是必须加以小心的。

公司店铺不仅能直接表示所经营的性质、范围和属性，而且表明商品的属性。因此，选择其名称时，一定要精心推敲，反复斟酌，找出那些含义精妙的词语。

（3）讲究韵律，富有美感

读音是名字的物质外壳，名字发音的好坏不仅关系到名字的听觉形象，而且也关系到它能否让人读来上口。

荀子在《劝学》中说："顺风而呼，声非加疾也，而闻者彰。"古人很早就知道利用媒介来提高语音传播的强度，从而保证信息传递的力度。除了借助媒体之外，汉语语音自身也有很多可以利用的规律。比如汉字中以平声字为多，"平声平道莫低昂"，平声字音发生悠长，清晰易辨，不易失真，传真效果较好。

公司店铺名称应响亮，易记诵，这样公司店铺形象才能得到迅速的传播，那些难于发音或音韵不好的字，难写或难认的字，含意或译意不佳的字，都不宜用作公司店铺的名称。

许多公司在给自己的商标、商号命名时，都极力为自己的商标、商号寻求最佳的发音。

例如，在高科技领域名闻遐迩的方正、联想等公司集团，其名称就属于此类。这些公司所取得的巨大成功告诉我们：在商业命名中注意在“响亮”方面花下功夫，是非常值得的。

“雅戈尔”，英语“Younger”给人耳目一新的感觉，不能不说此名为上乘之名。“可口可乐”、“百事可乐”、“宝中宝”、“健力宝”、“海魄”、“宝姿”等名称，读来音韵好听，声音响亮，容易博得社会公众的认同。

再如三九（999）集团公司的字义、音律、字形都是非常相符的。字义上，有独特的创意性。在中国传统文化中，“九”这个数字代表大成之数，是非常吉祥的。音律九，同谐音久，为长久不衰。999 为更长久。从字形看，999 排列整齐，有独创性。

在取名当中，除了要注意名字的音节响亮、音节之间搭配和谐之外，还要留心你所取的名字有没有谐音字（词）。如果有的话，要看看它的含义是否好。

如有一家公司，“波通”公司，“波”就有个谐音字“拨”，即“拨动”的意思，那么“一拨就通（电波）”这个谐音就很吉利。

公司店铺名称一定要优美，给人以美感。公司店铺名称让人感到愉悦，才会对消费者具有吸引力。如果名称不优美，给消费者心理造成不愉快的感觉，即使服务再好，也很难招徕消费者。

（4）经营项目和服务对象要明确

为公司、店铺取名时一定要明确自己的经营目的，而且所取名字要与经营项目有关系。

比如，不能将烟草公司、婚庆公司叫安祥公司，应遵循每个行业的特点起名。

以服务对象取名要求企业在确定消费对象后，根据消费对象的不同阶层和不同的人群取名。例如，富绅公司，金利来公司，富贵鸟皮鞋公司，针对的是有钱的消费者起的名。

（5）要合情合理又合法

了解一些相关的法律知识为公司取名是必要的，否则在取名时不仅会闹出笑话，而且还有可能不予注册。

例如：河南某卷烟厂申请注册“长寿牌”卷烟商标被驳回，就属于这种情况。

因为大家都知道香烟是一种有害身体的商品，吸烟影响人的寿命，以“长寿”来作为香烟的商标时，显然是不合理的。

如果你公司的名字起得合情、合理又合法，那注册时就会省去很多麻烦。

第七章
认识易经六十四卦 择取其中佳名

认识玄奥的易经六十四卦，参悟其中趋吉避凶之哲理，选取其中适合你的起名用字。

1. 易经六十四卦起名传统之简介

用《易经》六十四卦来预测自然和社会事物，占卜吉凶，在我国民间由来已久，其中的卦爻辞也被笼上一层神秘又令人敬畏的色彩，这对于有着趋吉避凶心理的中国人而言，自然有着莫大的吸引力。

在进行占卜的同时，也有一些人产生了运用《易经》六十四卦来起名的念头。后来，人们逐渐发现，运用这种方法起出来的名字不仅叫起来响亮，寓意深刻，并还可借助卦爻辞中的神秘力量来增强自身力量、改善生命的运势，从而达到趋吉避凶的目的。正源于此，这种起名方式很快就被传播开来。

运用《易经》六十四卦来起名，是典型的中国传统智慧的运用。起初，由于《易经》深奥难懂，普通老百姓很少使用，采用此种起名方式的大多是当时的文士名流，或者是职业的算卦占卜之人。

明清以前运用《易经》六十四卦起名的，比较讲究含蓄、隐晦，以寓意曲折绵密取胜。到近代则一反前风，用比较简明、直接的方式来命名。如近代资产阶级革命家熊秉坤就是一例，他字载乾，其名径取六十四卦中的坤卦名，其字也是取六十四卦的乾卦名，坤为地，乾为天，天地相合，取意美满至极。

六十四卦最基本的空间结构较精密，有八个方位，分别是：震为东方，巽为东南，离为南方，坤为西南，兑为西方，乾为西北，坎为北方，艮为东北。这些方位大多成为人们取名时常用的字眼。

当然，取名也有不用卦名而取意卦爻辞中的哲理的。

南宋末年有一位才学渊博的学者名叫黄震，字东发。将名、字联系起来，他的名字就将六十四卦与方位相对应起来。《礼记·月令》记载仲春之月，“雷乃发声”；东发又与“万物出乎震”的意思暗合。如北宋末年的将领杨震，字子发。南宋初年的学者朱震，也是字子发。

历史上像这样的事例很多，又如唐朝大臣郭震、南宋大儒朱震及其弟朱巽、明朝将领李震、东汉大臣杨震、明代哲学家王艮、明朝文学家茅坤、明朝学者吕坤等。

三国时期蜀汉名将赵云，字子龙，是用“云从龙，风从虎”之意。明朝万历进士高攀龙，字云从，其名也是取自震卦爻辞。

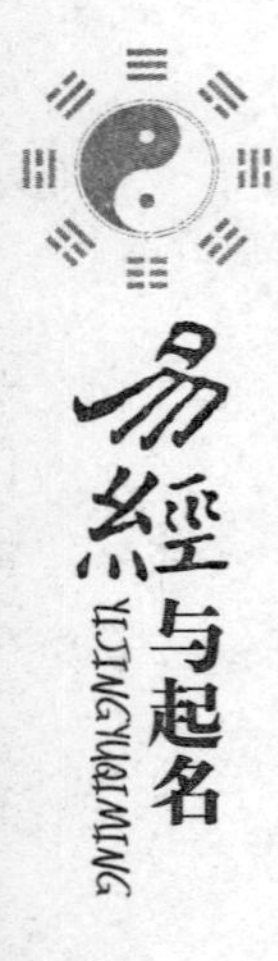

唐代精于品茶之道，并撰写《茶经》一书的陆羽，被后人誉为茶圣。他字鸿渐，其名字是摘取《易·渐卦》中“鸿渐于陆，其羽可用为仪”一句中的字而成。

总之，依据《易经》六十四卦起名形式多样，再者，博大精深的《易经》六十四卦的初衷就是为了趋吉避凶，其中可发挥的余地很大，大家可以根据自己的喜好自由选择。

在这里，为了方便读者，我们给大家列出《易经》六十四卦的卦象和卦爻辞，并简单地解读了其中的哲理，列出了其中较为吉利的起名用字。这些起名用字可以单用，也可根据自己八字五行和卦爻辞的哲理自由组合，请大家择优而用之。

2. 乾卦：自强不息

卦象：

䷀

象曰：天行健，君子以自强不息。

卦辞：

乾，元享，利贞。

爻辞：

初九潜龙，勿用。

九二见龙在田，利见大人。

九三君子终日乾乾，夕惕若，厉无咎。

九四或跃在渊，无咎。

九五飞龙在天，利见大人。

上九亢龙，有悔。

用九见群龙无首，吉。

释义：

《象辞》说：天道运行周而复始，无止无休，不可阻挡，君子就应效法天道，自强自立，生命不息，奋斗不止。

乾卦：象征天。元，即最初、最大、最上的，是万事万物起始的本源和原动力。亨，即通顺畅达。利，即祥和有益，万物和谐。贞，即坚韧、中正、清白、光明正大。得此卦大吉大利。

初九像一条巨龙潜伏在深渊，不能随便活动，暂时不宜施展才能。

九二像一条巨龙出现在田野，有利于大才大德的人出世。

九三君子终日不停地努力奋斗，时刻戒惕忧惧，这样，即使遇到了危险，也可以免遭灾祸。

九四巨龙伺机而动，有时腾跃上跳，有时潜退深渊。

九五巨龙飞上天空翱翔，宜于发现大德大才的人。

上九巨龙飞得太高，必然遭到困厄。

用九天空出现一群巨龙，变化没有穷尽，这样则大吉大利。

哲理解读：

天道运行周而复始，永不止息，谁也不能阻挡；君子效法天道，自立自强，不停地奋斗下去，才能显示出处世的钢与健。这就是《乾卦》九三中说到的："君子终日乾乾，夕惕若，厉无咎。"

《乾卦》分述了从"潜龙"、"见龙"、到"飞龙"转变过程，意欲以龙为喻阐述人生成长的过程，强调只有自强不息才能变成"飞龙"。自强不息的精神是古往今来无数英杰的座右铭。

起名用字赏析：

乾：11画。五行属木。清雅荣贵，长寿多才，中年吉祥，晚年隆昌，晚婚大吉。用于男名。

元：4画。五行属木。环境良好，克己助人，福寿兴家，妻贤子贵，荣华。

亨：8画。五行属水。晚婚吉祥多才，出外吉，清雅伶俐，中年劳累，晚年隆昌。用于男名。

利：7画。五行属火。性格踏实淳厚，少年坎坷，中年安详，晚年成功隆昌。

贞：6画。五行属金。精明公正，克己助人，环境良好，成功隆昌，名利双收。

天：4 画。五行属火。天生聪颖，英敏多才，中年奔波，一生清雅荣贵，出外大吉，晚年吉祥。

行：6 画，五行属木。有才能谋略，事业成功，重情失败，晚年享福。用于男名。

健：11 画。五行属木。智勇双全，操守廉正，中年成功隆昌，清雅荣贵，出外大吉，官旺。用于男名。

君：7 画。五行属水。天性聪颖，多才巧智，中年成功吉祥，出国之格。用于男名。

自：6 画。五行属水。清秀伶俐,智勇双全,中年成功,爱情之路稍有不顺，晚年吉祥。

强：12 画。五行属木。清雅荣贵，有才能理智，中年劳累或奔波，晚年吉祥官旺。

潜：15 画。五行属水。福禄双收，多才伶俐，中年成功隆昌，大博名利。

飞：9 画。五行属水。英雄豪杰，义利分明，智勇双全，忌车怕水；

龙：16 画。五行属火。晚婚吉，中年多灾厄或潦倒，出外吉祥，晚年平凡多灾。

田：5 画。五行属火。福寿兴家，才能理智兼备，中年劳累，晚年隆昌，环境良好。

跃：21 画。五行属土。清雅荣贵，福禄双收，中年吉祥劳神，晚年隆昌，环境良好。用于男名。

渊：12 画。五行属水。福寿兴家，理智充足，慈祥有德，环境良好，安享富贵。用于男名。

3. 坤卦：厚德载物

卦象：

䷁

象曰：地势坤。君子以厚德载物。

卦辞：

坤：元，亨，利牝马之贞。

君子有攸往，先迷，后得主，利。

西南得朋，东北丧朋。

安贞吉。

爻辞：

初六履霜，坚冰至。

六二直方大，不习，无不利。

六三含章可贞。或从王事，无成有终。

六四括囊，无咎无誉。

六五黄裳，元吉。

上六龙战于野，其血玄黄。

用六利永贞。

释义：

《象辞》说：坤象征宽厚的大地，君子就应大地一样，胸怀宽广，包容万物。

坤卦：筮得此卦大吉大利，尤其利于占问雌马之事。君子出行，先则迷失方向，继则寻得所要追求的目标，既顺利又不顺利。直往西南，勿往东北，因为往西南能够遇到志同道合的人，而往东北则遇不到志同道合的人。如果占问是否平安，筮得此卦则必获吉祥。

初六天降薄霜，预示严寒将至。

六二柔顺之德，纵向无边，横向无涯，宽厚而博大，只要具备这种美德，即使不加修习，有所举动也无所不利。

六三蕴含彰美的阳刚之德，占问之事均可实行。有时辅佐君王大业，起初无所建树，最后则能终尽臣职而得到好的结果。

六四束紧囊口，可以免遭灾祸，但是不会获得美誉。

六五穿着黄色裙装，大吉大利。

上六巨龙在田野里厮杀，鲜血洒地呈青黄之色。

用六筮得此卦，占问永远吉利。

哲理解读：

《坤卦》中“坤”代表大地，大地盛载万物，但大地却从来不抱怨、叫屈。我们从大地上得到食物、得到滋养，然而却将垃圾返还给大地，大地却一如既往地养育着我们，这正是大地值得尊敬的地方。在《坤卦》六二中讲到的：“直方大，不习，无不利。”本意就是让我们做人要效法大地，做到直率、方正、宽大，以宽厚的德行负载万物，像大地一样“有容乃大”。

“有容乃大”，说的就是豁达大度、胸怀宽阔。中国过去有句俗话，叫“宰相肚里能撑船”。尚且不论那些宰相是否都是有肚量的人，但人们却总是将那些具有大海般宽广胸怀的人看作是可佩、可敬的君子。

起名用字赏析：

坤：8画。五行属土。清雅伶俐，子多才多能，中年有灾厄，晚年吉祥幸福。

厚：9画。五行属水。温和贤淑，一生清雅荣贵，中年成功、隆昌，安富尊荣。用于男名。

德：15画。五行属火。多才巧智，温和贤能，中年劳累或奔波，晚年成功隆昌。用于男名。

载：13画。五行属金。白手起家，出外吉祥，成功隆昌，一生安详。

物：7画。五行属水。天生聪颖，精明公正，秀气多才，出国之格，中年成功、隆昌。

攸：7画。五行属土。天生聪明伶俐，温和贤惠，事业名利双收，象征成功隆昌，上佳之选。

往：8画。五行属土。一生清雅多才，勤俭励业，中年劳累但隆昌，晚年吉昌。

西：6画。五行属金。一生清雅多福，只需在廿九岁到卅一岁小心，晚年吉祥，子孙隆昌。

南：9画。五行属火。清雅荣贵，多才温和，中年成功隆昌，英俊幸福。晚年吉祥隆昌。

得：11画。五行属金。晚婚或迟得子大吉，一门鼎盛，中年吉祥、安详。晚年多福。

朋：8画。五行属火。清雅荣贵，多才巧智，成功隆昌，女人多有不顺。用于男名。

安：6画。五行属金。一生清雅多才，贤能聪敏，中年劳累但吉祥，晚年劳神。

霜：17画。五行属水。秀气伶俐，多才雅气，中年劳神有功，晚年吉祥。用于男名。

冰：6画。五行属水。英俊灵活，多才巧智，幼年辛苦，中年隆昌，晚年安详。

含：7画。五行属金。多才巧能，清雅荣贵，中年成功隆昌，晚年劳神。

章：11画。五行属木。子孙兴旺，清雅荣贵，中年成功隆昌，出国之格。用于男名。

4. 屯卦：经纶明志

卦象：

象曰：云雷，屯，君子以经纶。

卦辞：

屯：元亨，利贞；勿用有攸往，利建侯。

爻辞：

初九盘桓，利居贞，利建侯。

六二屯如，邅如，乘马班如，匪寇婚媾。女子贞不字，十年乃字。

六三即鹿无虞，惟入于林中，君子几，不如舍，往吝。

六四乘马班如，求婚媾；往吉，无不利。

九五屯其膏。小，贞吉；大，贞凶。

上六乘马班如，泣血涟如。

释义：

《象辞》说：《屯卦》的卦象是震（雷）下坎（水）上，为雷上有水之表象，水在上表示雨尚未落，故释为云。云雷大作，是即将下雨的征兆，故《屯卦》象征初生。这里表示天地初创，国家始建，正人君子应以全部才智投入到创建国家的事业中去。

屯卦筮得此卦大吉大利，有利于占筮；不宜出行，但有利于授爵封侯。

初九徘徊流连，难于前行。但对于占问安居之事有利，也有利于授爵封侯。

六二初次出行，徘徊难进。乘马的人徘徊而进，来者不是贼寇而是求婚的佳偶。女子占问嫁不嫁人之事，筮得此爻，预示再过十年才宜嫁人。

六三追捕山鹿没有虞人做向导，结果误入茫茫林海中，这样，君子与其继续追逐，不如舍弃不追；如果一意前往追逐，必将遭遇艰难。

六四乘马的人徘徊而进，欲求婚配，前往必获吉祥，无所不利。九五屯积膏泽。少量屯积，占问则吉祥；大量屯积，占问则有凶险。

上六乘马的人徘徊而进，女方竟无所感应，只落得泪水涟涟，伤心而归。

哲理解读：

万物创造的过程，都会遇到一些艰难险阻，只有集聚实力、坚毅行动的方向，才能有所作为。这正是《屯卦》中六四“乘马的人徘徊而进，欲求婚配，前往必获吉祥，无所不利”所讲述的道理。

《屯卦》中的“屯”代表人生、事业的初创，在这个初创阶段，任何人都会遇到艰难险阻，每当这个时候，人们最需要的就是坚定的信念和锲而不舍的精神，也就是《屯卦》中讲的“君子以经纶明志”。只要能够“以经纶明志”，我们的人生和事业便不难由一株刚刚萌芽的小苗，历经风雨、成长为参天大树。

起名用字赏析：

屯：4画。五行属火。晚婚大吉，中年多劳累，晚年吉祥幸福，荫及后代之字。

云：12画。五行属水。清秀伶俐，多才伶俐，出国之格，中年成功隆昌。

雷：13画。五行属水。一生清雅，多才贤能，中年平凡，晚年隆昌。

经：13画。五行属金。多才贤能，勤俭治家，但言多必失，中年吉祥，晚年隆昌。

纶：14画。五行属金。福禄双收，一生清雅伶俐，中年劳累，晚年吉祥，劳神。用于男名。

建：9画。五行属木。出外吉祥，中年成功隆昌，环境良好。用于男名。

侯：9画。五行属水。清雅多才，理智聪颖，中年平凡，晚年吉祥。

5. 蒙卦：果行育德

卦象：

䷃

象曰：山下山泉，蒙。君子以果行育德。

卦辞：

蒙：亨。

匪我求童蒙，童蒙求我；初筮告，再三渎，渎则不告。

利贞。

爻辞：

初六发蒙，利用刑人，用说桎梏，以往吝。

九二包蒙，吉。纳妇，吉，子克家。

六三勿用取女，见金夫，不有躬，无攸利。

六四困蒙，吝。六五童蒙，吉。

上九击蒙，不利为寇，利御寇。

释义：

《象辞》说：《蒙卦》的卦象是坎（水）下艮（山）上，为山下有泉水之表象，

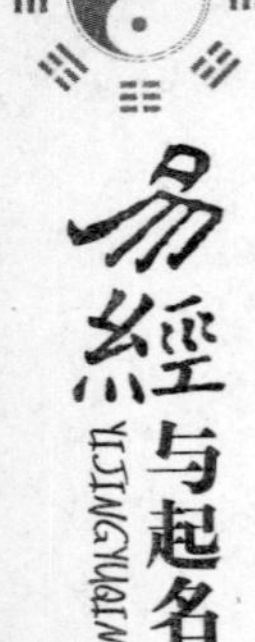

但要想发现甘泉，必须设法准确地找出泉水的位置，即意味着先必须进行启蒙教育。君子必须行动果断，才能培养出良好的品德。

蒙卦象征童蒙。亨通不是我有求于年幼无知的童子，而是年幼无知的童子有求于我。初次前来占筮，告诉他吉凶；接二连三地占筮，便是对占筮的轻侮和亵渎，如此，则不再告诉吉凶。但筮得此卦，无论做什么都有利。

初六启发愚昧无知的人以增进其智慧，宜于树立楷模，以启发人，使人不犯罪过；如果智慧初开就急于外出做事，行动将非常艰难。

九二被愚昧无知的人所包围、环绕，有时未必不是好事。迎娶贤淑女子为妻，吉祥；连儿辈也会有家室。

六三不宜娶这个女子为妻，因为她眼中所见的只是美貌郎君，遇到这样的男人她就自失其身，这种婚姻有害无益。

六四被年幼无知的童子所围绕，终究要遭遇艰难。

六五年幼无知的童子正受启发，必获吉祥。

上九惊醒愚昧无知的人，不宜采用暴烈行动，而宜采用防御贼寇的和缓方式。

哲理解读：

社会的进步，人类的发展，都验证了一个不争的事实——“科学技术是第一生产力”。换句话说，人类之所以能够摆脱愚昧、摆脱贫穷，首先需要的是知识。这也是近些年来全世界都致力于提高人口素质、大力发展发展教育事业的重要原因。

《蒙卦》中的“蒙”指的就是发蒙启发,在《易经》蒙挂的初六记载的“发蒙，利用刑人,用说桎梏,以往吝”中很深刻地说明了“蒙”的作用；同时在《蒙卦》上九记载的“击蒙，不利为寇，利御寇”中指出，启蒙教育一定要及早实施，防患于未然。

起名用字赏析：

蒙：13 画。五行属木。清雅荣贵，福禄双收，中年环境良好，出国之格。

山：3 画。五行属土。聪明多才，少年较坎坷，中年隆昌，晚年安详。用于男名。

泉：9 画。五行属水。英俊佳人,温和多才,清雅荣贵,中年成功,晚年劳神。

果：8 画。五行属木。一生清雅荣贵，中年有厄，晚年如意发达。

行：6画，五行属木。有才能谋略，事业成功，重情失败，晚年享福。用于男名。

育：8画。五行属土。精明公正，义利分明，英俊才人，清雅荣贵，中年成功隆昌。用于男名。

德：15画。五行属土。多才巧智，温和贤能，中年劳苦或奔波，晚年成功，隆昌，环境良好。

6. 需卦：耐心等待

卦象：

䷄

象曰：云上于天，需。君子以饮食宴乐。

卦辞：

需：有孚，光亨，贞吉，利涉大川。

爻辞：

初九需于郊，利用恒，无咎。

九二需于沙，小有言；终吉。

九三需于泥，致寇至。

六四需于血，出自穴。

九五需于酒食，贞吉。

上六入于穴，有不速之客三人来；敬之，终吉。

释义：

《象辞》说：《需卦》的卦象是干（天）下坎（水）上，为水在天上之表象。水汽聚集天上成为云层，密云满天，但还没有下雨，需要等待；君子在这个时候需要吃喝，饮酒作乐，即在等待的时候积蓄力量。

需卦心怀诚信，光明亨通，占得此卦则必获吉祥，利于涉越大河巨流。

初九在郊野中等待，宜于持之以恒，如此，必无灾祸。

九二在沙滩上等待，稍稍有些中伤的言语；但只要耐心地等待，最终可获吉祥。

九三在泥泞中等待，会招致贼寇到来。

六四在血泊中等待，能从险境中脱出。

九五在酒食宴享中等待，占之则必获吉祥。

上六落入险境，有三个不速之客来访，只要以礼敬之，最终必获吉祥。

哲理解读：

无论是战争还是人生，人们总是希望能够一鼓作气、一举成功。然而，为什么这些想要一举成功的人，往往却以失败告终呢？原因很简单——他们不懂得等待时机，盲目地进取必然导致失败的结局。

《需卦》中的“需”在古代是等待的意思。这种善于等待，既是一种手段，又是一种人生智慧。在《需卦》中分别指出了“需于郊”、“需于沙”、“需于泥”、“需于血”、“需于酒食”的制胜哲学。告诫我们在遇到危险、困难时，审时度势地等待时机，不失为一种最好的取胜之道。

起名用字赏析：

需：14 画。五行属金。清雅荣贵，多能多才，中年吉祥，晚年隆昌，环境良好。用于男名。

云：12 画。五行属水。清秀伶俐，多才伶俐，出国之格，中年成功隆昌。

天：4 画。五行属火。天生聪颖，英敏多才，中年奔波，一生清雅荣贵，出外大吉，晚年吉祥。

孚：7 画。五行属金。清明公正，智勇双全，福寿兴家，中年成功隆昌，婚姻圆满之字。

利：7 画。五行属火。性格踏实淳厚，少年坎坷，中年安详，晚年成功隆昌。

恒：10 画。五行属水。一生多福，清雅荣贵，多才能干，中年成功隆昌。

小：3 画。五行属金。清秀伶俐，多才巧智，早婚不宜，一生清闲幸福。

言：7 画。五行属木。重义气，温和聪颖，中年成功隆昌，晚年倍加昌盛。

7. 讼卦：做事谋始

卦象：

象曰：天与水违行，讼。君子以做事谋始。

卦辞：

讼：有孚，窒惕，中吉；终凶，利见大人。不利涉大川。

爻辞：

初六不永所事；小有言，终吉。

九二不克讼，归而逋，其邑人三百户，无眚。

六三食旧德，贞厉，终吉。或从王事，无成。

九四不克讼，复即命，渝，安贞吉。

九五讼，元吉。

上九或锡之鞶带，终朝三褫之。

释义：

《象辞》说《讼卦》的卦象是坎（水）下干（天）上，为水上有天之表象。天从东向西转动，江河百川之水从西向东流，天与水是逆向相背而行的，象征着人们由于意见不合而打官司。所以君子在做事前要深谋远虑，从开始就要消除可能引起争端的因素。

讼卦象征争讼。心怀诚信，追悔警惧，持守中和之道而不偏不倚可获吉祥；如果始终强争不息则有凶险。有利于大德大才之人出世，却不宜于涉越大河区流。

初六不为争讼之事纠缠不休，因为应当减少口舌是非，这样最终可获吉祥。

九二争讼失利，返回之后就应当逃避；逃到三百户的小邑便无灾祸。

六三安享旧日俸禄，占筮虽有危险，但最终可获吉祥。有时辅佐君王大业，

则无所建树。

九四争讼失利，回心归于正理，改变争讼初衷，则平安无事，占筮可获吉祥。

九五审断争讼，判时是非曲直，大吉大利。

上九有时由于决讼清明而荣获君王颁赐的显贵华服，但一天之内却会多次被剥夺。

哲理解读：

人们常说："病由口入，祸从口出。"一点不假，"病由口入"这是一个不争的事实，然而"祸从口出"却没有被大多数人所认知，也没有提高到认识上去。虽然如此，但是也不能小觑。

喜欢表达自己的见解是世人的一种偏好，无论是有水平的、没水平的；有知识的、没知识的；见过世面的、没见过世面的人，都如此。但可以肯定的是，这种偏好并不是一种好习惯，因为祸患就隐藏在其中。《讼卦》指出，"君子以做事谋始"。就是告诫我们应该慎言畏出，缄默守声，不随便表达自己的心声及对外事、外物的看法，才不会惹祸上身。

《说苑·丛谈》上记载："口者，关也，舌者，机也。一言而非，驷马莫追；一言而急，驷马弗及。"如果用舌不当，就会"成事不足，败事有余"。古人说"长舌乱家，大釜破车"，"人面鬼口，长舌为釜"，"无多言，多言必败"，也正是这个道理。

起名用字赏析：

谋：16画。五行属水。出外吉祥，温和多才，中年劳累但吉祥，晚年隆昌。用于男名。

始：8画。五行属金。秀气灵巧，年轻尤为。中年或有不顺之事，晚年吉祥。

贞：6画。五行属金。精明公正，克己助人，环境良好，成功隆昌，名利双收。

厉：五行属火。清雅英敏，中年平凡，晚年吉祥，荣幸。用于男名。

克：7画。五行属木。理智、义利分明，有官运，中年隆昌，晚年吉祥享福。用于男名。

渝：13画。五行属水。胆识兼有，清雅荣贵，官运旺，中年成功隆昌，精诚。

8. 师卦：师出有名

卦象：

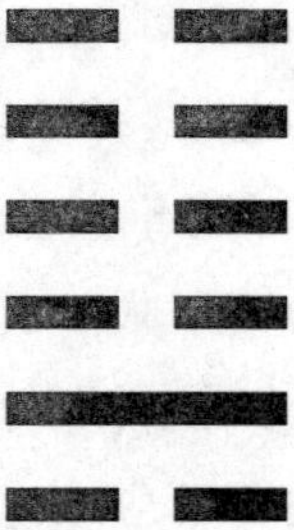

象曰：地中有水，师。君子以容民畜众。

卦辞：

师：贞，丈人吉，无咎。

爻辞：

初六师出以律，否藏凶。

九二在师，中吉，无咎；王三锡命。

六三师或舆尸，凶。

六四师左次，无咎。

六五田有禽，利执言，无咎；长子帅师，弟子舆尸，贞凶。

上六大君有命，开国承家，小人勿用。

释义：

《象辞》说：《师卦》的卦象是坎（水）下坤（地）上，是地中有水之表象。地中蕴藏聚集了大量的水，取之不尽，用之不竭，象征兵源充足；君子要像地中藏水一样容纳天下百姓，养育众人，这样就会有众多的士兵可用。

师卦象征军旅。筮得此卦，对于军事统帅率师出征非常吉利，必无灾祸。

初六军队出征，必须遵依号今行事；军纪败坏，必有凶险。

九二统率军队出征打仗，持守中道，不偏不倚，可获吉祥，必无灾祸；君王多次颁布诏命，奖赏其功。

六三士卒时而用大车载运尸体归来，必有凶险。

六四军队驻扎在左方，准备随时撤退，可以免遭灾祸。

六五田野有禽兽出没，宜于捕猎，没有灾祸；长子率师征战，次子用大

车载尸，占问必有凶险。

上六天子颁布诏命，论功封爵，封诸侯于千乘之国，授大夫以百乘之家；要重用君子，不要重用小人。

哲理解读：

《师卦》中的“师”指军队，又指用兵、出兵作战。对于用兵之道《孙子兵法》有这样的阐述：“兵者，国之大事也。死生之地，存亡之道，不可不察也。”

《师卦》初六上说“师出以律，否藏凶”，其意是说，动用军队一定要师出有名，兴正义之师、为大众利益才能使军队产生较强的战斗力；《师卦》上六上说“大君有命，开国承家，小人勿用”，指出，天子封赏部下应该论功行赏，而不应该亲小人远贤臣，做出混淆颠倒的事情来，那样不但不能凝聚人心，还会产生一系列的恶果。因此，在封赏方面也要“师出有名”谨慎抉择。

起名用字赏析：

师：10 画。五行属金。少年坎坷，中年事业有成，富贵多幅，晚年吉祥。

律：9 画。五行属火。秀气伶俐，理智聪颖，中年有爱情厄，晚年隆昌。

荣：14 画。五行属木。学问丰富，福禄双收，智勇双全，成功隆昌，兴家。用于男名。

民：5 画。五行属水。英俊佳人，上下敦睦，一生官或财旺。用于男名。

开：12 画。五行属木。少年多磨，中年转运，勤俭持家，晚年吉祥。用于男名。

国：11 画。五行属木。多才巧智，清雅伶俐，忌车怕水，教育界吉，成功隆昌，官旺。

承：8 画。五行属金。精明公正，多才多能，中年成功隆昌，环境良好。

家：10 画。五行属木。出外吉祥，多才巧智，清雅伶俐，忌车怕水，晚年吉祥。

9. 比卦：诚心纳才

卦象：

▬▬ ▬▬
▬▬▬▬▬
▬▬ ▬▬
▬▬ ▬▬
▬▬ ▬▬
▬▬ ▬▬

象曰：地上有水，比。先王以建万国，亲诸侯。

卦辞：

比：吉，原筮，元永贞，无咎。

不宁方来，后夫凶。

爻辞：

初六有孚比之，无咎；有孚盈缶，终来有他吉。

六二比之自内，贞吉。

六三比之匪人。

六四外比之，贞吉。

九五显比；王用三驱，失前禽，邑人不诫，吉。

上六比之无首，凶。

释义：

《象辞》说：《比卦》的卦象为坤，（地）下坎（水）上，象征地上有水。大地上百川争流，流水又浸润着大地，表明地与水亲密无间，互相依存；以前的历代君主明白这个道理，所以分封土地，建立万国，安抚亲近各地诸侯。

比卦象征亲辅。筮得此卦吉祥。第二次占问大吉大利，有利于长期占问，没有灾祸。令人不安的事并行而至，缓缓来迟者必遭凶险。

初六胸怀诚信之心前来亲辅，没有灾祸。只要诚信之意如美酒盈缸，纵然发生意外情况，仍然吉祥。

六二亲辅来自内部，筮得此爻则可获吉祥。

六三所亲辅的人并非应当亲辅者。

六四向外亲辅，筮得此爻可获吉祥。

九五光明正大地亲辅。君王狩猎，三方驱围，网开一面，任凭前方的禽兽逃逸，邑人都不惧怕，吉祥。

上六亲辅而找不到首领，必有凶险。

哲理解读：

人生和事业的征程中，最不可或缺的就是朋友和帮手，好的朋友和得力的助手是成功的基石。《比卦》上说的："先王以建万国，亲诸侯。"不也是强调诸侯、大臣在天子治理国家过程中不可或缺的重要地位吗？

《比卦》初六上又指出"有孚比之，无咎；有孚盈缶，终来有它吉"，那么，怎样才能让别人"有孚比之"呢？唯一的办法就是，那些身在高位的人要有一颗诚心纳才之心，真心实意地去接纳、聘请人才，为己所用。

起名用字赏析：

有：6画。五行属土。一生清雅伶俐，财路较为畅通，性刚，中年劳累，晚年隆昌。

水：4画。五行属水。一生稳健安康，有才能，理智好运，晚年隆昌。

孚：7画。五行属金。清明公正，智勇双全，福寿兴家，中年成功隆昌，婚姻圆满之字。

永：5画。五行属土。性格温和，有人缘，出外逢贵得财，中年奔波，晚年隆昌，荣幸。

建：9画。五行属木。出外吉祥，中年成功隆昌，环境良好。用于男名。

盈：9画。五行属水。一生多福，安康，晚年吉祥。用于女名。

显：22画。五行属火。胆识丰富，多才贤能，中年吉祥，晚年劳神。用于男名。

10. 小畜卦：以懿文德

卦象：

䷈

象曰：风行天上，小畜。君子以懿文德。

卦辞：

小畜：亨，密云不雨，自我西郊。

爻辞：

初九复自道，何其咎？吉。

九二牵复，吉。

九三舆说辐，夫妻反目。

六四有孚；血去惕出，无咎。

九五有孚挛如，富以其邻。

上九既雨既处，尚德载；妇贞厉，月几望；君子征凶。

释义：

《象辞》说：《小畜卦》的卦象是干（天）下巽（风）上，是风飘行天上的表象。风在

天上吹，密云不雨，气候不好不坏，收成一般，所以只能“小有积蓄”；君子面对这种情况，于是修养美好的品德，用心做好文章等待发达的时机。小畜卦象征小有积蓄。筮得此卦亨通顺利。浓云密布却不降雨，云气从我邑西郊升起。

初九复归自身的道行，会有什么灾祸呢？筮得此爻吉祥。

九二被外界牵连而复归自身道行，也能获得吉祥。

九三车身与车辐相脱离，夫妻反目为仇而离异。

六四只要胸怀诚信之心，抛弃忧虑，排除惊惧，必无灾祸。

九五胸怀诚信并系恋他人，与邻人共同殷实富有。

上九天上已经降下大雨，大雨也已经停息，车子还可以运载东西，妇人筮得此爻必有危险。在月内既望之日君子出征，必有凶险。

哲理解读：

人们常说，“无以诚不能定天下，无以信不能服天下”。经商做买卖若要成功应该诚信；为人处世做到诚信同样会得到别人的信赖与欣赏。很显然，诚信是君子立德之基，难怪《小畜卦》上说：“君子以懿文德”。

《小畜卦》六四上说“有孚；血去惕出，无咎”，认为只要人们能够胸怀诚信之心，便能排除万难、逢凶化吉。事实又何尝不是如此呢？

起名用字赏析：

风：9画。五行属水。一生清雅稳重，中年吉祥，晚年劳神。

懿：22画。五行属土。智勇双全，操守廉正，清雅荣贵，官运旺，富贵。

文：4画。五行属水。英俊多才，清雅荣贵，中年吉祥隆昌，忌车怕水。

德：15画。五行属火。多才巧智，温和贤能，中年劳累或奔波，晚年成功隆昌。用于男名。

密：11画。五行属土。多才巧智，中年成功隆昌，晚年劳神。用于男名。

雨：8画。五行属水。义利分明，清雅伶俐，中年劳累，晚年吉祥。

云：12画。五行属水。清秀伶俐，多才伶俐，出国之格，中年成功隆昌。

11. 履卦：谨慎行事

卦象：

䷉

象曰：上天下泽，履。君子以辨上下，安民志。

卦辞：

履：履虎尾，不嘎人，亨。

爻辞：

初九素履，往无咎。

九二履道坦坦，幽人贞吉。

六三眇能视，跛能履，履虎尾嘎人，凶；武人为于大君。

九四履虎尾，愬愬，终吉。

九五夬履，贞厉。

上九视履考祥，其旋元吉。

释义：

《象辞》说：《履卦》的卦象是兑（泽）下干（天）上，为天下有泽之表象。上有天，下有泽，说明要处处小心行动，如行在沼泽之上，一不注意就会陷下去；君子要深明大义，分清上下尊卑名分，坚定百姓的意志，遵循礼仪而行，必然秩序井然。

履卦象征谨慎行走。行走时不慎踩住了老虎尾巴，老虎却不咬人，亨通顺利。

初九衣着质朴无华，谨慎行走，无论做什么都没有灾祸。

九二在宽阔平坦的大道上谨慎行走，安适恬淡之人占问可获吉祥。

六三目盲偏要观察，足跛偏要行走，结果踩住了老虎尾巴，老虎就咬起人采，占问必有凶险；勇武之人为天子效命。

九四行走不慎踩了老虎尾巴，内心惊恐畏惧，但最终可获吉祥。

九五决然前行，不顾一切，占问必有危险。

上九回顾谨慎行事的历程，从中考察吉凶祸福征兆，然后返身而归，大吉大利。

哲理解读：

人的一生之中都在“走路”，都在行事。《履卦》中所说的正是如何去实践、如何去处世的智慧。《履卦》中的“履”表示的是一种用头脑思维、引导的做事方法，这种做事方法是一种有计划、有目标、有规范的行为，也就是我们常说的谨慎行事。

《履卦》初九说“素履，往无咎”；六三说“眇能视，跛能履，履虎尾嘎人，

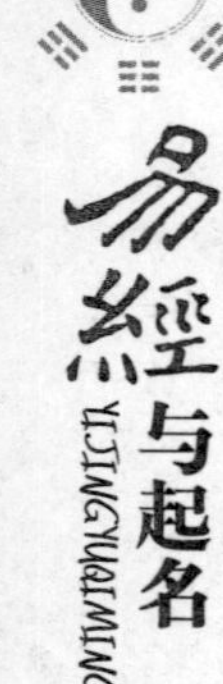

凶”。意在用对比的方法来强调谨慎行事的必要性。

起名用字赏析：

天：4画。五行属火。天生聪颖，英敏多才，中年奔波，一生清雅荣贵，出外大吉，晚年吉祥。

泽：17画。五行属水。学问丰富，名利双收，官或财旺，智勇兴家，一生荣贵。

安：6画。五行属金。一生清雅多才，贤能聪敏，中年劳累但吉祥，晚年劳神。

民：5画。五行属水。英俊佳人，上下敦睦，一生官或财旺。用于男名。

志：7画。五行属土。口快心直，心地善良，或性刚劳心，中年奔波或劳累，晚年成功隆昌之字。

素：10画。五行属水。温和贤淑，勤俭兴家，福禄双收，中年吉祥，晚年隆昌。

坦：8画。五行属土。英敏多才，学问丰富，清雅荣贵，成功隆昌。用于男名。

幽：9画。五行属土。清雅荣贵，一生福禄双收，中年劳累，晚年吉祥。

12. 泰卦：小往大来

卦象：

䷊

象曰：天地交，泰。以后财（裁）成天地之道，辅相天地之宜，以左右民。

卦辞：

泰：小往大来，吉，亨。

爻辞：

初九拔茅茹，以其汇；贞吉。

九二包荒，用冯河，不遐遗；朋亡，得尚于中行。

九三无平不陂，无往不复；艰贞无咎，勿恤其孚，于食有福。

六四翩翩，不富，以其邻不戒以孚。

六五帝乙归妹，以祉元吉。

上六城复于隍；勿用师。自邑告命，贞吝。

释义：

《象辞》说：《泰卦》的卦象为干（天）下坤（地）上，地气上升，干气下降，为地气居于干气之上之表象，阴阳二气一升一降，互相交合，顺畅通达；君主这时要掌握时机，善于裁节调理，以成就天地交合之道，促成天地化生万物之机宜，护佑天下百姓，使他们安居乐业。

泰卦象征通泰。柔小者往外，刚大者来内，筮得此卦必获吉祥，亨通顺利。

初九拔除茅草而牵连其同类，兴兵征战可获吉祥。

九二有包容大川之胸怀，可以涉越巨流，偏远之地也无所遗忘；不结党营私，能够辅佐持中不偏的君王。

九三没有只平直而不倾斜之地，也没有只出行而不复返之人；占问患难之事，没有灾祸。不为复返而忧虑，如此，则有口福之吉。

六四往来翩翩，举止轻浮，不与其邻人共同富有，也不怀诚信之念相互告诫。

六五帝乙嫁女，因此而获得福泽，大吉大利。

上六城墙倾倒在城河之中，不可兴兵征战。在城邑中祷告天命，占问必有艰难之兆。

哲理解读：

《泰卦》中的“泰”通常被人们解释为通。而它说的“小往大来”，其意就是小的在外，大的在内。在为人处世方面，可以隐身处另外一种意思来——“内君子外小人”。

那么，什么是“内君子外小人”呢？说白了就是一种韬光养晦的处世的智慧。《泰卦》上九上说“无平不陂，无往不复”，既然没有只平直而不倾斜之地，也没有只出行而不复返之人，做人也不应过于愚直。有些时候，能够做到“内君子外小人”，才是真正有智慧的君子的处世之道。

起名用字赏析：

泰：9 画。五行属火。多才巧智，清雅荣贵，中年成功隆昌，晚年倍加昌盛。

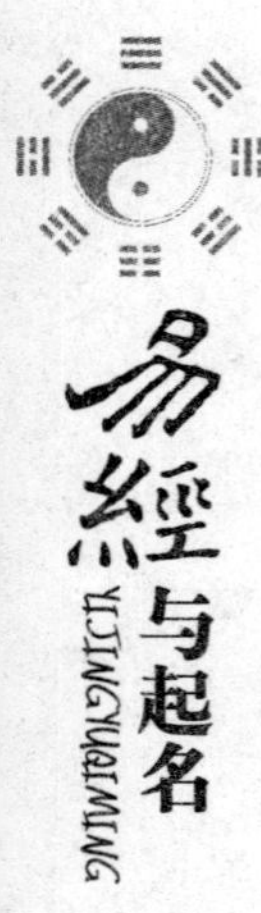

用于男名。

辅：14 画。五行属水。胆识丰富，一生清雅荣贵，官运旺，成功隆昌，荣贵。用于男名。

相：9 画。五行属木。有才能理智，一生安康，中年成功隆昌。

往：8 画。五行属土。一生清雅多才，勤俭励业，中年劳累但隆昌，晚年吉昌。

来：8 画。五行属火。晚婚迟得子大吉，出外吉祥，中年多劳，晚年名利双收。

宜：五行属木。温和贤淑，慈祥有德，中年成功隆昌，清雅荣贵，环境良好。

吉：6 画。五行属木。幼年辛苦，出外吉祥，中年奔波，但成功隆昌，子孙昌盛。用于男名。

汇：14 画。五行属水。清秀伶俐，多才温和，中年成功隆昌，清闲幸福。

13. 否卦：临危不乱

☰
☷

象曰：天地之交，否。君子以俭德辟难，不可荣以禄。

卦辞：

否：之匪人，不利君子贞；大往小来。

爻辞：

初六拔茅茹，以其汇；贞吉，亨。

六二包承，小人吉；大人否，亨。

六三包羞。九四有命无咎，畴离祉。

上九倾否，先否后喜。

九五休否，大人吉；其亡其亡，系于苞桑。

释义：

《象辞》说：《否卦》的卦象为坤（地）下干（天）上，为天在地上之表象。

天在极高之处，地在极低之处，天地阴阳之间因而不能互相交合，所以时世闭塞不通，这时候君子必须坚持勤俭节约的美德，以避开危险与灾难，不能谋取高官及丰厚的俸禄，去追求荣华富贵。

否卦象征闭塞。阻隔的不是应该阻隔之人，筮得此卦不利于君子，因为此时刚大者往外，柔小者来内。

初六拔除茅草而牵连其同类，占问必获吉祥，亨通顺利。

六二被包容并顺承尊者，小人可以获得吉祥；大德大才之人反其道而行之，才会亨通顺利。

六三被包容而居下，终将招致羞辱。

九四君王颁布诏命，必无灾祸，众人还会前来归附而同享福禄。

九五闭塞休止,大德大才之人筮得此爻可获吉祥。将要灭亡啊,将要灭亡!但是如果把自己拴在根扎得很深的桑树上，则安然无恙。

上九开通闭塞；只要闭塞过去，喜庆必将到来。

哲理解读：

人生和事业都不会一帆风顺，在每时每刻都有可能遇到“风浪”。一些人在面对“风浪”的时候，能做到临危不乱，靠镇定战胜它；而另外一些人，却慌了手脚、不知所所措，最终被它战胜。这就是《否卦》上九中说到的“倾否,先否后喜”——只要自己的内心不被外界所动,才能产生出一种临危不惧、战胜困难的勇气及智慧。

值得指出的是，具备临危不乱、从容不迫、坦然处之本领的人，能将艰难困顿的局面化险为夷。而这种“泰山崩于前而不变色”的刚毅气质使这些人能够运筹帷幄，决胜千里。

起名用字赏析：

俭：五行属金。清雅多才，勤俭励业，家声可振，晚年劳神。用于男名。

德：15 画。五行属火。多才巧智，温和贤能，中年劳累或奔波，晚年成功隆昌。用于男名。

荣：14 画。五行属木。英敏雅气，多才温和，出外吉祥，荣贵隆昌，环境良好。

禄：13 画。五行属火。理智充足，克父母，一生清雅荣贵，福禄双收，中年平凡，晚年吉祥。

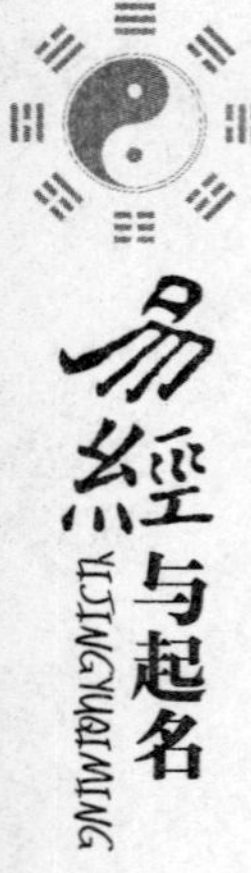

14. 同人卦：类族辨物

卦象：

象曰：天与火，同人。君子以类族辨物。

卦辞：

同人于野：亨，利涉大川，利君子贞。

爻辞：

初九同人于门，无咎。

六二同人于宗，吝。

九三伏戎于莽，升其高陵，三岁不兴。

九四乘其墉，弗克攻，吉。

九五同人，先号眺而后笑，大师克相遇。

上九同人于郊，无悔。

释义：

《象辞》说：《同人卦》的卦象是离（为）下干（天）上，为天下有火之表象。天在高处，火势熊熊而上，天与火亲和相处，君子要明白物以类聚，人以群分的道理，明辨事物，求同存异，团结众人以治理天下。

同人卦象征人事和同。在旷野之中与人和同亲近，亨通顺利。有利于涉越大川巨流，有利于君子占问。

初九刚刚走出大门就能与人亲近和同，必无灾祸。

六二与宗族内部的人亲近和同，行事必然艰难。

九三在林莽之中预设伏兵，并登上高陵观察形势，这样恐怕三年也不敢兴兵出战。

九四先高据城头之上，又自行退兵而不再进攻，也可获得吉祥。

九五与人和同亲近，起先失声痛哭，尔后又放声大笑，原来是大军出征告捷，各路兵马相遇会师，同庆胜利。

上九在城邑郊外与人亲近和同，不会遭遇困厄。

哲理解读：

几千年前，孔老夫子曾经说过“近朱者赤，进墨者黑”。由此可见，“物以类聚，人以群分”这句话其实是有道理的。俗话说得好“鱼找鱼，虾找虾，乌龟找王八”，一类人总要往一起凑的。因此，《同人卦》上讲“君子以类族辨物”——分辨一个人的德行，只要看他经常与哪些人交往就会很一清二楚的。

起名用字赏析：

同：6画。五行属火。清雅多才，温和贤能，中年劳累，晚年隆昌。

人：2画。五行属金。英俊佳人，环境良好，温和贤淑，荣贵成功。

野：11画。五行属土。一生清雅，温和贤能，中年吉祥，晚年隆昌，劳神多疾。用于男名。

宗：8画。英俊聪颖，清雅多才，福禄双收，成功隆昌，环境良好之字。

15. 大有卦：居上不骄

卦象：

象曰：火在天上，大有。君子以遏恶扬善，顺天休命。

卦辞：

大有：元亨。初九无交害，匪咎；艰则无咎。

爻辞：

九二大车以载，有攸往，无咎。

九三公用亨于天子，小人弗克。

九四匪其彭，无咎。六五厥孚交如，威如，吉。

上九自天祐之，吉，无不利。

释义：

《象辞》说：《大有卦》的卦象是干（天）下离（火）上，为火在天上之表象。火焰高悬于天上，象征太阳照耀万物，世界一片光明，农业大丰收，“大有收获”。君子在这个时候要阻止邪恶，颂扬一切善行，顺应天命，替天行道，以保护万物性命。

大有卦象征富有。年丰人富，亨通顺利。

初九与人交往而不涉及利害，自然不会招致灾祸；然而只有历经艰辛才能免遭灾祸。九二用大车运载资财，无论运往何处，都没有灾祸。

九三王公大人按时向天子进献贡品，小人做不到这一点。

九四富有过人而不自骄，必无灾祸。

六五胸怀诚信交接上下，威严自显，可获吉祥。

上九从天上降下的佐助保佐他，使他时时处处获得吉祥，无所不利。

哲理解读：

人们总是将“骄”与“败”、“输”联系到一起，因此人们嘴上常一些诸如“骄兵必败”、“骄傲使人落后”之类的话。事实也是如此，“骄”是历史上众多的以多败少、以强输弱战役失败的根源。《大有卦》九四、六五中讲“匪其彭，无咎”、“厥孚交如，威如，吉”，说的无非也是这个道理。

身处优势地位的人们，倘若总是看不起别人、欺凌别人，必然会遭到相应的惩罚；但若他们能够收敛自己骄傲的态度，以平等的心态去对待和接纳那些弱势群体，必会威严自显、得到众人的尊敬。这便是《大有卦》上说到的“君子以遏恶扬善，顺天休命”。

起名用字赏析：

大：3画，五行属火。清雅荣贵，多才精明，中年成功隆昌，富贵荣华，但平常之人难以消受。

有：6画。五行属土。一生清雅伶俐，财路较为畅通，性刚，中年劳累，晚年隆昌。

扬：13画。五行属火。智能双全，多才贤能，名利双收，荣贵官旺，富贵。

善：12画。五行属金。福禄双收，名利有分，温和贤能，中年、晚年吉祥。

顺：12画。五行属金。多才贤能，清雅荣贵，中年平凡，晚年吉祥。用于男名。

天：4画。五行属火。天生聪颖，英敏多才，中年奔波，一生清雅荣贵，出外大吉，晚年吉祥。

16. 谦卦：君子谦谦

卦象：

䷎

象曰：地中有山，谦。君子以裒多益寡，称物平施。

卦辞：

谦：亨，君子有终。

爻辞：

初六谦谦君子，用涉大川，吉。

六二鸣谦，贞吉。

九三劳谦，君子有终，吉。

六四无不利，㧑谦。

上六鸣谦，利用行师，征邑国。

六五不富，以其邻利用侵伐，无不利。

释义：

《象辞》说：《谦卦》的卦象是艮（山）下坤（地）上，为高山隐藏于地中之表象，象征高才美德隐藏于心中而不外露，所以称作谦。君子总是损多益少，衡量各种事物，然后取长补短，使其平均。谦卦象征谦虚。只要谦虚地待人接物，行事必然事通顺利；而只有君子才能自始至终保持谦虚美德。

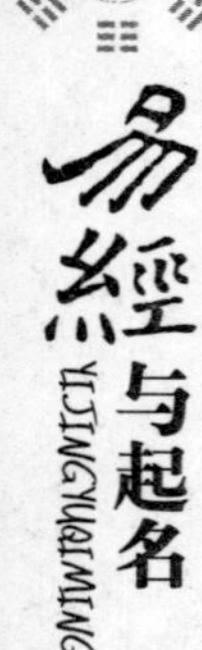

初六凡君子都是谦而又谦；君子凭着这种谦虚美德可以涉越大川区流，获得吉祥。

六二谦虚美名传扬在外，占问必获吉祥。

九三有功而不骄，君子保持这种美德至终，必获吉祥。

六四发挥扩大谦虚美德，无所不利。

六五不与其邻人共同富有，就利用征伐加以惩治，无所不利。

上六谦虚美名传扬在外，利于兴兵征战，以讨伐相邻四方的小国。

哲理解读：

中国有一句古老的成语："满招损，谦受益。"意思是说，骄傲招来损失，谦虚受到益处。而《谦卦》说的也正是这个道理。

《谦卦》的"谦"就是谦虚之意，在其整篇卦中都讲到了谦虚美德的益处，以及怎样做才算谦虚。其中九三上说"劳谦，君子有终，吉"，点明了主旨，谦就是有功而骄、有德而内养，这样便能消除灾祸、获得吉祥。

起名用字赏析：

中：4 画。五行属金。清雅荣贵，多才巧智，中年成功隆昌。

山：3 画。五行属土。聪明多才，少年较坎坷，中年隆昌，晚年安详。用于男名。

谦：17 画。五行属木。英敏佳人，口才伶俐，交际巧妙，中年平凡，晚年吉祥，环境良好。

大：3 画，五行属火。清雅荣贵，多才精明，中年成功隆昌，富贵荣华，但平常之人难以消受。

川：3 画。五行属水。天生聪颖，英敏多才，中年奔波，一生清雅荣贵。用于男名。

鸣：13 画。五行属金。清雅伶俐，秀气温和，中年吉祥，晚年隆昌，福禄之字。

劳：12 画。五行属木。福禄双收，孤独格，中年辛苦，晚年吉祥。

17. 豫卦：得意不忘形

卦象：

䷏

象曰：雷出地奋，豫。先王以作乐崇德，殷荐之上帝，以配祖考。

卦辞：

豫：利建侯行师。

爻辞：

初六鸣豫，凶。

六二介于石，不终日，贞吉。

六三盱豫悔；迟有悔。

九四由豫，大有得；勿疑，朋盍簪。

六五贞吉，恒不死。

上六冥豫成，有渝无咎。

释义：

《象辞》说：《豫卦》的卦象为坤（地）下震（雷）上，为地上响雷之表象。雷在地上轰鸣，使大地振奋起来，这就是大自然愉快高兴的表现。上古圣明的君主，根据大自然欢乐愉快时雷鸣地震的情景创造了音乐，并用音乐来崇尚推广伟大的功德。他们以盛大隆重的仪礼，把音乐献给天帝，并用它来祭祀自己的祖先。豫卦象征欢乐。利于授爵封侯、兴兵征战。

初六由于喜好欢乐而闻名，将有凶险。

六二德性坚贞超过磐石，不等一天终了就悟出过分欢乐的害处，占问必获吉祥。

六三媚眼向上以求受宠之欢乐，必遭困厄；如果行事总是迟迟疑疑，也会陷入困境。

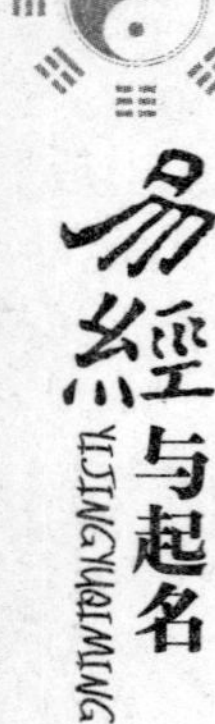

九四众人依靠他而得到欢乐，将大有所获；坦直不疑，朋友会像头发束缩于簪子上一样聚合相从。

六五占问疫病的吉凶，筮得此爻预示着长久健康而不致死亡。

上六即使已经养成盲目纵情作乐的恶习，若能及早改正，仍无灾祸。

哲理解读：

《豫卦》中的“豫”常被译为“欢乐”、“得势”，“欢乐”与“得势”本是一件让人心情舒畅的事，是大吉之兆，而《豫卦》的六二却不忘提醒众人“介于石，不终日，贞吉”，一定要在兴奋高兴的时候有个度，切莫“乐极生悲”。

“豫”对于众人来说可以是好事，也可以是坏事，关键在于如何去对待它，处理得好就是好事，处理不好也自然就成了坏事。因此，我们才会常常听到不厌其烦地叮嘱——“得意时莫忘形”。

起名用字赏析：

豫：16画。五行属土。忧心劳神或有爱情厄，中年劳累，晚年吉祥，有体弱短寿之厄。

奋：16画。五行属水。英敏之才，清雅荣贵，中年吉祥，小心爱情厄，出国成功。用于男名。

崇：11画。五行属金。英俊多才，清雅荣贵，中年小心爱情厄，成功环境良好。用于男名。

介：3画。五行属木。兄弟无缘，中年劳累，晚年成功隆昌。用于男名。

石：5画。五行属金。福禄双收，清雅荣贵，贵人明现，晚年吉祥。用于男名。

成：7画。五行属金。清秀多才，出外或出国大吉，中年成功，忌水厄。

渝：13画。五行属水。胆识兼有，清雅荣贵，官运旺，中年成功隆昌，精诚。

18. 随卦：不可因小失大

卦象：

䷐

象曰：泽中有雷，随。君子以向晖入宴息。

卦辞：

随：元亨，利贞，无咎。

爻辞：

初九官有渝，贞吉；出门交有功。

六二系小子，失丈夫。

六三系丈夫，失小于；随有求得，利居贞。

九四随有获，贞凶；有孚在道，以明，何咎？

九五孚于嘉，吉。

释义：

《象辞》说：《随卦》的卦象是震（雷）下兑（泽）上，为泽中有雷之表象。泽中有雷声，泽随从雷声而震动，这便象征随从。君子行事要遵从合适的作息时间。白天出处辛劳工作，夜晚就回家睡觉安息。随卦象征追随。大为亨通，有利于占问，没有灾祸。

初九馆舍发生变化，占问可获吉祥，出门与人交往必能成功。

六二倾心依附柔顺的小人，就会失去刚大的丈夫。

六三倾心依附刚大的丈夫，摆脱柔顺的小人。追随别人，有求必得，有利于占问安居之事。

九四追随别人而有所获，占问却有凶险。但心怀诚信而持守正道，且光明正大，还会有什么灾祸呢？

九五把诚信施予美善之人，可获吉祥。

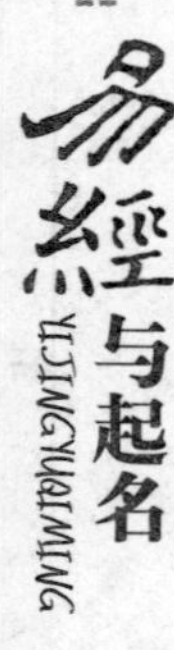

上六先遭到拘禁，后又获释，君王因此得以祭享于西山。

哲理解读：

《随卦》上说“君子以向晖入宴息”——君子看到太阳沉下去、天色暗下来，到了晚上，于是就顺时而休息，就去睡觉了。这就是《随卦》所要表现的主旨：随顺人的本性，顺遂自然之道，不过分苛求，才不会因小失大，才能成就一番事业。

为人处世，如果过于苛求于每一件小事，必会影响到大师的顺利进行；如果过分珍惜一点小的利益，同样也会损失较大的利益。不如学学《随卦》九四所说：“有孚在道，以明，何咎？”舍得放弃一些小的利益，才能谋求到更大的利益。

起名用字赏析：

泽：17画。五行属水。学问丰富，名利双收，官或财旺，智勇兴家，一生荣贵。

中：4画。五行属金。清雅荣贵，多才巧智，中年成功隆昌。

雷：13画。五行属水。一生清雅，多才贤能，中年平凡，晚年隆昌。

随：21画。五行属金。忧心劳神或事劳无功，或外祥内愁，中年多灾，晚年吉祥。

向：6画。五行属水。衣厚食丰，清雅平凡，中年忧心劳神，晚年吉祥之字。

晖：13画。五行属水。命硬，清雅荣贵，官旺，中年平凡，晚年隆昌，环境良好。用于男名。

渝：13画。五行属水。胆识兼有，清雅荣贵，官运旺，中年成功隆昌，精诚。

维：14画。五行属木。多才贤能，清雅温和，福禄双收，晚年吉祥。

之：3画。五行属水。出国之字，名利双收，学识渊博，官运旺盛荣贵。

19. 蛊卦：振民育德

卦象：

象曰：山下有风，蛊。君子以振民育德。

卦辞：

蛊：元亨，利涉大川；先甲三日，后甲三日。

爻辞：

初六干父之蛊，有子考，无咎。厉终吉。

九二干母之蛊，不可贞。

九三干父之蛊，小有悔，无大咎。

六四裕父之蛊，往见吝。

六五干父之蛊，用誉。

上九不事王侯，高尚其事。

释义：

《象辞》说：《蛊卦》的卦象是巽（风）下艮（山）上，为山下起大风之表象，象征救弊治乱、拨乱反正。这时候，君子救济人民，培育美德，纠正时弊。

蛊卦象征拯弊治乱。大为亨通，有利于涉越大川巨流。经过七日的观察思考，就会知道应该怎么去做。

初六匡正父辈的过失；有了，这样的儿子，父辈则可避免灾祸，即使有些危险，最终也能获得吉祥。

九二匡正母辈的过失，但不可干涉母亲的闺房之事。

九三匡正父辈的过失，虽然会遭到小的困厄，但是没有巨大灾祸。

六四姑息父辈的过失，有所举动必然遭遇艰难。

六五匡正父辈的过失，会受到称誉。

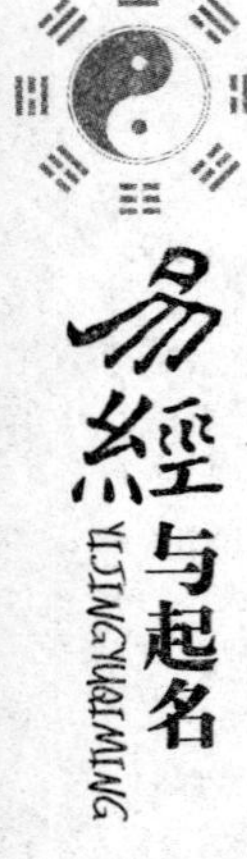

上九不为王侯效命，专心治家，并以此为高尚之事。

哲理解读：

“蛊”原为一种很可怕的毒，而《蛊卦》中的“蛊”，却是指“混乱、出事”的意思，泛指弊端。卦象所说的“君子以振民育德”，意为君子以合理的方式匡正扶危，治乱、“治蛊”。

面对杂乱无章的秩序，有才德的领导者都会及时地采取一系列地措施及行动，来规范制度、整治秩序。但是前提条件是他们都不会蛮干，而是会在每一项措施颁布之前，进行缜密地分析与估算，在认为可行之后才果断实施的。因此，他们所作出的都是有目的、成功率很高的治“蛊”决策。

取名用字赏析：

山：3 画。五行属土。聪明多才，少年较坎坷，中年隆昌，晚年安详。用于男名。

风：9 画。五行属水。一生清雅稳重，中年吉祥，晚年劳神。

振：10 画。清雅多才，温和贤淑，双妻之格，中年成功隆昌，二子吉祥之字。

民：5 画。五行属水。英俊佳人，上下敦睦，一生官或财旺。用于男名。

育：五行属土。精明公正，义利分明，英俊才人，清雅荣贵，中年成功隆昌。用于男名。

德：15 画。五行属火。多才巧智，温和贤能，中年劳累或奔波，晚年成功隆昌。用于男名。

先：6 画。五行属金。出外逢贵得财，中年劳累，晚年吉祥荣幸。用于男名。

甲：5 画。五行属木。清雅伶俐，温和贤淑，中年成功隆昌，环境良好。用于男名。

子：3 画。五行属火。智勇双全，清雅荣贵，中年劳心，晚年隆昌，双妻之格，女人温和贤淑。

考：6 画。五行属火。一生清雅平凡，出外吉祥，中年劳苦，晚年成功隆昌之字。

高：10 画。五行属木。一生清雅，福禄双收，中年劳累，晚年吉祥。

尚：8 画。五行属金。机谋多变，心性易动，中年吉祥，晚年劳神多疾。

20. 临卦：教思无穷

卦象：

䷒

象曰：泽上有地，临。君子以教思无穷，容保民无疆。

卦辞：

临：元亨，利贞；至于八月有凶。

爻辞：

初九咸临，贞吉。

九二咸临，吉无不利。

六三甘临，无攸利；既忧之，无咎。

六四至临，无咎。

六五知临，大君之宜，吉。

上六敦临，吉，无咎。

释义：

《象辞》说：《临卦》的卦象是兑（泽）下坤（地）上，为地在泽上之表象。泽上有地，地居高而临下，象征督导。君子由此受到启发，费尽心思地感化、教导人民，并以其无边无际的盛德宽容人民的小过错，保护人民不受侵害。临卦象征居高临下。至为亨通，有利于占问。但到了八月将有凶险。

初九胸怀感化之心下临百姓，占问则可获吉祥。

九二胸怀感化之心下临百姓，必获吉祥，无所不利。

六三只凭甜言蜜语下临百姓，没有什么好处。假若已经忧惧自己的过失而加以改正，则没有灾祸。

六四亲自下临民情，没有灾祸。

六五下临百姓，凭着聪明睿智体察民情，并且知道自己身为天子应当做

什么，必获吉祥。

上六敦厚宽仁地下临民情，必获吉祥，没有灾祸。

哲理解读：

孔老夫子曾经说过“人非圣贤，孰能无过，过而改之，善莫大焉”，的确如此，只要是人就没有不犯错误的，因此，犯错也就不是什么大不了的事情了。当然，那些能够知错改错的人，是值得学习和效仿的；而那些“知过而不改”的人，却是不可原谅、值得鄙视的。

《临卦》上讲到“君子以教思无穷，容保民无疆”，就是让我们对待别人所犯的错误，应该抱有一种感化之心，让其知错改错。

取名用字赏析：

临：17画。五行属火。一生多福，成功隆昌荣贵，但需八字五行配合到位。用于男名。

思：9画。五行属金。有才能理智，勤俭励业，家声可振，名利双收，晚年劳神。

容：10画。五行属土。福禄双收，多才伶俐，二子吉祥，中年隆昌，晚年清闲。

保：9画。五行属水。天生聪颖理智，中年成功隆昌，晚年忌车怕水。用于男名。

疆：17画。五行属木。清雅荣贵，有才能理智，中年劳累或奔波，晚年吉祥官旺。

咸：9画。五行属水。清雅伶俐，中年吉祥，身闲心苦。

甘：5画。五行属木。一生多才巧智，中年多厄，晚年隆昌，名利双收，豪爽。

知：8画。五行属金。理智聪颖，多才灵巧，中年成功隆昌，官或财旺，清雅荣贵之字。

敦：12画。五行属火。出外吉祥，清雅英敏，晚年隆昌幸福。用于男名。

21. 观卦：省方观民

卦象：

象曰：风行地上，观。先王以省方观民设教。

卦辞：

观：盥而不荐，有孚颙若。

爻辞：

初六童观，小人无咎，君子吝。

六二阑观，利女贞。

六三观我生，进退。

九五观我生，君子无咎。

上九观其生，君子无咎。

释义：

《象辞》说：《观卦》的卦象是坤（地）下巽（风）上，为风吹拂于地上而遍及万物之表象，象征瞻仰。先代君王仿效风吹拂于地而遍及万物的精神，视察四方，留心民风民俗，用教育来感化民众。

观卦象征瞻仰。祭祀之前仅仅洗手自洁，并不进献祭品，是因为有一个个头很大的俘虏作为人牲。

初六像幼童一样瞻仰景物，小人没有灾祸，君子则行事艰难。

六二暗中偷偷地瞻仰盛景，有利于女子占问。

六三观察同姓之国的民情，可以知道如何施政。

六四观察一国之风土人情，宜于先用宾客之礼朝见君王。

九五观察同姓之国的民情，君子可以免遭灾祸。

上九观察异姓之国的民情，君子可以免遭灾祸。

哲理解读：

“观”一般是观察的意思，而在《观卦》中“观”又可作“由此知彼”、“举一反三”来讲。不可否认的是，世界上有很多人都能够做到未卜先知，这与他们善“观”是分不开的。

如《观卦》所讲，善“观”者，“观国之光，利用宾于王”、“观我生，君子无咎”、“观其生，君子无咎”。因此，善“观”者，能够利用提前察觉到的信息，做出积极而有效的判断及行动，达到消灾避祸、安身立命的目的。

取名用字赏析：

省：9画。五行属金。清秀伶俐，多才巧智，早婚不宜，一生清闲幸福。

方：4画。五行属水。一生安分守己，聪明伶俐，中年有成，晚年幸福。

观：25画。五行属木。心直口快，沉静清秀，中年劳累，晚年吉祥。用于男名。

民：5画。五行属水。英俊佳人，上下敦睦，一生官或财旺。用于男名。

颐：17画。五行属土。学识渊博，清雅荣贵，官运旺，名利双收，出国隆昌。

若：11画。五行属木。福禄双收，孤独格，中年辛苦，晚年吉祥。

童：12画。五行属金。一生清雅多才，贤能聪敏，中年劳累但吉祥，晚年劳神。

阑：12画。五行属水。多愁善感，一生清雅侥幸，中年辛劳，晚年吉祥。

生：5画。五行属金。智勇双全，出外逢贵得财，中年成功隆昌荣贵。用于男名。

22. 噬嗑卦：恩怨分明

卦象：

䷔

象曰：雷电，噬嗑。先王以明罚敕法。

卦辞：

噬嗑：亨，利用狱。初九屦校灭趾，无咎。

爻辞：

六二噬肤，灭鼻，无咎。

六三噬腊肉，遇毒；小吝，无咎。

九四噬干胏，得金矢；利艰贞，吉。

六五噬干肉，得黄金；贞厉，无咎。

上九何校灭耳，凶。

释义：

《象辞》说：《噬磕卦》的卦象是震（雷）下离（火）上，为雷电交击之表象。雷电交击，就像咬合一样；雷有威慑力，电能放光明，古代帝王效法这一现象，明其刑法，正其法令。

噬嗑卦象征刑罚。亨通顺利，利于施用刑罚。

初九脚上戴上木枷，枷伤了脚趾，没有灾祸。

六二像咬柔软的皮肤一样容易用刑，即使枷伤了罪犯的鼻子，也不会有什么灾祸。

六三施用刑罚惩罚犯人，像咬腊肉一样困难，而且还中了毒，只小有不适，并无大的灾祸。

九四施用刑罚惩罚犯人，像咬带骨的肉一样困难；具有铜矢似的刚正之气，利于占问艰难之事，可获吉祥。

六五施用刑罚惩罚犯人，像咬肉干一样困难，却具有黄铜矢似的刚正之气，占问虽有危险之兆，却不会有什么灾祸。

上九肩上戴上木枷，枷伤了耳朵，必有凶险。

哲理解读：

“噬嗑”原是撕咬、吞噬之意，但在《噬嗑卦》中，它却是一种惩罚和处理矛盾的正确认识。《噬嗑卦》上讲“噬干胏，得金矢；利艰贞，吉”、“噬干肉，得黄金；贞厉，无咎”，认为只有刚正、恩怨分明的施用刑罚，才能做到“无咎”。

大家都知道，刑罚只是一种手段，目的无非是让犯错之人能够知错改过而已。而《噬嗑卦》所讲到的“刑罚”却是一个广义的概念，指出的是一种恩怨分明的待人接物之法。

恩怨分明是正确处理别人身上错误最有效的方法，它能够让别人心服口服地认识自己的错误并改正；对于我们自身所犯的错误，同样需要恩怨分明的处理方法，坚持那些正确的“过失”，改正那些当该之错。

取名用字赏析：

雷：13 画。五行属水。一生清雅，多才贤能，中年平凡，晚年隆昌。

明：8 画。五行属水。多才巧智，清雅伶俐，中年多灾或爱情厄，晚年吉祥。

法：9 画。五行属水。一生清雅多才，中年成功隆昌，晚年吉祥。

利：7 画。五行属火。性格踏实淳厚，少年坎坷，中年安详，晚年成功隆昌。

贞：6 画。五行属金。精明公正，克己助人，环境良好，成功隆昌，名利双收。

23. 贲卦：以明庶政

卦象：

象曰：山下有火，贲。君子以明庶政，无敢折狱。

卦辞：

贲：亨，小利有攸往。

爻辞：

初九贲其趾，舍车而徒。

六二贲其须。

九三贲如，濡如，永贞吉。

六四贲如，皤如，白马翰如；匪寇，婚媾。

六五贲于丘园，束帛戋戋；吝，终吉。

上九白贲，无咎。

释义：

《象辞》说：《贲卦》的卦象是离（火）下艮（山）上，为山下燃烧着火焰之表象。山下火焰把山上草木万物照得通明，如同披彩，这就叫装饰。君子像火焰一样，使众多的政务清明，但却不能用修饰的方法来断官司。

贲卦象征文饰。亨通顺利，对柔小者有所举动有利。

初九修饰其脚趾，弃车徒步而行。

六二修饰尊长的美须。

九三修饰之后再加以润色，占问长久之事可以获得吉祥。

六四修饰得如此素雅，座下的白马又如此纯洁无瑕，前方来者并非贼寇，而是聘求婚配的佳偶。

六五修饰自己的家园，虽然只有一束丝帛，持家艰难，但是终将获得吉祥。

上九用白色装饰，必无灾祸。

哲理解读：

初看一个人之时，我们首先会注意这个人的长相、身材，观察这个人的美丑胖瘦；更进一步看，我们才会注意这个人的穿衣打扮，观察这个人的贫富职业；相交之后，我们才能逐步感受到这个人的内涵，观察这个人的品行道德。

不可否认的是，当今社会越来越重视每个人的外部特征了。而在《贲卦》上却认为“贲于丘园，束帛戋戋”，其中“丘园”虽作家园讲，其深意却是指人们的内心品德。

我们结交的人，应该是品德高尚的君子，而不是那些外表冠冕堂皇、内

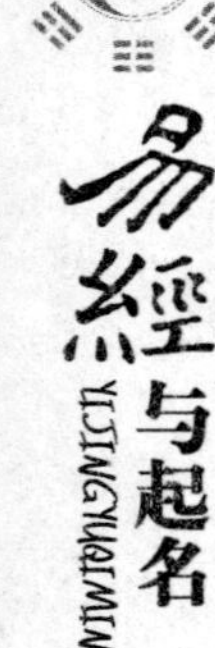

在居心叵测的小人。反过来，同样告诫我们，修饰外表虽然重要，但是注重自己的品德修养才是最重要的。

外表漂亮的人，让人多看几眼；内心高尚的人，让人心里多挂念一点。相较之下，我们不难看出哪个更重要一点，当然，我们注重培养内心品德的同时，也不要忘了外部形象，毕竟外部形象是我们展现给人们最直观的形象。只要搞好了二者之间的关系，我们会更受人欢迎的。

取名用字赏析：

庶：11 画。五行属金。勤俭建业，官运旺，晚年吉祥，清雅荣贵。

政：五行属火。出外吉祥，清雅英敏，晚年隆昌幸福。用于男名。

君：7 画。五行属水。天性聪颖，多才巧智，中年成功吉祥，出国之格。用于男名。

明：8 画。五行属水。多才巧智，清雅伶俐，中年多灾或爱情厄，晚年吉祥。

翰：16 画。五行属金。智勇双全，名利双收，清雅荣贵，中年劳累，晚年成功隆昌。用于男名。

如：6 画。五行属金。理智聪颖，多才温和，有爱情烦恼，中年安康，晚年安详。

24. 剥卦：以上厚下

卦象：

▅▅▅▅▅
▅▅ ▅▅
▅▅ ▅▅
▅▅ ▅▅
▅▅ ▅▅
▅▅ ▅▅

象曰：山附于地，剥。以上厚下安宅。

卦辞：

剥：不利有攸往。

爻辞：

初六剥床以足，蔑；贞凶。

六二剥床以辨，蔑；贞凶。

六三剥，无咎。

六四剥床以肤，凶。

六五贯鱼以宫人宠，无不利。

上九硕果不食，君子得舆，小人剥庐。

释义：

《象辞》说：《剥卦》的卦象是坤（地）下艮（山）上，好比高山受侵蚀而风化，逐渐接近于地面之表象，因而象征剥落；位居在上的人看到这一现象，应当加强基础，使它更加厚实，只有这样才能巩固其住所而不至发生危险。

剥卦象征剥落。不宜有所举动。

初六剥蚀大床必先损及床腿，床腿受到伤害，占问必有凶险。

六二剥蚀大床已经损及床头，床头受到伤害，占问必有凶险。

六三虽然处在剥蚀之中，却没有什么灾祸。

六四剥蚀大床已经损及床身，势态十分凶险。

六五引导后宫妃嫔鱼贯而入承受君主宠幸，无所不利。

上九果实硕大却未被摘食，君子摘食将会得到大车运载，小人摘食将会剥落房屋。

哲理解读：

《剥卦》的卦辞上说“剥：不利有攸往”，大致意思就是说，人们在做事的时候如果不能做到适可而止、一味蛮干是不会获得好的结果的。

事实上也是如此，万事万物由盛至衰，这是一个自我然规律，如果我们不能顺应自然规律，适度而为地做事，自然就会如同《剥卦》的主旨“剥”的命运，被世界无情地“剥”落。

自古以来，适时而退就是官场上的保身秘诀，然而有一些人却不懂得这个道理，一心想要获得更高的官职与财富，这样的人往往被“剥”掉。

每件事物发展到一定的程度，都会有终止的时候，只要不违背这个规律，我们的利益才不会受到损害。

取名用字赏析：

厚：9画。五行属水。温和贤淑，一生清雅荣贵，中年成功、隆昌，安富尊荣。用于男名。

安：6画。五行属金。一生清雅多才，贤能聪敏，中年劳累但吉祥，晚年劳神。

硕：14画。五行属土。清雅荣贵，贤能多才，官运旺，名利双收。用于男名。

果：8画。五行属木。一生清雅荣贵，中年有厄，晚年如意发达。

25. 复卦：迷途知返

卦象：

䷗

象曰：雷在地中，复。先王以至日闭关。商旅不行，后不省方。

卦辞：

复：亨，出入无疾，朋来无咎；反复其道，七日来复。利有攸往。

爻辞：

初九不远复，无祗悔，元吉。

六二休复，吉。六三频复，厉无咎。

六四中行独复。六五敦复，无悔。

上六迷复，凶，有灾眚。用行师，终有大败；以其国，君凶；至于十年不克征。

释义：

《象辞》说：《复卦》的卦象是震（雷）下坤（地）上，为雷在地中、阳气微弱地活动之表象，因而象征复归；从前的君主在阳气初生的冬至这一天关闭关口，使商人旅客停止活动，不外出经商、旅行，君主自己也不巡行视察四方。

复卦象征复归。亨通顺利，或出或入都无疾病，友朋前来也无灾祸，沿着一定的规律返转复归，只须七日就是一个来回，利于有所举动。

初九行而不远就适时复返，没有大的悔恨，大吉大利。

六二高高兴兴地复返，必获吉祥。六三频繁地复返，必有危险，但还不至于有什么灾祸。

六四居中行正，独自复返。

六五敦厚诚信地复返，不会遭遇困厄。

上六误入歧途又不知复返，必遭凶险，将有灾祸；兴兵征战，最终将会大败，并危及君王，前景非常凶险；以至于十年之久不能兴兵征战。

哲理解读：

世间道路何止千万，一时走错也在所难免，只要适时地调整路线，改正之后一样可以到达目的地。这便是《复卦》所讲的道理——迷途知返。

《复卦》的卦辞上说，“复：亨，出入无疾，朋来无咎；反复其道，七日来复”——反复也不是没有方向胡乱地反复，一定要按照一定的规律反复才能获得理想的效果；上六上也说“迷复，凶，有灾眚。用行师，终有大败”——误入歧途不知悔改，必定会有凶险。

有了错误必须有所觉悟，然后图以改之，才能走上光明之路。若是有错而不思悔改，或者口是心非地改正，那只能在错误的道路上越走越远。

取名用字赏析：

复：12画。五行属水。英俊佳人，身瘦多才，出外大吉，中年、晚年吉祥，荣幸。用于男名。

朋：8画。五行属火。清雅荣贵，多才巧智，成功隆昌，女人多有不顺。用于男名。

来：8画。五行属火。晚婚迟得子大吉，出外吉祥，中年多劳，晚年名利双收。

道：16画。五行属火。智勇双全，精明公正，出外大吉，中年成功隆昌，荣贵出国。用于男名。

远：17画。五行属土。温和忠厚，勤俭治家，少年多磨，晚年安康。用于男名。

休：6画。五行属木。清雅荣贵官运旺，出国之格，成功隆昌，晚年子福。用于男名。

26. 无妄卦：不妄为

象曰：天下雷行，物与，无妄。先王以茂对时育万物。

卦辞：

无妄：元亨，利贞。其匪正有眚，不利有攸往。

爻辞：

初九无妄，往吉。

六二不耕获，不菑畲，则利有攸往。

六三无妄之灾，或系之牛，行人之得，邑人之灾。

九四可贞，无咎。

九五无妄之疾，勿药有喜。

上九无妄行有眚，无攸利。

释义：

《象辞》说：《无妄卦》的卦象是震（雷）下干（天）上，好比在天的下面有雷在运行

之表象，象征着天用雷的威势警戒万物，并赋予万物以不妄动妄求的本性；从前的君主顺应天命，尽其所能地遵循天时以养育万物的生长。无妄卦象征不妄为。大吉大利，有利于占问。不持守正道则有灾异，不宜有所举动。

初九不妄为，有所作为必获吉祥。

六二不耕耘而想收获，不垦荒而想有良田耕种，有利于有所举动。

六三遭遇到意想不到的灾祸：有人在这里拴了一头耕牛，路人把它顺手牵走据为己有，邑中人家将遭受缉捕之祸。

九四可以占问，没有灾祸。

九五患了意想不到的疾病，无须用药治疗就自会痊愈。

上九不妄为，行事却有灾祸，没有什么好处。

哲理解读：

为人处世，虽然应该敢作敢为、不拘小节，然而一味地坚持己见而胡乱作为，则是人生大忌。如若不改，必吃苦头。

《无妄卦》所说的“无妄”指的是没有虚妄。它的卦辞上说“无妄：元亨，利贞。其匪正有眚，不利有攸往”，正是要求我们在行为上不轻举妄动，在语言上以低姿态示人说话，否则必遭“无妄之灾”。

人们常说“多一事不如少一事”，这句话非常有道理，真正的聪明人的理性都是胜过感性的，不该做的事从来都不忘为，能够以低姿态去待人和处世，这也是他们遇不上“飞来祸”的奥秘。

取名用字赏析：

雷：13 画。五行属水。一生清雅，多才贤能，中年平凡，晚年隆昌。

行：6 画，五行属木。有才能谋略，事业成功，重情失败，晚年享福。用于男名。

茂：8 画。五行属木。婚姻圆满，清雅多才，中年劳累，晚年隆昌。

时：7 画。五行属金。智勇双全，清雅伶俐，中年成功隆昌，环境良好。

育：8 画。五行属土。精明公正，义利分明，英俊才人，清雅荣贵，中年成功隆昌。用于男名。

27. 大畜卦：修名不如修德

卦象：

象曰：天在山中，大畜。伊子以多识前言往行，以畜其德。

卦辞：

大畜：利贞；不家食吉；利涉大川。

爻辞：

初九有厉，利已。

九二舆说輹。

九三良马逐，利艰贞；日闲舆卫，利有攸往。

六四童牛之牿，元吉。

六五豮豕之牙，吉。

上九何天之衢，亨。

释义：

《象辞》说：《大畜卦》的卦象是干（天）下艮（山）上，为天被包含在山里之表象，象征大量的畜养积聚；君子效法这一精神，应当努力更多地学习领会前代圣人君子的言论和行为，以此充实自己，培养美好的品德和积聚广博的知识。

大畜卦象征大有积蓄。有利于占问。不求食于家，而食禄于朝，必获吉祥。宜于涉越大川巨流。

初九有危险，宜于暂时停止前行。

九二车身与车轴分离。

九三骏马奔驰，利于占问艰难之事，终日练习车马防卫技能，宜于有所举动。

六四在无角小牛头上拴一根横木，至为吉祥。

六五把小猪拴在木桩上以防止它跑掉，可获吉祥。

上九何其畅通的通天大道，亨通顺利。

哲理解读：

《大畜卦》以大畜为卦名，除了有积蓄、畜养之意外，还有一种停止的意思。这就是上九所说的说“有厉，利已”。

《大畜卦》的卦象上说“伊子以多识前言往行，以畜其德”，意思是让人们多学习前贤圣人的言行，来修养、积攒自己的德行。

然而，事实却不是如此，人们往往更喜欢追名逐利，而不去积攒德行。历史上许多大的灾祸，就是由此而引发的，正所谓“修名不如修德”，修德者可以独善其身，而修名者往往身败名裂。

积攒名声只能招来小人们更多的忌妒，给他们更多攻击自己的借口；而积攒德行，则在修身的同时，不给小人们任何报复的机会，在无声无息间消灾避祸。

取名用字赏析：

天：4 画。五行属火。天生聪颖，英敏多才，中年奔波，一生清雅荣贵，出外大吉，晚年吉祥。

中：4 画。五行属金。清雅荣贵，多才巧智，中年成功隆昌。

伊：6 画。五行属土。一生清雅荣贵，理智聪颖，中年成功隆昌，上下敦睦荣幸。

多：6 画。五行属火。克服万难后成功发达，多才贤能，爱情失败，晚年隆昌。用于男名。

识：19 画。五行属金。学问丰富，清雅荣贵，成功隆昌，官旺之格。用于男名。

前：9 画。五行属金。出外逢贵成功，中年多灾潦倒，晚年吉祥隆昌。用于男名。

言：7 画。五行属木。重义气，温和聪颖，中年成功隆昌，晚年倍加昌盛。

家：10 画。五行属木。出外吉祥，多才巧智，清雅伶俐，忌车怕水，晚年吉祥。

28. 颐卦：慎言节欲

卦象：

䷚

象曰：山下有雷，颐。君子以慎言语，节饮食。

卦辞：

颐：贞吉；观颐，自求口实。

爻辞：

初九舍尔灵龟，观我朵颐，凶。

六二颠颐；拂经，于丘颐，征凶。

六三拂颐；贞凶，十年勿用，无攸利。

六四颠颐，吉；虎视眈眈，其欲逐逐，无咎。

六五拂经，居贞吉；不可涉大川。

上九由颐，厉吉，利涉大川。

释义：

《象辞》说：《颐卦》的卦象是震（雷）下艮（山）上，为雷在山下震动之表象，引申为咀嚼食物时上颚静止、下颚活动的状态，因而象征颐养；颐养必须坚守正道，所以君子应当言语谨慎以培养美好的品德，节制饮食以养育健康的身体。

颐卦象征颐养。占问则必获吉祥。观察事物的颐养现象，应当明白颐养之道是自谋口中食物。

初九舍弃你卜得的龟兆，而观看我隆起的两腮，必有凶险。

六二两腮不停地颠动，违逆事理；向高处寻求颐养，兴兵征战必有凶险。

六三违逆颐养之道，占问则有凶险，十年之内不可施展才能，否则将没有什么好处。六四两腮不停地颠动，可获吉祥。像猛虎那样双目圆睁眈视一切，急欲不断地得到食物，必无灾祸。

六五虽然违逆事理，但占问安居之事，可获吉祥。不可涉越大川巨流。

上九从两腮看虽有危险，但仍会获得吉祥，利于涉越大川巨流。

哲理解读：

节俭与节欲的话题，几千年来一直都很热门：战国时的韩非曾说“祸莫大于可欲”；三国诸葛亮也曾说“防奸以政，去奢以俭”；秦朝的吕不韦为在《吕氏春秋》上也记载着“欲无度者，其心无度。心无度者，则其所为不可知矣”。

古人们之所以这么推崇慎奢节欲，应该有它广泛的教育意义。《颐卦》的卦象上也说：“君子以慎言语，节饮食”，这里的“节饮食”同样也是提倡慎奢节欲。

大家都知道，“由俭入奢易，由奢入俭难”，一个人在有条件的时候，若是对自己不加以克制，堕入奢靡之中是很容易的，但是当他没有条件之后，再想由奢靡逐步回归节俭是难上加难的。因此，无论我们身处何时、何地，都不应该放纵自己去奢侈、扩张自己的欲望。

取名用字赏析：

颐：17 画。五行属土。学识渊博，清雅荣贵，官运旺，名利双收，出国隆昌。

观：25 画。五行属木。心直口快，沉静清秀，中年劳累，晚年吉祥。用于男名。

慎：14 画。五行属金。福禄双收，智能非凡，中年平凡，晚年隆昌。

节：13 画。五行属木。幼年辛苦，英雄之格，中年小心，晚年吉祥。

由：5 画。五行属土。英雄豪爽，清雅多才，中年隆昌。

29. 大过卦：独立不惧

卦象：

▅▅ ▅▅
▅▅▅▅▅
▅▅▅▅▅
▅▅▅▅▅
▅▅▅▅▅
▅▅ ▅▅

象曰：泽灭木，大过。君子以独立不惧，遯世无闷。

卦辞：

大过：栋桡；利有攸往，亨。

爻辞：

初六藉用白茅，无咎。

九二枯杨生梯，老夫得其女妻；无不利。

九三栋桡，凶。

九四栋隆，吉；有它，吝。

九五枯杨生华，老妇得其士夫；无咎无誉。

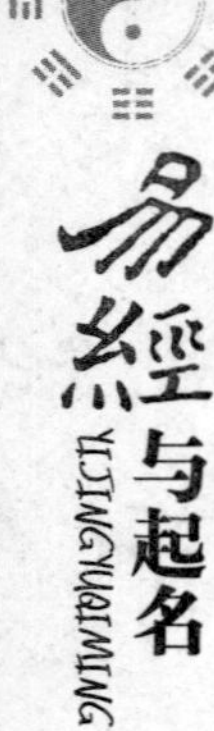

上六过涉灭顶；凶，无咎。

释义：

《象辞》说：《大过卦》的卦象是巽（风）下兑（泽）上，巽在这里代表木，故为水泽淹没了树木之表象，象征极为过分；君子取法这一现象，就应当坚持自已的操守，进则超然独行，不必顾忌和畏惧他人的非议；退则逃避世间，不为隐姓埋名而苦闷烦恼。

大过卦象征大有而过。大梁弯曲，利于有所举动，亨通顺利。

初六用洁白的茅草铺地以陈放祭品，没有什么灾祸。

九二枯槁的杨树发出新枝嫩芽，年迈的老汉娶了个年轻的娇妻，无所不利。

九三大梁弯曲，必有凶险。

九四大梁隆起，可获吉祥。但是如果发生意外情况，则行事必定艰难。

九五枯槁的杨树开出新花，年迈的老太婆嫁了个年轻的美丈夫，虽然没有什么灾祸，但是也得不到称誉。

上六盲目涉水过河，大水淹没了头顶，将有凶险，但最后会遇救而没有什么灾祸。

哲理解读：

古人讲“过，度也”，度是经过、过度之意，引申为过度、过分、过失。《大过卦》中对于“过”也有看法。九三说“栋桡，凶”。这一卦说，过分刚强而毫无借重，强调的是过于自负，将得不到辅佐，往往会招致危险，也就是我们所说的盲目致祸。九四对于如何避免这样的“过”，曾做出过描述：“栋隆，吉；有它，吝。”认为过刚就要以柔来辅，强调若想避免“过”，必须以刚用柔。

任何事情都是一样，如果过于自负，在做事的方法上就会显现出刚强的一面，这样的盲目行事，必然会导致失败的结局。

其名用字赏析：

过：6画。五行属火。年轻有为，中年劳累，晚年吉祥，子孙隆昌。用于男名。

立：5画。五行属火。清雅荣贵，中年成功隆昌，多才巧智，晚年劳神。

敦：12画。五行属火。出外吉祥，清雅英敏，晚年隆昌幸福。用于男名。

实：15画。五行属木。理智、义利分明，中年隆昌，晚年吉祥享福。用于男名。

栋：12画。五行属木。少年有福，清雅荣贵，官运旺，晚年劳神。用于男名。

杨：13画。五行属木。一生清雅温和，多才贤能，中年劳累，晚年隆昌。

华：14画。五行属水。天生聪颖，多才贤能，爱情之路坎坷，中年有不如意之事，晚年吉祥。

30. 坎卦：避险脱困

卦象：

䷜

象曰：水洊至，习坎。君子以常德行，习教事。

卦辞：

坎：有孚，维心亨；行有尚。

爻辞：

初六习坎，入于坎窞，凶。

九二坎有险，求小得。

六三来之坎坎，险且枕，入于坎窞。勿用。

六四樽酒，簋贰，用缶，纳约自牖，终无咎。

九五坎不盈，祇既平，无咎。

上六系用徽纆，寘于丛棘，三岁不得，凶。

释义：

《象辞》说：《坎卦》的卦象是坎（水）下坎（水）上，为水流之表象。流水相继而至、潮涌而来，必须充满前方无数极深的陷坑才能继续向前，所以象征重重的艰险困难；君子因此应当坚持不懈地努力，反复不间断地推进教育事业。

坎卦象征重重险难。具有诚信之德且能维系于心，亨通顺利，行事必获

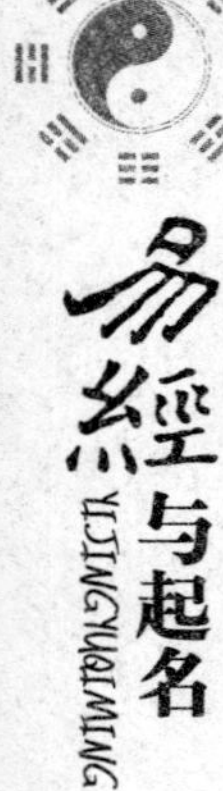

奖赏。

初六面临重重险难，又落入陷穴深处，必有凶险。

九二在陷穴中遭遇险难，从小处谋求脱险必能得逞。

六三来来去去都处在险难之中，陷穴既险又深。且落入陷穴深处，暂时不宜施展才能。

六四把一樽薄酒，两筐淡食，用瓦罐盛起来，并通过窗口接收信约，最终不会有什么灾祸。

九五陷穴尚未满盈，到需要安定时则险难自平，没有灾祸。

上六用绳索把犯人捆绑起来，并囚置于荆棘丛中，三年不得解脱，必有凶险。

哲理解读：

《坎卦》的“坎”，是指灾难、危险。这一卦主要讲的就是如何脱困、脱险。九二上说：“坎有险，求小得”，指出在遇到危险困境的时候，从小处谋求脱险必可成功，也就是我们所说的注意细节。

有些细节表面看上去都微不足道，然而，有时它却是整件事成败的关键。

起名用字赏析：

习：11 画。五行属水。天生聪明，勤俭事业，成功隆昌，女人不宜用。

常：11 画。五行属金。机谋多变，心性易动，中年吉祥，晚年劳神。

维：14 画。五行属木。多才贤能，清雅温和，福禄双收，晚年吉祥。

亨：8 画。五行属水。晚婚吉祥多才，出外吉，清雅伶俐，中年劳累，晚年隆昌。用于男名。

行：6 画，五行属木。有才能谋略，事业成功，重情失败，晚年享福。用于男名。

尚：8 画。五行属金。机谋多变，心性易动，中年吉祥，晚年劳神多疾。

求：7 画。五行属火。多才巧智，心直口快，清雅荣贵，中年平凡，晚年大吉。

得：11 画。五行属金。晚婚或迟得子大吉，一门鼎盛，中年吉祥、安详。晚年多福。

31. 离卦：稳中求胜

卦象：

䷝

象曰：明两作，离。大人以继明照于四方。

卦辞：

离：利贞，亨。畜牝牛吉。

爻辞：

初九履错然，敬之，无咎。

六二黄离，元吉。

九三太阳将要落山，垂垂悬附在西天，若不击缶而歌，将有老暮穷衰之嗟叹，必遭凶险。

九四突如其来如，焚如，死如，弃如。

六五出涕沱若，戚嗟若，吉。

上九王用出征，有嘉折首，获匪其丑，无咎。

释义：

《象辞》说：《离卦》的卦象为离（火）下离（火）上，为光明接连升起之表象。《离卦》的本象为火，这里代表太阳。太阳东升西落，因而有上下充满光明的形象。太阳的光明连续照耀，必须高悬依附在天空才行，所以象征附着；伟大的人物效法这一现象，也应当连绵不断地用太阳般的光明美德普照四方。

离卦象征运行不息。有利于占问，亨通顺利。畜养母牛，必获吉祥。

初九办理事务谨慎郑重，态度恭敬，必无灾祸。

六二黄色附着于物，大吉大利。

九三太阳将要落山，垂垂悬附在西天，若不击瓦而歌，将有老暮穷衰之嗟叹，必遭凶险。

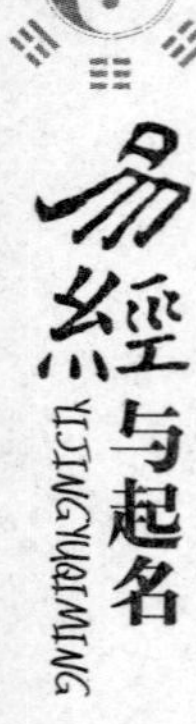

九四不孝之子突然返回家中，家人就将他焚烧，治死，抛弃。

六五洒下的泪水如大雨滂沱，忧伤嗟叹，但终将获得吉祥。

上九君王用兵出征，有令嘉奖折服首恶之人，捕获的即使不是其同伙，也没有什么灾祸。

哲理解读：

日常生活中，我们常常听到人们扯开了嗓门在喊："稳住、稳住、别着急！"

何为"稳"呢？"稳"是一种不急不躁的保持；"稳"同时也是进取的根基。《离卦》初九上说"履错然，敬之，无咎"，正是劝谏我们做人、做事一定要从容镇定、戒急躁，则不会失败。因此，稳中求胜的重要性就越发突出了。

"一口吃个胖子"、"一步登天"的事情总是可望而不可即的，因此，我们也不能期盼着人生、事业能够一步成功。每一位致力于成功的人都应该从内心里谨记"心急吃不了热豆腐"这句话。

起名用字赏析：

离：18 画。五行属土。一生清雅平凡，中年奔波劳苦，智慧聪颖，忌车怕水，晚年吉祥。

继：20 画。五行属木。胆识丰富，精明公正，中年成功隆昌，出国，小心爱情厄。用于男名。

明：8 画。五行属水。多才巧智，清雅伶俐，中年多灾或爱情厄，晚年吉祥。

照：13 画。五行属水。胆识丰富，多才荣贵，官运旺，中年有灾厄，晚年隆昌。

四：5 画。五行属金。幼年辛苦，义利分明，中年奔波，忌车怕水。

方：4 画。五行属水。一生安分守己，聪明伶俐，中年有灾，晚年幸福。

有：6 画。五行属土。一生清雅伶俐，财路较为畅通，性刚，中年劳累，晚年隆昌。

嘉：11 画。五行属土。英俊灵活，多才巧智，幼年辛苦，中年隆昌，晚年安详。

32. 咸卦：以虚受人

卦象：

䷞

象曰：山上有泽，咸。君子以虚受人。

卦辞：

咸：亨，利贞；取女吉。

爻辞：

初六咸其拇。

六二咸其腓，凶，居吉。

九三咸其股，执其随，往吝。

九四贞吉，悔亡；憧憧往来，朋从尔思。

九五咸其脢，无悔。

上六咸其辅颊舌。

释义：

《象辞》说：《咸卦》的卦象是艮（山）下兑（泽）上，为山上有泽之表象，即上方的水泽滋润下面的山体，下面的山体承托上方的水泽并吸收其水分的形象，因而象征感应；君子效法山水相连这一现象，以虚怀若谷的精神容纳感化他人。咸卦象征感应。亨通顺利，有利于占问。娶此女为妻，可获吉祥。

初六交相感应在脚拇指，它因势而动。

六二交相感应在小腿肚，必有凶险；但是如果居家不出，则可获吉祥。

九三交相感应在大腿，执迷盲从追随他人，有所举动则行事艰难。

九四占问可获吉祥，困厄将会消亡；虽然你心意不定、思绪不绝，但朋友最终会顺依你的想法。

九五交相感应在脊背，则不会遭遇困厄。

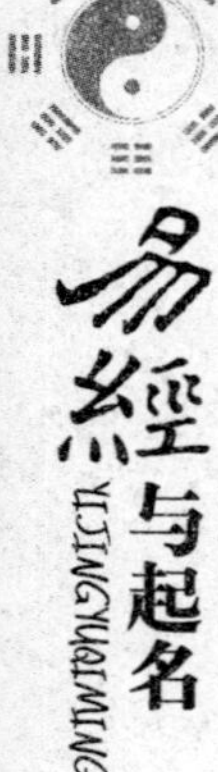

上六交相感应在口舌，牙床、面颊、舌头都因势而动。

哲理解读：

《咸卦》的卦辞上说“咸：亨，利贞”，其中的“咸”在这里作“感”讲，感应的“感”。上六上又说，“咸其辅颊舌”，认为，唇齿之间是相互感应的，它们之间有着一荣俱荣一损俱损的关系。

大家都知道，在成功的路上是需要别人相助，在灾难时更需要别人援手，没有朋友我们便寸步难行。然而，有些人却弄不清“唇亡齿寒”的道理，往往做出一些“过河拆桥”的行动，本想损人利己，结果却总是自食恶果。所以，咸卦才说“以虚受人”，意思类似于以诚待人。

其名用字赏析：

山：3 画。五行属土。聪明多才，少年较坎坷，中年隆昌，晚年安详。用于男名。

泽：17 画。五行属水。学问丰富，名利双收，官或财旺，智勇兴家，一生荣贵。

虚：12 画。五行属火。清雅多才，名利双收，福禄有进，事业隆昌，晚年安康。

从：11 画。五行属火。离祖成功，清雅多才，中年成功隆昌，环境良好，福寿兴家。

而：6 画。五行属金。秀气英俊，多才伶俐，中年成功隆昌荣贵，出国之格。

思：9 画。五行属金。有才能理智，勤俭励业，家声可振，名利双收，晚年劳神。

33. 恒卦：持之以恒

卦象：

䷟

象曰：风雷，恒。君子以立不易方。

卦辞：

恒：亨，无咎，利贞，利有攸往。

爻辞：

初六浚恒，贞凶，无攸利。

九二悔亡。

九三不恒其德，或承之羞；贞吝。

九四田无禽。

六五恒其德，贞；妇人吉；夫子凶。

上六振恒，凶。

释义：

《象辞》说：《恒卦》的卦象是巽（风）下震（雷）上，为风雷交加之表象，二者常是相辅相成而不停地活动的形象，因而象征常久；君子效法这一现象，应当树立自身的形象，坚守常久不变的正道。恒卦象征恒久。亨通顺利，没有灾祸；有利于占问，利于有所举动。

初六有所追求，持续得过于恒久，占问必有凶险，没有什么好处。

九二筮得此爻，困厄将会消亡。

九三不能恒久地保持美德，有时会蒙受耻辱，占问则行事艰难。

九四打猎没有捕获禽兽。

六五恒久地保持美德，占问妇人之事，或获吉祥；而占问男人之事，则有凶险。

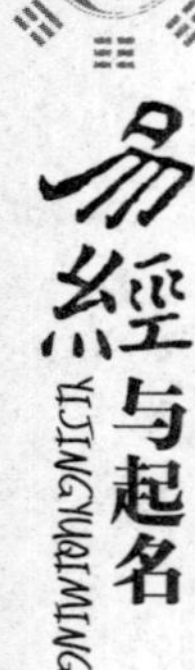

上六振动不安，变化无常，不能持恒守德，必有凶险。

哲理解读：

《恒卦》重点揭示的就是“恒”，持之以恒的“恒”。九三上说“不恒其德，或承之羞”，认为不能持之以恒地保持美德，便会受辱、蒙羞。

俗话说“不怕慢，就怕断”；荀子也曾经说“锲而不舍，金石可镂；锲而舍之，朽木不折”。都是告诫我们持之以恒地追求正确的事情，才能获得成功。

起名用字赏析：

恒：10画。五行属水。一生多福，清雅荣贵，多才能干，中年成功隆昌。

易：8画。五行属火。子孙兴旺，多才巧智，勤俭，白手起家，成功隆昌。

方：4画。五行属水。一生安分守己，聪明伶俐，中年有灾，晚年幸福。

浚：11画。五行属水。英敏多才，清雅荣贵，中年成功，出国富贵。用于男名。

34. 遁卦：远离小人

卦象：

象曰：天下有山，遁。君子以远小人，不恶而严。

卦辞：

遁：亨，小利贞。

爻辞：

初六遁尾，厉，勿用有攸往。

六二执之用黄牛之革，莫之胜说。

九三系逐，有疾厉；畜臣妾，吉。

九四好逐，君子吉，小人否。

九五嘉遁，贞吉。

上九肥遁，无不利。

释义：

《象辞》说：《遁卦》的卦象是艮（山）下干（天）上，为天下有山之表象，象征着隐让退避。因为山有多高，天就有多高，似乎山在逼天，而天在步步后退，但天无论怎样后退避让，却始终高踞在山之上。君子应同小人保持一定的距离，以傲然不可侵犯的态度截然划清彼此的界限，这样一来，就自然而然会生出一种震慑住小人的威严来。遁卦象征退避。亨通顺利，利于柔小者占问。

初六退避不及，落在后边，必有凶险，暂时不宜有所举动和施展才能。

六二被黄牛皮绳捆绑，没有人能够解脱。

九三心中有所系恋，迟迟不能适时退避，将染上疾患，必有危险；而畜养男女奴婢，则可获吉祥。

九四虽然心中怀有恋情，但是已经适时退避，这一点唯有君子才能做到，小人则做不到，所以君子可以获吉，小人则不吉利。

九五选择最佳时机，及时退避，占问可获吉祥。

上九高飞远走，彻底退避，无所不利。

哲理解读：

深海里生长着一种马嘉鱼，它们到了适合交配的季节，便会成群结队地逆江而上，在上游交配产卵。令人不解的是，在他们逆流而上的过程中即便遇到渔网的拦截，依然勇往直前、不知退避，这导致了马嘉鱼数量剧减、濒临灭绝的命运。

勇往直前固然勇气可嘉，然而却智力不足，必然会造成严重的后果。《遁卦》的“遁”就是退避躲避之意，而九三上说的“系逐，有疾厉；畜臣妾，吉”，倘若心中有所挂牵，迟迟不能适时避退，将会有危险。这样的人就如同马嘉鱼一样，最终会受到伤害。

俗话说“君子不吃眼前亏”，适时避退是聪明人的举止，不应意气用事，而给带来没有必要的祸患。

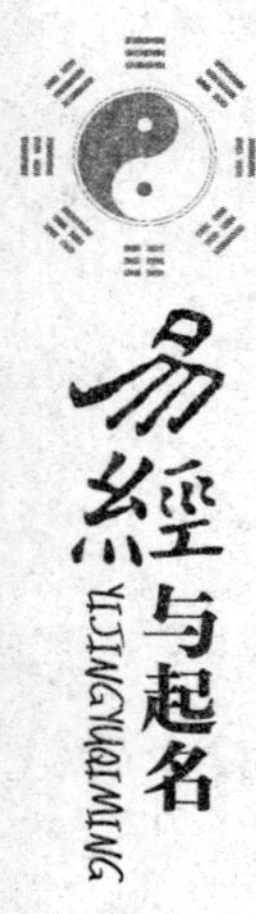

起名用字赏析：

遁：12 画。五行属土。温和忠厚，勤俭治家，少年多磨，晚年安康。用于男名。

严：20 画。五行属木。智勇双全,忠厚善良,事业如意,官运旺,成功隆昌,荣贵。

好：6 画。五行属水。秀气伶俐,上下敦睦,有才能,温和贤淑,一生幸福。

35. 大壮卦：君子用罔

卦象：

䷡

象曰：雷在天上，大壮。君子以非礼弗履。

卦辞：

大壮：利贞。

初九壮于趾，征凶；有孚。

九二贞吉。

九三小人用壮，君子用罔，贞厉。羝羊触藩，羸其角。

九四贞吉，悔亡；藩决不羸，壮于大舆之輹。

六五丧羊于易，无悔。

上六羝羊触藩，不能退，不能遂，无攸利；艰则吉。

释义：

《象辞》说：《大壮卦》的卦象是干（天）下震（雷）上，为震雷响彻天上之表象，象征着十分强盛。君子应该严格要求自己，不要越出准则和规律去做非分之事。

大壮卦象征刚大盛壮。利于占问。

初九脚趾盛壮，出征必有凶险；此时应当以诚信自持。

九二占问则获吉祥。

九三小人凭持盛壮以逞刚强，君子则盛壮而不妄用，占问必有危险，有如公羊强牴藩篱，羊角必然被绳索缠绕。

九四占问则必获吉祥，困厄将自行消亡，犹如藩篱撞开了裂口而羊角却不被缠绕，又似大车轮辐盛壮适用。

六五在田边丢了羊，不会遭遇困厄。

上六公羊抵触藩篱，既不能后退，也不能前进，没有什么好处，预示经受艰苦磨难则可获吉祥。

哲理解读：

从《后汉书·马成传》“身长八尺，气力壮猛”以及《荀子·修身》“老而壮者归焉”中，我们不难看出《大壮卦》中的“大壮”有健壮、强壮之义。

《大壮卦》九三上说：“小人用壮，君子用罔。”意思是只有没有文化教养的人才会凭借蛮力来征服别人，而君子则不会。

那么君子怎样做呢？《大壮卦》的象辞上说得很清楚：“君子以非礼弗履。”君子会通过一些符合礼义的事情，来征服别人。

强硬的手段虽然能够征服别人身体，却无法征服他们的内心。而运用恰当的手段，不但不会是我们有所消耗，相反的，还会完全征服别人、获得他们的信任。

起名用字赏析：

壮：7画。五行属土。英俊才人，理知聪颖，一生清雅，出外吉，成功荣幸。

礼：18画。五行属火。清雅伶俐，刑偶或欠子，中年吉祥，晚年隆昌。用于男名。

36. 晋卦：居安思危

卦象：

象曰：明出地上，晋。君子以子昭明德。

卦辞：

晋：康候用锡马蕃庶，昼日三接。

爻辞：

初六晋如摧如，贞吉；罔孚，裕无咎。

六二晋如愁如，贞吉；受兹介福，于其王母。

六三众允，悔亡。

九四普如鼫鼠，贞厉。

六五悔亡，失得勿恤；往吉，无不利。

上九晋其角，维用伐邑，厉吉，无咎；贞吝。

释义：

《象辞》说：阳光从地面上升起，象征着前进和昌盛，也象征着发出自己的光和热。所以，君子应该充分显示自己的才华和美德，发挥自己的作用。

晋卦象征进步成长。尊贵的公侯得到天子赏赐的众多车马，并在一天之日蒙受三次接见。

初六进长一开始就受到阻碍，但是占问却能获吉祥。不能取信于人而宽容处之，则无灾祸。

六二进长之时忧心忡忡，占问可获吉祥，将要从祖母那里承受弘大的福泽。

六三获得众人的信任，困厄将会消亡。

九四进长如大鼠无一技之长，占问必有危险。

六五困厄消亡，无须再为得失而忧虑，有所举动必获吉祥，无所不利。

上九进长至极，有如高居兽角角尖，宜于征伐邑国以建功立业，即使有危险而最终可获吉祥，不会遭遇灾祸，但是由于进长已至极顶，占问却会得到行事艰难的征兆。

哲理解读：

很多人都曾听说过《水煮青蛙的实验》：将青蛙放在冷水中煮，青蛙会逐渐忘了疼痛，最终在安乐中死亡。这就是《晋卦》六二“晋如愁如，贞吉”所要表达的含义，它说“居安思危”必会获得庇护。

“居安思危”是什么？“居安思危”是说，身处安乐境遇中的人们，应当顾及可能发生的危险，思则有备，备而无患。

《左传·襄公十一年》上记载：“居安思危，思则有备，有备无患”；孟子也曾告诫人们：“生于忧患，死于安乐”。在困境里，很多人往往能刻苦奋进；而当步入佳境、事业顺利、百事畅通时，反而忘乎所以，这也是失败的根源。

起名用字赏析：

晋：10画。五行属火。清雅荣贵，多才多能，欠子或迟得子，成功隆昌。

子：3画。五行属火。智勇双全，清雅荣贵，中年劳心，晚年隆昌，双妻之格，女人温和贤淑。

昭：9画。五行属火。清雅多才，智勇双全，官运旺，晚年吉昌，多才荣贵。

明：8画。五行属水。多才巧智，清雅伶俐，中年多灾或爱情厄，晚年吉祥。

德：15画。五行属火。多才巧智，温和贤能，中年劳累或奔波，晚年成功隆昌。用于男名。

37. 明夷卦：用晦而明

卦象：

䷣

象曰：明入地中，明夷。君子以莅众用晦而明。

卦辞：

明夷：利艰贞。

爻辞：

初九明夷于飞，垂其翼；君子于行，三日不食。有攸往，主人有言。

六二明夷，夷于左股，用拯马壮，吉。

九三明夷于南狩，得其大首；不可疾，贞。

六四入于左腹，获明夷之心，于出门庭。

六五箕子之明夷，利贞。

上六不明晦；初登于天，后入于地。

释义：

《象辞》说：《明夷卦》的卦象是离（火）下坤（地）上，离为火，代表光明，为光明入地下之表象，象征着“光明被阻”。君子要能够遵循这个道理去管理民众，即有意不表露自己的才能和智慧，反而能在不知不觉中使民众得到治理。

明夷卦象征光明伤损。利于占问艰难之事。

初九光明受到伤损时有如飞鸟低垂着翅膀，仓惶疾行；又如君子匆忙出行，三天没有吃饭。一旦有所举动，便遭主人责备。

六二光明受到伤损，伤及左边大腿，若用强壮的良马拯济伤损，可获吉祥。

九三光明受到伤损时到南郊狩猎，却得到一匹踏雪马，象征此爻不可占问疾病之事。

六四退处左方腹地，察知光明受到伤损的内中情状，于是毅然出门远行。

六五若能像箕子被囚而佯狂自保，则利于占问。

上六天空晦暗不明，起初登临天上，最终坠落地下。

哲理解读：

《明夷卦》中的“明夷”从字面上看，是光明受到损害的意思。在这里暗指光明正大之人受到伤害。怎样才能化解这样的危险呢？《明夷卦》上给出了答案：“君子以莅众用晦而明”。“君子”只有深明此“道”，内心要保持独立、自信，用一种难得糊涂的“晦”来保身，必会躲过劫难和危险。

刚正不阿固然可贵，然而在某种特定的环境下，刚正不阿的性格却只能招来祸患，危害其身。聪明人在这个时候绝不会以力抗争，做无谓的抵抗，而是会采取一种韬光养晦的态度，等待“光明”的到来。

起名用字赏析：

莅：13 画。五行属木。环境良好，克己助人，福寿兴家，妻贤子贵，荣华。

众：11 画。五行属火。多才巧智，温和贤能，中年平凡，晚年成功隆昌。用于男名。

晦：12 画。五行属火。清雅伶俐，多才贤能，中年吉祥，晚年隆昌良好。

明：8 画。五行属水。多才巧智，清雅伶俐，中年多灾或爱情厄，晚年吉祥。

飞：9 画。五行属水。英雄豪杰，义利分明，智勇双全，忌车怕水；

38. 家人卦：言有物行有恒

卦象：

▅▅▅▅▅▅
▅▅▅▅▅▅
▅▅　▅▅
▅▅▅▅▅▅
▅▅　▅▅
▅▅▅▅▅▅

象曰：风自火出，家人。君子以言有物而行有恒。

卦辞：

家人：利女贞。

爻辞：

初九闲有家，悔亡。

六二无攸遂，在中馈，贞吉。

九三家人嗃嗃，悔厉，吉；妇子嘻嘻，终吝。

六四富家，大吉。

九五王假有家，勿恤，吉。

上九有孚，威如，终吉。

释义：

《象辞》说：《家人卦》的卦象是离（火）下巽（风）上，为风从火出之表象，象征着外部的风来自于本身的火，就像家庭的影响和作用都产生于自己内部一样。君子应该特别注意自己的一言一行，说话要有根据和内容，行动要有准则和规矩，不能朝三暮四和半途而废。家人卦象征一家人。有利于女人占问。

初九持家而能预防不测之灾，困厄将会消亡。

六二事功无所成，在家主持炊事，占问可获吉祥。

九三家人经常受到家长严厉训斥，处境艰难而危。

六四家人共同增富其家，大吉大利。

九五君王驾临其家，无须忧虑，因为可获吉祥。

上九心存诚信，威严持家，最终必获吉祥。

哲理解读：

国家若想繁荣富强的前提条件必然是无内忧；内乱的国家也必然不能繁荣昌盛。家与国一样，人们常说的“家和万事兴”同样是这个道理。

《家人卦》说的就是如何使家庭美满的。而“家和”则是“兴家”的前提。我们不难想象一个时常充满了吵架、摔东西声的家庭，与一个处处充满着欢笑、相敬如宾的家庭有着多么大的差距。

家人之间的矛盾往往是由于缺乏谅解与信任引起的，倘若能够多体谅一下家人，设身处地地为家人着想，“家和万事兴”的情况便会很快到来的。

起名用字赏析：

家：10 画。五行属木。出外吉祥，多才巧智，清雅伶俐，忌车怕水，晚年吉祥。

人：2 画。五行属金。英俊佳人，环境良好，温和贤淑，荣贵成功。

言：7 画。五行属木。重义气，温和聪颖，中年成功隆昌，晚年倍加昌盛。

物：7 画。五行属水。天生聪颖，精明公正，秀气多才，出国之格，中年成功、隆昌。

行：6 画，五行属木。有才能谋略，事业成功，重情失败，晚年享福。用于男名。

恒：10 画。五行属水。一生多福，清雅荣贵，多才能干，中年成功隆昌。

威：9 画。五行属土。性刚口快，智勇双全，中年劳苦或奔波，晚年成功隆昌。用于男名。

如：6 画。五行属金。理智聪颖，多才温和，有爱情烦恼，中年安康，晚年安详。

39. 睽卦：求同存异

卦象：

䷥

象曰：上火下泽，睽。君子以同而异。

卦辞：

睽：小事吉。

爻辞：

初九悔亡；丧马，勿逐自复；见恶人，无咎。

九二遇主于巷，无咎。

六三见舆曳，其牛掣；其人天且劓。无初有终。

九四睽孤；遇元夫，交孚，厉无咎。

六五悔亡；厥宗噬肤，往何咎?

上九睽孤，见豕负涂，载鬼一车，先张之弧，后说之弧；匪寇，婚媾；

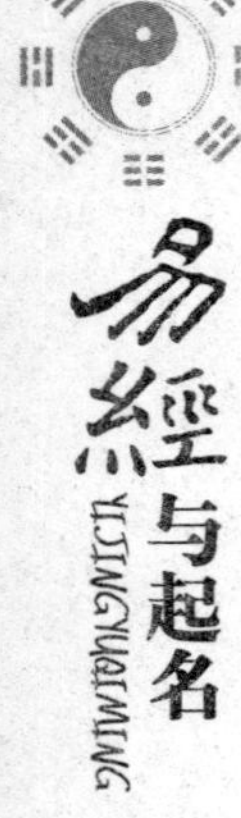

往遇雨则吉。

释义：

《象辞》说：《睽卦》的卦象是兑（泽）下离（火）上，为水火相遇之表象，象征对立。所以君子应该在求大同的前提下，保留小的差别和不同。

睽卦象征违逆隔膜。占问小事必获吉祥。

初九悔恨消失；跑掉的马不要去撵它，它自己就会回来。谦谨地对待与自己对立的恶人，不会招致灾祸。

九二在小巷中不期而遇碰见主人，没有什么灾祸。

六三看见大车拖拖拉拉艰难前行，驾车人的牛受到了牵制无法前行，驾车人也受了墨刑和劓刑。虽然起初历尽艰难，但是最终将有美好结局。

九四寂寞孤独之际遇到善人，胸怀诚信之心与之交往，即使会有危险，也没有灾祸。

六五困厄将会消亡。他与宗族之人一同吃肉，有所举动，还会有什么灾祸呢？

上九寂寞孤独之际看见一头丑猪满身污泥，一辆大车满载恶鬼飞驰而过，先是张弓欲射，后又放了下来；原来来人不是贼寇，而是求婚的佳偶；有举动，遇到大雨可获吉祥。

哲理解读：

《睽卦》的卦名“睽”是违逆隔膜之义。在《睽卦》中自然也提到了解决“睽”的方法，那就是卦象上说的“君子以同而异”。

周总理在1955年的万隆会议上，第一次提出了“求同存异”的观点，就发挥了奇效：拉近了亚非人民之间的感情。那么，什么是“求同存异”呢？

“求”字是寻求的意思，“存”字是保存、保留的意思。该成语的意思是寻求共同之处，保留不同意见。讲的是不因个别分歧而影响主要方面的求得一致。

起名用字赏析

同：6画。五行属火。清雅多才，温和贤能，中年劳累，晚年隆昌。

异：11画。五行属火。小心爱情厄，多才英雄，中年有不顺之事，晚年吉祥。

自：6画。五行属水。清秀伶俐，智勇双全，中年成功，爱情之路稍有不顺，晚年吉祥。

复：12 画。五行属水。英俊佳人，身瘦多才，出外大吉，中年、晚年吉祥，荣幸。用于男名。

遇：12 画。五行属火。谋为出众，清雅多才，中年劳累，晚年吉祥，环境良好。

雨：8 画。五行属水。义利分明，清雅伶俐，中年劳累，晚年吉祥。

40. 蹇卦：反身修德

卦象：

䷦

象曰：山上有水，蹇。君子以反身修德。

卦辞：

蹇：利西南，不利东北；利见大人，贞吉。

爻辞：

初六往蹇，来誉。

六二王臣蹇蹇，匪躬之故。

九三往蹇，来反。

六四往蹇，来连。

九五大蹇，朋来。

上六往蹇，来硕；吉，利见大人。

释义：

《象辞》说：《蹇卦》的卦象是（山）下坎（水）上，为高山上积水之表象，象征艰难险阻，行动困难。面对这种情况，君子应该很好地反省自己，提高自己的品德修养，以通过自身的努力渡过困境。蹇卦象征行事艰难。出行宜于向西南方面去，而不宜于往东北方面走；有利于大德大才之人出世，占问

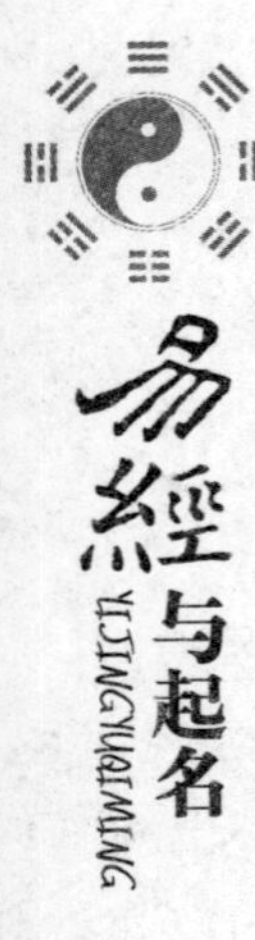

必获吉祥。

初六有所举动，虽然行事艰难，但是归来却必获美誉。

六二君王的臣子历尽艰险，奔走济难，并非为了自身的私事。

九三与其有所举动而外出遭遇艰难，不如及早返回家园。

六四有所举动而外出遭遇艰难，返回时艰难之事又接连不断。

九五行事十分艰难，友朋纷纷前来相助。

上六外出遭遇艰难，归来则可建大功；十分吉祥，有利于大德大才之人出世。

哲理解读：

《蹇卦》九三上说“往蹇,来反”,它的意思是说倘若明知前进会遇到危险,还不如知难而退。不可否认的是,人们对于武松那种“明知山有虎,偏向虎山行”的英雄气魄都赞誉有嘉。但是，细细体会一下，我们便不难发现，武松在上景阳冈之前是底气十足的,况且以他的功夫,杀个把老虎自然也不是什么难事。

但若将武松换作他人，即便有这种气魄，上了景阳冈也只能是白白送命，给老虎打个牙祭而已。因此，我们说，知难而退也是一种智慧。

故而我们说：“大丈夫，当能屈能伸。”

起名用字赏析：

修：10 画。五行属金。英秀伶俐，温和贤能，上下和睦，中年成功，晚年隆昌：用于男名。

德：15 画。五行属火。多才巧智，温和贤能，中年劳累或奔波，晚年成功隆昌。用于男名。

西：6 画。五行属金。一生清雅多福，只需在廿九岁到卅一岁小心，晚年吉祥，子孙隆昌。

南：9 画。五行属火。清雅荣贵，多才温和，中年成功隆昌，英俊幸福。晚年吉祥隆昌。

往：8 画。五行属土。一生清雅多才,勤俭励业,中年劳累但隆昌,晚年吉昌。

蹇：17 画。五行属水。多才巧智,英俊佳人,中年成功隆昌荣贵,出国之格。用于男名。

来：8 画。五行属火。晚婚迟得子大吉,出外吉祥,中年多劳,晚年名利双收。

硕：14 画。五行属土。清雅荣贵,贤能多才,官运旺,名利双收。用于男名。

41. 解卦：学会宽恕

卦象：

䷧

象曰：雷雨作，解。君子以赦过宥罪。

卦辞：

解：利西南；无所往，其来复吉；有攸往，夙吉。

爻辞：

初六无咎。

九二田获三狐，得黄矢；贞吉。

六三负且乘，致寇至；贞吝。

九四解而拇，朋至斯孚。

六五君子维有解，吉，有孚于小人。

上六公用射隼于高墉之上，获之，无不利。

释义：

《象辞》说：《解卦》的卦象是坎（水）下震（雷）上，坎又代表雨；为春雷阵阵，春雨潇潇，万物舒展生长之表象，充分显示了解卦所蕴含的解除危难的含义，因此，君子也应该勇于赦免那些有过错的，饶恕那些有罪过的，使他们在宽松的环境下，得到解脱和新生。

解卦象征舒解；有利于西南之地；无须继续前往行事，返回原地安居其所则可获吉祥。如果有所举动，就及早前往，如此，可获吉祥。

初六没有灾祸。

九二打猎时捕获三只狐狸，又得到黄色箭矢；占问可获吉祥。

六三身负重物而乘车出行，必然招致贼寇前来打劫；占问则行事艰难。

九四像解开被缚的拇指一样摆脱小人的纠缠，朋友才会心怀诚信前来

相助。

六五君子被缚又得以解脱，必获吉祥。能够以诚信感化小人。

上六王公用利箭射杀高城上的大隼，一箭射中，捕而获之，无所不利。

哲理解读：

任何人际关系中都存在着分歧与矛盾，这往往是相互间关系恶化最主要的原因，因此我们常会听说，某二人关系不错，因为一语不合闹得近乎仇人。造成这种情况的原因在于，这些人不懂得何谓宽恕，更不懂得如何去宽恕。

宽恕是什么？《解卦》的卦象上说“君子以赦过宥罪”，君子以理解通融之心去看待别人的过失，来化解矛盾。当然我们所说的宽恕并不表示已发生的是不重要，而是表示自己放弃惩罚或报复别人而已，它是希望借此让别人认识到错误，知耻而后勇。

古人云：“地之秽者多生物，水之清者常无鱼。故君子当存含垢纳污之量。”如果我们没有一颗宽恕之心，事事与人计较，只会是自己堵住自己前进的道路。

一个人只要拥有容垢纳污的心胸，再加上一些包容一切善恶贤愚的态度，才会有成功的人际关系，获得别人的尊敬。

起名用字赏析：

西：6画。五行属金。一生清雅多福，只需在廿九岁到卅一岁小心，晚年吉祥，子孙隆昌。

南：9画。五行属火。清雅荣贵，多才温和，中年成功隆昌，英俊幸福。晚年吉祥隆昌。

攸：7画。五行属土。天生聪明伶俐，温和贤惠，事业名利双收，象征成功隆昌，上佳之选。

往：8画。五行属土。一生清雅多才，勤俭励业，中年劳累但隆昌，晚年吉昌。

高：10画。五行属木。一生清雅，福禄双收，中年劳累，晚年吉祥。

42. 损卦：量力而行

卦象：

象曰：山下有泽，损。君子以惩忿窒欲。

卦辞：

损：有孚，元吉，无咎，可贞，利有攸往。曷之用？二簋可用享。

爻辞：

初九已事遄往，无咎；酌损之。

九二利贞，征凶；弗损益之。

六三三人行，则损一人；一人行，则得其友。

六四损其疾，使遄有喜，无咎。

六五或益之十朋之龟，弗克违，元吉。

上九弗损益之；无咎，贞吉，有攸往，得臣无家。

释义：

《象辞》说：《损卦》的卦象是兑（泽）下艮（山）上，为山下有湖泽之表象，湖泽渐深而高山愈来愈高，象征着减损；按照这一现象中包含的哲理来做人，君子就应该抑制狂怒暴躁的脾性，杜绝世俗的欲望，也就是摒弃格调不高的低级趣味，不断培养高尚的品德。

损卦象征减损。胸怀诚信之心，大吉大利，没有灾祸，可以占问，宜于有所举动。用什么来体现减损之道？用两筐淡食祭祀神灵，奉献尊者就足够了。

初九停下自己的事情，赶快去协助别人，则没有灾祸，但要酌情量力。

九二利于占问。但是兴兵出征则有凶险，不要减损，而要增益。

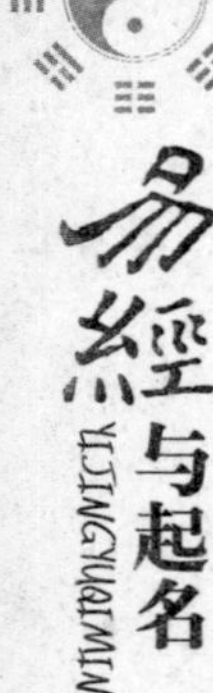

六三三人同行，由于难于同心协力必将有一人离去；一人出行，由于专一求合，则可得到友朋。

六四减轻疾病的事要尽速办理，如此，便可获得喜庆，而没有灾祸。

六五有人进献价值十朋的宝龟而不违逆推辞，大吉大利。

上九不要减损，而要增益，如此则没有灾祸，占问可获吉祥，宜于有所举动，又能得到一位没有家室的贤臣的辅佐。

哲理解读：

《损卦》取“损”为名，有损失、受伤害之意。它的卦象上说“君子以惩忿窒欲”，意思是倘若一个人不能抑制自己冲动、偏激的行为，必然会遭受损失与伤害。这句话现在已演绎成一种量力而行的智慧。

当今社会，能够掌握“量力而行”这一智慧的智者们，很少受到损失与伤害，能够顺顺利利地将所图的事业发展好。反之那些不能感悟这一智慧的人，不能根据自身的真实情况去奋斗、谋职，必然会四处碰壁。

力所不及之时，我们除了孤注一掷以外，还有许多种方法可行。其中，量力而为、蓄势而发就是其中最成功的方法。

起名用字赏析：

山：3画。五行属土。聪明多才，少年较坎坷，中年隆昌，晚年安详。用于男名。

有：6画。五行属土。一生清雅伶俐，财路较为畅通，性刚，中年劳累，晚年隆昌。

泽：17画。五行属水。学问丰富，名利双收，官或财旺，智勇兴家，一生荣贵。

43. 益卦：见益则迁

卦象：

䷩

象曰：风雷，益。君子以见益则迁，有过则改。

卦辞：

益：利有攸往，利涉大川。

爻辞：

初九利用为大作，元吉，无咎。

六二或益之十朋之龟，弗克违，永贞吉；王用享于帝，吉。

六三益之用凶事，无咎；有孚中行，告公用圭。

六四中行告公从，利用为依迁国。

九五有孚惠心，勿问元吉，有孚惠我德。

上九莫益之，或击之，立心勿恒，凶。

释义：

《象辞》说：《益卦》的卦象是震（雷）下巽（风）上，为狂风和惊雷互相激荡，相得益彰之表象，象征“增益”的意思；从中得到的启示就是：君子应当看到良好的行为就马上向它看齐，有了过错就马上改正，不断增强自身的美好品德。

益卦象征增益。利于有所举动，宜于涉越大川巨流。

初九利于大有作为，大吉大利，没有灾祸。

六二有人进献价值十朋的宝龟，不违逆推辞，占问长久之事可获吉祥；君王以此祭享上天，必获吉祥。

六三把增益用于救助凶险之事，不会有什么灾祸。心怀诚信，持守中正

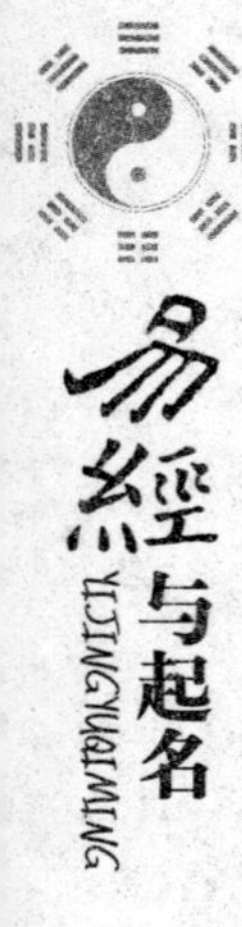

之道谨慎行事，时刻像手持玉圭向王公告急求助一样恭谨。

六四持守中正之道谨慎行事，得到王公信从，有利于借此完成迁都益民大业。

九五胸怀诚信仁爱之心，不必占问就知道至为吉祥，天下人必将以仁爱之心报答你的仁爱之德。

上九没人增益于他，就会有人攻击他，再加上自身立心不恒，必有凶险。

哲理解读：

“见异思迁”一直被运用在贬义方面。其实，“见异思迁”也没有什么不好的，关系是看在哪方面“迁”了。倘若在感情、婚姻方面那就值得痛恨；倘若是在错误问题和不良思想方面，还是“迁”一“迁”的好。

而《益卦》的卦象所说的“君子以见益则迁，有过则改”，就是鼓励人们面对正确的观点迁改错误的。

要知道，人不可能永远不犯错误，一旦犯了错误，就要在认识之后，迅速以实际行动改正，并尽快回到正确的轨道上来。否则，受害的只能是自己。君不见，大凡成功的人士，一般都是那种勇于并善于改正自己错误之人。

起名用字赏析：

益：10 画。五行属土。清雅伶俐，事业有成。中年多有不顺，晚年吉祥。

迁：19 画。五行属金。清雅多才，中年潦倒或困苦，晚年吉祥，出外吉祥。

孚：7 画。五行属金。清明公正，智勇双全，福寿兴家，中年成功隆昌，婚姻圆满之字。

惠：12 画。五行属水。聪明伶俐，清雅温和，中年劳累或爱情厄，晚年吉祥。

心：4 画。五行属金。一生安稳享福，有爱情厄，子孙兴旺。

德：15 画。五行属火。多才巧智，温和贤能，中年劳累或奔波，晚年成功隆昌。用于男名。

44. 夬卦：施禄及下

卦象：

䷪

象曰：泽上于天，夬。君子以施禄及下，居德则忌。

卦辞：

夬：扬于王庭，孚号有厉；告自邑，不利即戎；利有攸往。

爻辞：

初九壮于前趾，往不胜为咎。

九二惕号，莫夜有戎，勿恤。

九三壮于頄，有凶；君子夬夬。独行，遇雨若濡，有愠，无咎。

九四臀无肤，其行次且；牵羊悔亡，闻言不信。

九五苋陆夬夬，中行，无咎。

上六无号，终有凶。

释义：

《象辞》说：《夬卦》的卦象是干（天）下兑（泽）上，为湖水蒸发上天，即将化为雨倾注而下之表象，以此象征决断。君子从中得一启迪：应该自觉地向下层民众广施恩德，否则如果高高在上，不施恩德，就会遭到忌恨。

夬卦象征决断。在君王的朝廷之上发表言论，竭诚疾呼将有危险。告诫自己封邑的人众，此时不宜于立即兴兵征战，如此，利于日后有所举动。

初九脚趾前端盛壮，冒然前往不能取胜，反而会招致灾祸。

九二惊惧呼号，因为深夜发生战事，但是没有危险，所以不必忧虑。

九三脸面盛壮，必有凶险。君子决然前行，独自遇雨受淋，雨水淋湿衣裳，虽然愠怒在所难免，却不会有什么灾祸。

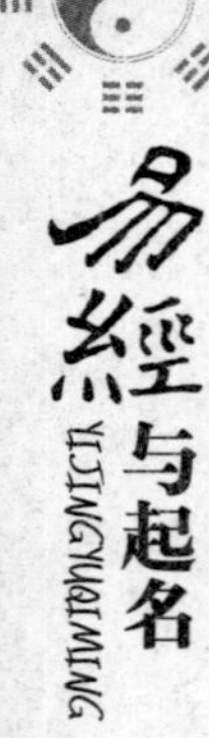

九四臀部无皮，行走趑趄难进；若能牵羊而行，困厄将会消亡。无奈听了此话无人信从。

九五细角山羊决然健行，只要居中行正，必无灾祸。

上六不必大哭小叫，因为凶险最终难以逃避。

哲理解读：

俗话说："当断不断，自受其乱。"《夬卦》的"夬"是决断之意。在决断的问题上，一定不能优柔寡断，要当断则断。优柔寡断的性格必然会带来许多祸患。

主意不坚与优柔寡断，对于一个人来说，实在是致命的缺陷。有此种弱点的人，自然不会一个有毅力的人。做事情也只能唯唯诺诺、毫无魄力，成功也是永远不会眷顾这样的人的。

《韩非子·亡征》上说："缓心而无成，柔茹而寡断，好恶无决，而无所定立者，可亡也。"对于成大事者来说，犹豫不决、优柔寡断是一个阴险的仇敌。我们若想有所作为，一定要摒弃这个仇敌，继而用"当断则断"、刚毅来替代。

起名用字赏析：

泽：17 画。五行属水。学问丰富，名利双收，官或财旺，智勇兴家，一生荣贵。

天：4 画。五行属火。天生聪颖，英敏多才，中年奔波，一生清雅荣贵，出外大吉，晚年吉祥。

施：9 画。五行属金。一生多福少劳，福禄丰厚，中年吉祥，晚年劳神。

禄：13 画。五行属火。理智充足，克父母，一生清雅荣贵，福禄双收，中年平凡，晚年吉祥。

遇：12 画。五行属火。谋为出众，清雅多才，中年劳累，晚年吉祥，环境良好。

雨：8 画。五行属水。义利分明，清雅伶俐，中年劳累，晚年吉祥。

若：11 画。五行属木。福禄双收，孤独格，中年辛苦，晚年吉祥。

陆：16 画。五行属火。心直口快，大器晚成，中年吉祥或奔波，晚年隆昌。

央：5 画。五行属土。一生清雅荣幸，多才巧智，中年有爱情厄，晚年隆昌。

45. 姤卦：刚柔相济

卦象：

䷫

象曰：天下有风，姤。后以施命诰四方。

卦辞：

姤：女壮，勿用取女。

爻辞：

初六系于金柅，贞吉；有攸往，见凶，羸豕孚蹢躅。

九二包有鱼，无咎。不利宾。

九三臀无肤，其行次且；厉，无大咎。

九四包无鱼，起凶。九五以杞包瓜；含章，有陨自天。

上九姤其角；吝，无咎。

释义：

《象辞》说：《姤卦》的卦象是巽（风）下干（天）上，为天底下刮着风，风吹遍天地间各个角落，与万物相依之表象，象征着“相遇”；正如风吹拂大地的情形一样，君王也应该颁布政令通告四面八方。

姤卦象征相遇。女子过于盛壮刚伤男，不宜娶其为妾。

初六紧紧系在铜车闸上，占问必有吉祥。而急于有所举动，则必然出现凶险，就像猪被捆绑而竭力挣扎一样。

九二厨房有鱼，没有灾祸，但是不宜于招待宾客。

九三臀部无皮，行走趑趄难进，必有危险，但是并不会有大的灾祸。

九四厨房无鱼，必然惹出凶险之事。

九五用杞柳蔽护树下之瓜，象征内中含藏彰美之德，必有喜庆自天而降。

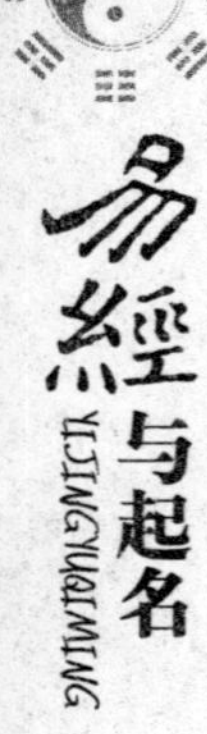

上九走入空荡的角落与人相遇，行事必然艰难，但是没有灾祸。

哲理解读：

《姤卦》，强调的是阴阳不可失衡，失衡必然之祸乱。古语中的“阴”泛指“柔”，“阳”象征“刚”，故有阳刚与阴柔之语。

姤卦所说的阴阳不能失衡，目的也是让我们在为人处世之中，应该做到刚柔相济，不可至刚，也不可至柔。要知道，至刚则易折，至柔则卑。只有做到，刚柔相济，才能在纷繁复杂的人际关系中才能周旋有术，游刃有余。

起名用字赏析：

金：8画。五行属金。英俊人才，特有人缘，荣贵吉祥，官运旺，环境良好。用于男名。

栀：11画。五行属木。多才巧智，清雅伶俐，中年劳累，晚年吉祥隆昌。

46. 萃卦：勿交损友

卦象：

▅▅ ▅▅
▅▅▅▅▅
▅▅▅▅▅
▅▅ ▅▅
▅▅ ▅▅

象曰：泽上于地，萃。君子以除戎器，戒不虞。

卦辞：

萃：亨；王假有庙，利见大人，亨利贞；用大牲吉。利有攸往。

爻辞：

初六有孚不终，乃乱乃萃；若号，一握为笑，勿恤，往无咎。

六二引吉，无咎；孚乃利用禴。

六三萃如嗟如，无攸利；往无咎，小吝。

九四大吉，无咎。

九五萃有位，无咎，匪孚；元永贞，悔亡。

上六赍（ji）咨涕洟，无咎。

释义：

《象辞》说：《萃卦》的卦象是：坤（地）下兑（泽）上，为地上有湖，四面八方的细流都源源不断汇入湖中之表象，象征着聚合；在这种众流会聚的时候，必然会现鱼龙混杂、泥沙俱下的情况，因此君子应当修缮甲杖兵器，以防发生意想不到的变故。

萃卦象征会聚。亨通顺利。君王来到宗庙祭祀祖先，利于大德大才之人出世，亨通顺和，利于占问；用大牲祭祀，必获吉祥。利于有所举动。

初六心怀诚信而不能保持至终，必然导致行动忙乱而与他人妄聚。于是就大声哭叫，而就在此刻又筮得一握之数，随即破啼为笑。不必再有忧虑，有所举动没有灾祸。

六二迎来吉祥，自然没有灾祸。心怀诚信有利于夏祭求福。

六三因会聚而生叹息，没有什么好处。但是有所举动也没有灾祸，仅只小有艰难。

九四大吉大利，没有灾祸。

九五会聚而适得其位，没有灾祸，但是还不能取得众人信任；有德的君长占问长期的吉凶祸福，困厄将会消亡。

上六咨嗟哀叹并痛哭流涕，可以免除灾祸。

哲理解读：

每一天，我们都免不了与人打交道。而我们的成败顺逆，与所交往的人有着极其密切的联系。不可否认的是，在我们所交往的人群中，什么品格的人都有。那么，哪些人是不值得交往、对我们事业无利反有害的朋友呢？《萃卦》的卦象上说“君子以除戎器，戒不虞”，给我们指明了交友的方向：不可结交损友。

损友都有着共同的特征：他们总是以自我感受为中心，不懂得维护朋友利益；不懂得感恩，不知道感情回报；不顾念友情，经常做损朋友而利己的事情。这类人千万不能结交，也不值得结交，否则，只能给我们带来许多麻烦与祸患。

起名用字赏析：

萃：11画。五行属木。出外吉祥，秀气灵巧，多才贤能，晚年隆昌，幸福。用于女名。

如：6 画。五行属金。理智聪颖，多才温和，有爱情烦恼，中年安康，晚年安详。

虞：13 画。五行属火。一生清雅荣贵，勤敏多才，中年成功隆昌，出国之格。

榆：13 画。五行属木。清雅荣贵，官运旺，中年成功隆昌，福寿兴家。用于男名。

47. 升卦：厚积薄发

卦象：

▅▅　▅▅
▅▅　▅▅
▅▅　▅▅
▅▅▅▅▅
▅▅▅▅▅
▅▅　▅▅

象曰：地中生木，升。君子以顺德，积小以高大。

卦辞：

升：元亨。用见大人，勿恤，南征吉。

爻辞：

初六允升，大吉。

九二孚乃利用禴，无咎。

九三升虚邑。

六四王用亨于岐山，吉，无咎。

六五贞吉，升阶。

上六冥升，利于不息之贞。

释义：

《象辞》说：《升卦》的卦象是巽（风）下坤（地）上，而巽又象征高大树木，这样就成为地里边生长树木之表象。树木由矮小到高大，象征上升；与此相应，君子通过顺应自然规律来培养自己的品德，积累微小的进步来塑造高大完美的人格。

升卦象征上升。大吉大利。利于大德大才之人出世，不必有什么忧虑。向南方兴兵征战，必获吉祥。

初六不断进长上升，大吉大利。

九二心怀诚信有利于夏祭求福，没有灾祸。

九三上升顺利，一直升入空虚的城邑。

六四君王来到岐山祭祀神灵，必获吉祥，没有灾祸。

六五占问则可获吉祥，沿着台阶步步上升。

上六夜间还要继续上升，有利于上升不息以求上进的占问。

哲理解读：

人们都知道，江海湖泊若想变得广阔，就不能拒绝细小河流的注入；山脉若想变得高大雄伟，就不能拒绝尘土落于其上。这就是积攒的道理。《升卦》的卦象上说“君子以顺德，积小以高大”，认为君子应该懂得这种积少成多、集腋成裘的道理，才能够步步高升。

学习需要积累，经验需要积累，成功更需要积累。我们要善于在某条选定的人生之路上，持之以恒地积累成功的力量，当这个力量足够雄厚的时候，便会爆发出成功。

起名用字赏析：

升：4 画。五行属金。智勇双全，一生清雅荣贵，幼年多灾，中年成功隆昌。

允：4 画。五行属土。出外逢贵得财，天生聪颖，自力更生，白手起家。

南：9 画。五行属火。清雅荣贵，多才温和，中年成功隆昌，英俊幸福。晚年吉祥隆昌。

征：8 画。五行属金。理智充足，智勇双全，晚年吉祥。用于男名。

邑：7 画。五行属土。一生清雅，秀气温和，吉昌之字。用于男名。

48. 困卦：致命遂志

卦象：

象曰：泽无水，困。君子以致命遂志。

卦辞：

困：亨；贞，大人吉，无咎；有言不信。

爻辞：

初六臀困于株木，入于幽谷，三岁不觌。

九二困于酒食，朱绂方来，利用享祀；征凶，无咎。

六三困于石，据于蒺藜；入于其宫，不见其妻，凶。

九四来徐徐，困于金车，吝，有终。

九五劓刖，困于赤绂；乃徐有说，利用祭祀。

上六困于葛藟，于臲卼；曰动悔有悔，征吉。

释义：

《象辞》说：《困卦》的卦象是坎（水）下兑（泽）上，为泽中无水之表象，象征困顿；作为君子应该身处穷困而不气馁，为实现自己的志向，不惜牺牲生命。

困卦象征困穷。亨通顺利；进行占问，大德大才之人可获吉祥，没有灾祸。可是进行自我表白，别人并不相信。

初六困坐在树干上无法安身，只得退处幽暗的山谷，三年也不露面。

九二吃醉了酒，大红祭服才送来，正好用来祭祀神灵。此时兴兵征战，虽然多有凶险，但是没有灾祸。

六三道路被乱石阻挡而困穷不通，只得居处在蒺藜之上，返身回到自己家里又见不到婚配之日，必有凶险。

九四缓缓而采，是由于被金车困阻；可是虽然行动艰难，却有好的结果。

九五施行割鼻断足之刑以治理众人；困穷因红色祭服而起，于是就渐渐不再穿了，以利于举行祭祀。

上六被葛藟缠绕得惶恐不安，有所举动便感到后悔，应当赶快悔悟，这样兴兵征战必获吉祥。

哲理解读：

《困卦》的“困”是困难、围困之意，本卦通过困于株木、困于酒食、困于石、困于金车等一系列形象的比喻，阐明了应付困境的原则——深处重重困境之时，我们可以采取隐忍待机、主动出击、见机行事等种种手段来渡过难关。不要总是将困难想象得太可怕，而丧失了处理它的信心。

只要我们善于找到处理困难、解决困难的方法，困难也就再也不能困住我们了。

遇到困难并不可怕，可怕的是没有善于处理困难的头脑和决心。只有在困难到来之时，细心分析便不难找到解决它的办法，将它轻松地解决掉。

起名用字赏析：

遂：16画。五行属火。一生清雅多才，贤能慷慨，中年劳累，晚年吉祥。用于男名。

志：7画。五行属土。口快心直，心地善良，或性刚劳心，中年奔波或劳累，晚年成功隆昌之字。

徐：10画。五行属金。一生清雅荣贵，多才巧智，中年成功隆昌，晚年劳神。

49. 井卦：劳民劝相

卦象：

▅▅ ▅▅
▅▅▅▅▅
▅▅ ▅▅
▅▅▅▅▅
▅▅▅▅▅
▅▅ ▅▅

象曰：木上有水，井。君子以劳民劝相。

卦辞：

井：改邑不改井，无丧无得，往来井井，汔至亦未繘井，羸其瓶，凶。

爻辞：

初六井泥不食，旧井无禽。

九二井谷射鲋，瓮敝漏。

九三井渫不食，为我心侧；可用汲，王明并受其福。

六四井繘，无咎。

九五井冽，寒泉食。

上六井收，勿幕；有孚，元吉。

释义：

《象辞》说：《井卦》的卦象是巽（木）下坎（水）上，即是说水分沿着树身向上运行，直达树冠，为井水源源不断地被汲引到地面之表象，因此象征无穷；井水无穷无尽，孜孜不倦地养育着人们，君子应当效法这种美德，不辞劳苦地为大众谋福利，倡导助人为乐的社会风尚。

井卦村邑变动而水并不能迁移，每日汲取，井水既不会枯竭，也不会满盈。人们来来往往不停地从井中汲水，水将枯竭也无人淘井，结果毁坏水瓶，必有凶险。

初六井底污泥淤积，井水已经不能食用，井枯树死，飞鸟再也不来栖息。

九二枯井井底小鱼往来窜游，碰破水罐而无物取水。

九三枯井已经淘净仍然无人取水食用，使人心中凄恻悲伤；井水已经可以食用，应该赶快前来取水，君王圣明，与臣民共享福泽。

六四水井正在修整，必无灾祸。

九五井水清冽，洁净的寒泉之水可供食用。

上六修整水井的事已经完成，不须再覆盖井口，此时心怀诚信，大吉大利。

哲理解读：

俗话说："人狂没好事，狗狂挨砖头。"这句话对于做人很有警示，它说明任何时候走到了极限就必然走向它的反面，这也同样是太极八卦阴阳所表达的理念。

《井卦》的卦辞上说："井：改邑不改井，无丧无得，往来井井，汔至亦未繘井，羸其瓶，凶。"人们过量地从井中取水最终导致水井被毁，而没有水吃。

要知道，凡事都是物极必反的，只要有个度，则不会是事物走向反面；倘若没有把握这个度，必会因此而遭到灾祸。

老子有“祸兮，福之所倚；福兮，祸之所伏”之说；《中庸》也有“道之不行也,我知之矣。知者过之,愚者不及也。道之不明也,我知之矣。贤者过之,不肖者不及也”之说。全都在告诫人们做事不要做过了头。

起名用字赏析：

劳：12画。五行属木。福禄双收，孤独格，中年辛苦，晚年吉祥。

寒：12画。五行属水。清雅多才，中年多劳，晚年吉祥。

泉：9画。五行属水。英俊佳人,温和多才,清雅荣贵,中年成功,晚年劳神。

民：5画。五行属水。英俊佳人，上下敦睦，一生官或财旺。用于男名。

相：9画。五行属木。有才能理智，一生安康，中年成功隆昌。

50. 革卦：治历明时

卦象：

▅▅ ▅▅
▅▅▅▅▅
▅▅▅▅▅
▅▅▅▅▅
▅▅ ▅▅
▅▅▅▅▅

象曰：泽中有火，革。君子以治历明时。

卦辞：

革：巳日乃孚，元亨，利贞，悔亡。

爻辞：

初九巩用黄牛之革。

六二巳日乃革之，征吉，无咎。

九三征凶，贞厉；革言三就，有孚。

九四悔亡，有孚改命，吉。

九五大人虎变，未占有孚。

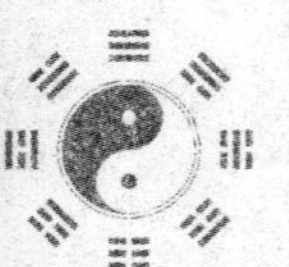

上六君子豹变，小人革面；征凶，居贞吉。

释义：

《象辞》说：《革卦》的卦象是离（火）下兑（泽）上，为泽中有火之表象。大水可以使火熄灭；大火也可以使水蒸发，如此，水火相克相生，从而产生变革。君子根据变革的规律制定历法以明辨春、夏、秋、冬四季的变化。

革卦象征变革。时至巳日，再下定变革的决心。大吉大利，利于占问，困厄将自行消失。

初九用黄牛皮绳牢牢拴住，以防轻举妄动。

六二到了巳日断然实行变革，兴兵征战必获吉祥，而不会有灾祸。

九三兴兵征战必致凶险，占问将有危险。变革必须慎重行事，经过多次计议才能采取行动，而且行动之时必须具有诚信之心。

九四困厄将自行消失。胸怀诚信之心，断然变革天命，实行改朝换代，必获吉祥。

九五大德大才之人在变革之际气度像老虎那样威猛。未经占问就知道他具有诚信之心。

上六君子在变革之际行动像豹子那样迅捷，小人也改变昔日的面目；此时若兴师动众持续变革而不适时止息，必有凶险；而居家守中，占问才可获吉祥。

哲理解读：

有这样一句发人深省的格言："事临头，三思为妙，一忍最高。"当然，我们所欣赏的并不是"一忍最高"中的"忍",而是"事临头"之后的"三思"。《革卦》的"革"是革命、变革之意。在变革的时候，自然要"三思后行"才能有所成效。难怪《革卦》的卦象上说"君子以治历明时"了。

古往今来的大人物，都不是冒失鬼，他们即使绝顶聪明，做事也是有板有眼的，不敢稍有大意。

人们做事也要顺应形势，以变应变，不可固执单纯。看不到事业的艰巨性，就会急躁冒进，碰得头破血流。在复杂的环境下，看清问题的症结是很重要的。

起名用字赏析：

革：9画。五行属木。性刚口快，多才清雅，中年吉昌，晚年劳神。用于男名。

治：8画。五行属水。多才巧智，中年成功隆昌，晚年劳神之字。

历 :4 画。五行属火。清雅英敏，中年平凡，晚年吉祥，荣幸。用于男名。

明 :8 画。五行属水。多才巧智,清雅伶俐,中年多灾或爱情厄,晚年吉祥。

时 : 7 画。五行属金。智勇双全，清雅伶俐，中年成功隆昌，环境良好。

51. 鼎卦 : 正位凝命

卦象 :

䷱

象曰 : 木上有火，鼎。君子以正位凝命。

卦辞 :

鼎 : 元吉，亨。

爻辞 :

初六鼎颠趾，利出否 ; 得妾以其子，无咎。

九二鼎有实，我仇有疾，不我能即，吉。

九三鼎耳革，其行塞，雉膏不食 ; 方雨亏悔，终吉。

九四鼎折足，覆公竦，其形渥，凶。

六五鼎黄耳金铉，利贞。

上九鼎玉铉，大吉，无不利。

释义 :

《象辞》说 :《鼎卦》的卦象是巽（木）下离（火）上,为木上燃着火之表象，是烹饪的象征，称为鼎 ; 君子应当像鼎那样端正而稳重，以此完成使命。

鼎卦象征鼎器。大吉大利，亨通顺利。

初六大鼎颠倒，其足向上，宜于倾倒无用之物 ; 就像纳妾生子，其妾因子而被扶作正室，必无灾祸。

九二鼎中盛满食物，我的妻子身患疾病，不能接近我，可获吉祥。

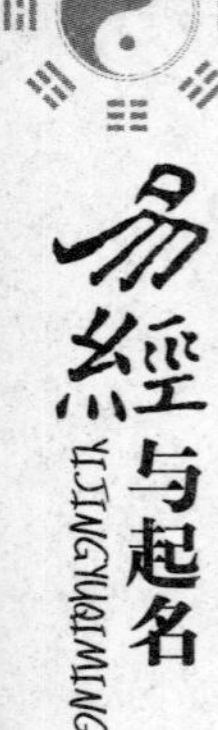

九三大鼎失去了鼎耳，移动十分困难，美味的雉膏也不能吃；天刚降雨阴云就突然散去，终将获得吉祥。

九四大鼎难承重荷而折断鼎足，王公的美食都倒出来了，鼎身沾满污物，必有凶险。

六五大鼎配上黄色鼎耳，鼎耳配上铜制吊环，有利于占问。

上九鼎耳配上玉制吊环，大吉大利，无所不利。

哲理解读：

“鼎”是古代烹煮食物的器皿，在《鼎卦》里借烹物化生为熟，比喻事物调剂成新。而《鼎卦》的卦象上说“君子以正位凝命”，指出事物新制之所以成立，必须依赖贤能。启用贤能，方能除旧布新。而知人善任，给人才以“正位”才能“凝命”。

各方面的人才只有在自己所擅长的方面，才能够发挥作用。倘若让一名教授去赶马车，让一位建筑师去搬砖，必然不能发挥他们的特长。做领导的一定要知道“好刚”该用在何处。

《送张道士序》上说：“大匠无弃材，寻尺各有施。”意思是，对于工艺高明的匠人来说是没有废弃材料的，长有长的用途，短有短的用途。用人也是如此，关键在于能否做到“知人善任”。只有知人善任，才能人尽其才，为我所用。

起名用字赏析：

鼎：13 画。五行属火。精明公正，智勇双全，官运成功隆昌，出国荣贵。用于男名。

正：5 画。五行属土。子孙兴旺，才智卓越，精明公正，中年成功隆昌，晚年劳神。用于男名。

位：7 画。五行属土。义利分明，多才巧智，晚年成功隆昌。

凝：16 画。五行属金。清雅荣贵，克己助人，中年成功隆昌，出国之格。

实：15 画。五行属木。理智、义利分明，中年隆昌，晚年吉祥享福。用于男名。

玉：5 画。五行属木。智勇双全，名利双收，荣贵隆昌，女人有爱情厄。

铉：10 画。五行属金。多才巧智，贵人明现，中年成功隆昌，荣贵，女人薄幸多灾厄。

52. 震卦：修身省过

卦象：

䷲

象曰：洊雷，震。君子以恐惧修省。

卦辞：

震：亨，震来虩虩，笑言哑哑；震惊百里，不丧匕鬯。

爻辞：

初九震来虩虩，后笑言哑哑，吉。

六二震来，厉；亿丧贝，跻于九陵，勿逐，七日得。

六三震苏苏，震行无眚。

九四震遂泥。

六五震往来，厉；亿无丧，有事。

上六震索索，视矍矍，征凶；震不于其躬，于其邻，无咎；婚媾有言。

释义：

《象辞》说：《震卦》的卦象是震（雷）下震（雷）上，为雷相重叠之表象，好像震动的雷声；君子应悟知恐惧惊惕，修身省过。

震卦象征震动。亨通顺利。雷霆骤响，震得万物惊恐惶惧，尔后却又谈笑风生。雷声惊闻百里，而匙中的香酒却没有洒掉。

初九雷霆骤响，震得万物惊恐惶惧，尔后却又谈笑风生，必获吉祥。

六二雷霆骤响，必有危险，丧失大批钱财。应该登上九重高陵，而不要前去追寻，七日之内自会失而复得。

六三雷霆震动，惶惶不安，震惧而行，却不会有什么灾祸。

九四雷霆震动，惊慌失措而坠入泥沼之中。

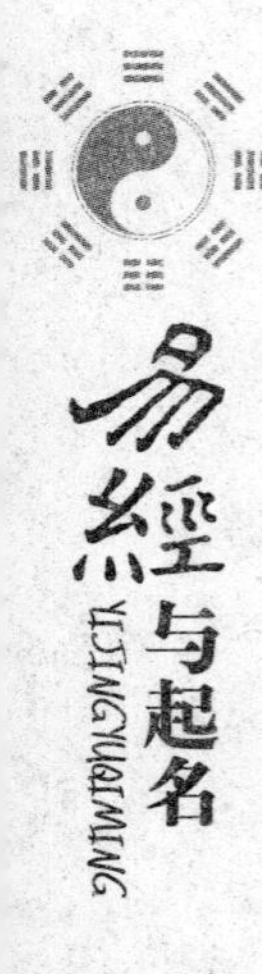

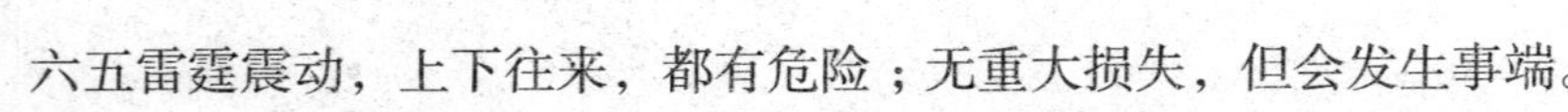
六五雷霆震动，上下往来，都有危险；无重大损失，但会发生事端。

上六雷霆震动，索索发抖，两眼惶惶不安，此时兴兵征战必有凶险。若尚未震及自身，而仅震及近邻，就预加防备，则没有灾祸。但是若谋求婚配，将招来闲言碎语。

哲理解读：

《震卦》中的“震”，是雷声轰鸣、震动之意，暗指突如其来的惊吓。《震卦》卦象说“君子以恐惧修省”，它告诉了我们一个人生智慧——修身省过所体现出来的自律精神，是每一个有志做有“档次”的人，并成就一番事业者所必须学习的。

孔子的学生曾子说：“吾日三省吾身——为人谋而不忠乎？与朋友交而不信乎？传不习乎？”意思是，“我每天多次自己反省：替别人办事是否尽心竭力了呢？同朋友往来是否诚实呢？老师传授我的学业是否复习了呢？”曾子是孔子的学生，他学习勤奋，很快便有所成就。为养活父母，曾子曾经在莒地为官，而后他又收徒讲学。据《孟子》记载，他的弟子有七十多人，著名的军事家吴起就是他的学生。

我们在这里要探讨的不是曾子自省的内容：为人谋是否忠，与朋友交是否信，老师传授的知识是否已掌握，而是探讨其“一日三省吾身”的自省精神。在我们这个追求外在成功为潮流，精神为外物所累的时代，自省精神显得尤为难能可贵。

起名用字赏析：

震：15 画。五行属水。勤俭建业，智勇双全，武官吉，中年吉祥。用于男名。

修：10 画。五行属金。英秀伶俐，温和贤能，上下和睦，中年成功，晚年隆昌：用于男名。

省：9 画。五行属金。清秀伶俐，多才巧智，早婚不宜，一生清闲幸福。

笑：10 画。五行属金。吉祥有个性，乐天坦荡，大富大贵。晚年劳神。

言：7 画。五行属木。重义气，温和聪颖，中年成功隆昌，晚年倍加昌盛。

九：2 画。五行属木。福寿双全，贵人明现，出外大吉，环境良好，出国之格。用于男名。

陵：16 画。五行属火。少年坎坷，智勇双全，中年成功隆昌，晚年多有不顺。用于男名。

苏：21 画。五行属木。天生聪颖，多才贤能，中年劳累或奔波，晚年吉祥隆昌。

索：10 画。五行属金。有爱情烦恼，中年劳心，但事业有成，晚年幸福。用于男名。

53. 艮卦：不出其位

卦象：

䷳

象曰：兼山，艮。君子以思不出其位。

卦辞：

艮：艮其背，不获其身；行其庭，不见其人。无咎。

爻辞：

初六艮其趾，无咎，利永贞。

六二艮其腓，不拯其随，其心不快。

九三艮其限，列其夤，厉薰心。

六四艮其身，无咎。

六五艮其辅，言有序，悔亡。上九敦艮，吉。

释义：

《象辞》说：《艮卦》的卦象是艮（山）下艮（山）上，为两山重叠之表象，象征着抑止；君子的思想应当切合实际，不可超越自己所处的地位。

艮卦象征抑止。抑止背部，使整个身子不能动弹，在庭院里行走，却见不到人，没有灾祸。

初六抑止脚趾而不让起步，没有灾祸，利于占问长久之事。

六二抑止小腿肚的运动，无法举步追随应该追随之人，心中不能畅快。

九三抑止腰胯的扭动，以至于撕裂了里脊肉，危险像烈火烧灼，使人忧心如焚。

六四抑止上身使其不得妄动，必无灾祸。

六五抑止面颊使其不得妄言，说话有条有理，没有灾祸。

上九以敦厚的美德抑止邪欲恶念，必获吉祥。

哲理解读：

大家都知道，在足球场上每一位运动员都有其自己的位置。就拿后卫队员来说，他的职责就是帮助守门员进行防守，倘若他跑到禁区之内像守门员一样用手抱球自然是不允许的，这就是人们常说的“不在其为，不谋其政”。而人们常常犯的也就是这个毛病。而《艮卦》的卦象上说“君子以思不出其位”，说的同样是这个道理。

“不在其位，不谋其政”还有另外一个含意，它说的就是我们不该做的事情，不要去做；不该管的事情，不要去管。倘若做过了头、管过了头儿，必会产生祸患。

孔子说：“不在其位，不谋其政。”曾子说：“君子思不出其位。”说的都是一个人应该做自己该做的事情，不要思考自己不该思考的事情。

起名用字赏析：

艮：6画。五行属土。性刚，出外大吉，一生清雅，中年劳累，晚年吉祥用于男名。

辅：14画。五行属水。胆识丰富，一生清雅荣贵，官运旺，成功隆昌，荣贵。用于男名。

54. 渐卦：循序渐进

卦象：

象曰：山上有木，渐。君子以居贤德善俗。

卦辞：

渐：女归吉，利贞。初六鸿渐于干，小子厉，有言，无咎。

爻辞：

六二鸿渐于磐，饮食衎衎，吉。

九三鸿渐于陆，夫征不复，妇孕不育，凶；利御寇。

六四鸿渐于木，或得其桷，无咎。

九五鸿渐于陵，妇三岁不孕；终莫之胜，吉。

上九鸿渐于陆，其羽可用为仪，吉。

释义：

《象辞》说：《渐卦》的卦象是艮（山）下巽（风）上，表明高山上的树木逐渐长得高大，象征循序渐进；君子观看高山上的树木逐渐长得高大的情况，由是修养德性，改善社会的风尚、礼节和习惯。

渐卦象征渐进。女子出嫁婚礼渐行，可获吉祥，有利于占问。

初六鸿雁飞行渐进到了河岸边，预示幼童将遭遇危险、有流言蜚语把他责难，但是并无灾祸。

六二鸿雁飞行渐进落到巨石之上，安享饮食和欢快，必获吉祥。

九三鸿雁飞行渐进落到小山顶上，预示丈夫出征一去不再复返，妻子失贞身怀有孕而无颜生子，必有凶险。利于防御贼寇。

六四鸿雁飞行渐进，有的落到大树之上，有的落到木椽之上，都不会有

灾祸。

九五鸿雁飞行渐进落到山陵之上，预示妻子三年不会怀孕，但外物最终也不能取胜，必获吉祥。

上九鸿雁飞行渐进落到高山之顶，羽毛美丽异常，可以用于仪饰，十分吉祥。

哲理解读：

万事开头难。行动的第一步是难迈出的，很多人执迷于周全计划、详细的考虑。把种种困难全部一起挖出，然后在脑海中寻思各种克服的办法，结果又有新的困难产生，越来越千头万绪，最终被困难的复杂性与庞大性压倒，在行动之前就已放弃。《渐卦》的“渐”本意为循序渐进、逐渐之意。而在本卦中，以女子出嫁来喻进取需要循序渐进。

“循序”的目的就是“渐进”，“渐进”的结果就是成功，只有遵照一定的方式方法逐步“渐进”，同样能够获得成功。

循序渐进是事物发展的一般规律，它所要说明的是起初的力量薄弱并不要紧，只要能够寻找一个适应自己的环境，逐渐壮大自己，便不难进取、不难成功。

起名用字赏析：

鸿：17画。五行属水。精明公正，学识渊博，官运旺，中年成功隆昌，富贵。

渐：14画。五行属水。英敏多才，清雅贤能，中年平凡，晚年吉祥。

贤：15画。五行属木。多才巧智，中年平凡，晚年吉祥，但短寿。

善：12画。五行属金。福禄双收，名利有分，温和贤能，中年、晚年吉祥。

陆：16画。五行属火。心直口快，大器晚成，中年吉祥或奔波，晚年隆昌。

55. 归妹卦：永终知弊

卦象：

䷵

象曰：泽上有雷，归妹。君子以永终知敝。

卦辞：

归妹：征凶，无攸利。

爻辞：

初九归妹以娣，跛能履，征吉。

九二眇能视，利幽人之贞。

六三归妹以须，反归以娣。

九四归妹愆期，迟归有时。

六五帝乙归妹，其君之袂，不如其娣之袂良；月几望，吉。

上六女承筐，无实；士刲羊，无血。无攸利。

释义：

《象辞》说：《归妹卦》的卦象是兑（泽）下震（雷）上，兑又代表少女，震又代表长男为嫁出少女之表象；君子应当永远使夫妇和谐，白头偕老，防止夫妇关系被破坏。

归妹卦象征嫁出少女。向前进发必有凶险，没有什么好处。

初九少女出嫁，妹妹从嫁作侧室，犹如跛足者奋发前行；兴兵征战可获吉祥。

九二目盲而勉强观看，利于安恬幽居之人占问。

六三少女出嫁，姐姐从嫁作侧室，夫家反而把妹妹遣归娘家。

九四少女婚期一再拖延，迟迟不嫁，为的是等待时机。

六五帝乙嫁女，正室的服饰反而不如随嫁妹妹华贵；成亲日期选在既望之日，十分吉祥。

上六少女手捧夌筐，却没有嫁妆可盛；新郎杀羊，却没有放出血来，没有什么好处。

哲理解读：

单从《归妹卦》的卦文上看，它主要讲述的是男女婚嫁之事。《归妹卦》正是由此而论，认为男婚女嫁本来是很正常的事情，但是不能违背常理而为。姐姐出嫁妹妹陪嫁是有悖常理的。

《归妹卦》在卦象指出“君子以永终知敝”，君子当摒弃错误的观点和理念，修身养性，洁身自好，尽可能做到趋利避害、不做有悖常理之事，才能防患于未然。

人处于世，应当修德循礼，注重自我的内在品格，才能避免不幸事情的发生。

起名用字赏析：

归：18 画。五行属木。少年千难，英俊多才，中年吉祥，但刑偶伤子，晚年劳神。用于男名。

妹：8 画。五行属火。有爱情烦恼，一生多才，劳苦，重信义，晚年吉祥。用于女名。

娣：10 画。五行属火。清雅多才，英敏伶俐，福禄双收，荣贵成功隆昌，出国之格。

月：4 画。五行属木。聪明伶俐，清雅安详，晚婚大吉。中年劳、晚年隆昌。

望：11 画。五行属水。清雅荣贵，多才伶俐，官格旺，中年劳累，晚年吉祥。用于男名。

56. 丰卦：盛大丰满

卦象：

䷶

象曰：雷电皆至，丰。君子以折狱致刑。

卦辞：

丰：亨，王假之；勿忧，宜日中。

爻辞：

初九遇其配主，虽旬无咎，往有尚。

六二丰其蔀，日中见斗，往得疑疾；有孚发若。

九三丰其沛，日中见沫。折其右肱，无咎。

九四丰其蔀，日中见斗；遇其夷主，吉。

六五来章，有庆誉，吉。

上六丰其屋，蔀其家，窥其户，阒其无人，三岁不觌，凶。

释义：

《象辞》说：《丰卦》的卦象是离（火）下（震）雷上，离又代表闪电，震为雷，为雷电同时到来之表象，象征着盛大丰满；君子应该像雷电那样，审案用刑正大光明。

丰卦象征丰厚盛大。举行祭祀大典，君王亲自到宗庙主祭，勿须忧虑，宜于在太阳居中时开祭。

初九遇到佳偶，尽管双方一切相当却没有灾祸，有所举动必获奖赏。

六二丰厚的结果导致光明被遮蔽，犹如正午出现满天星斗。有所举动必遭猜疑，但心怀诚信可以消除猜疑，十分吉祥。

九三丰厚遮蔽光明的幔帐，正午一片昏黑，此时折断了右臂，也不会有

什么灾祸。

九四丰厚的结果导致光明被遮蔽，犹如正午出现满天星斗。遇到自己的同类，则十分吉祥。

六五光明重现，带来了喜庆和美誉，十分吉祥。

上六丰厚房屋，遮蔽居室，对着窗户向室内窥视，里边空无一人，三年之内一直无人露面，必有凶险。

哲理解读：

“丰”原是一个象形字，像是豆子生了芽。在《广雅·辨诂》上说：“丰，满也。”因此“丰”有丰富、丰盛、丰满之意。在《易经》的《丰卦》中这个“丰”象征大，如太阳一样普照大地而又运行不止。

而《丰卦》的主旨却是告诫我们：当人生拥有了最丰富的“盛宴”时，一定要保持智慧和清醒的头脑，否则便会衰败，这便是“日中则昃，月满则亏”的道理——人若过分的自满、自大，必然会招致损伤。

当我们拥有了财富、名望等一系列物质条件之后，千万不能头脑发热，滋生傲慢与自满的心理，否则会很容易转胜至衰。

起名用字赏析：

丰：18画。五行属火。多才巧智，清秀伶俐，中年成功隆昌，幸福荣贵。

萍：14画。五行属水。清雅秀气，多才贤能，小心为爱情伤身，成功出国。用于女名。

沛：8画。五行属水。性刚口快，清雅英俊，中年成功隆昌。用于男名。

斗：10画。五行属火。奔波劳苦，口才伶俐，福禄有分，中年劳累，晚年吉祥。

来：8画。五行属火。晚婚迟得子大吉，出外吉祥，中年多劳，晚年名利双收。

章：11画。五行属木。子孙兴旺，清雅荣贵，中年成功隆昌，出国之格。用于男名。

57. 旅卦：当机立断

卦象：

䷷

象曰：山上有火，旅。君子以明慎用刑而不留狱。

卦辞：

旅：小亨，旅，贞吉。

爻辞：

初六旅琐琐，斯其所取灾。

六二旅即次，怀其资，得童仆，贞。

九三旅焚其次，丧其童仆，贞厉。

九四旅于处，得其资斧，我心不快。

六五射雉，一矢亡；终以誉命。

上九鸟焚其巢，旅人先笑，后号眺；丧牛于易，凶。

释义：

《象辞》说：《旅卦》的卦象是艮（山）下离（火）上，为火势匆匆蔓延之表象，象征行旅之人匆匆赶路；君子观此应谨慎使用刑罚，明断决狱。

旅卦象征行旅。小有亨通顺利，外出旅行，占问可获吉祥。

初六外出旅行，出门就猥猥琐琐，举止不定，这会招致灾祸。

六二旅人住进客店，怀中揣着钱财，并得到童仆的忠心侍奉。

九三客店失了大火，童仆也逃跑了，十分危险。

九四旅行受到阻碍，虽然后来幸得钱财之助，利斧之防，但是内心仍然不快。

六五射杀野鸡，却丢了一支箭，不过最终还是获得美誉并承受封爵之命。

上九树上的鸟巢被烧毁，旅人先笑后哭号；在田边丢失了耕牛，必遭凶险。

哲理解读：

《旅卦》的卦象上说“君子以明慎用刑而不留狱”，其意是说，作为决策者不要忧前顾后，处理事情应该当机立断，不要拖延。

大多数人可能质疑，认为“谨慎思维”与“当机立断”有冲突。其是它们之间根本不会有冲突。谁也没有规定说“谨慎思维”一定要用很长时间，而我们所说的“当机立断”的前提却是“谨慎思维”，目的是提醒人们做事时不要忧前顾后、拖拖拉拉贻误时机。如果不能如此，必然会自取灾祸。

起名用字赏析：

明：8画。五行属水。多才巧智，清雅伶俐，中年多灾或爱情厄，晚年吉祥。

慎：14画。五行属金。福禄双收，智能非凡，中年平凡，晚年隆昌。

次：6画。五行属金。多才巧智，清雅荣贵，中年成功隆昌，女人虚荣或爱情厄，晚年吉祥。

誉：21画。五行属土。福禄双收，官运旺，白手起家，晚年隆昌，环境良好。

58. 巽卦：申命行事

卦象：

象曰：随风，巽。君子以申命行事。

卦辞：

巽：小亨，利有攸往，利见大人。

爻辞：

初六进退，利武人之贞。

九二巽在床下，用史、巫纷若吉，无咎。

九三频巽，吝。

六四悔亡，田获三品。

九五贞吉，悔亡，无不利；无初有终；先庚三日，后庚三日，吉。

上九巽在床下，丧其资斧；贞凶。

释义：

《象辞》说：《巽卦》的卦象是巽（风）下巽（风）上，为风行起来无所不入之表象，由此表示顺从。具有贤良公正美德的君主应当仿效风行而物无不顺的样子，下达命令，施行统治。

巽卦象征顺从。柔小者亨通顺利，宜于有所举动，利于大德大才之人出世。

初六进进退退，犹豫不前，利于勇武之人占问。

九二顺从太过而卑居床下，若能效法祝史、巫师勤勉忙碌的样子，则十分吉祥，不会有什么灾祸。

九三一而再，再而三地顺从他人，行事必然艰难。

六四困厄将会消亡。打猎时捕获三种禽兽。

九五占问可获吉祥，困厄自行消失，无所不利。起初即使不顺利，最终却能畅行无阻。时间当以庚日的前三日和庚日的后三日为宜，这七日行事，必获吉祥。

上九顺从过分而卑居床下，结果丧失了钱财之助和利斧之防；占问则有凶险。

哲理解读：

《巽卦》的"巽"象征顺从。不可否认的是，大多数人都很喜欢别人顺从自己。自古帝王将相都信奉"顺我者昌，逆我者亡"这句话，然而在《巽卦》的九二、九三中却说"巽在床下，用史、巫纷若吉，无咎"、"频巽，吝"，告诫人们不能过于柔弱地顺从命运的安排，倘若那样的话必会行事艰难、一事无成。

自己的命运应该掌握在自己手中。《巽卦》的卦象上说"君子以申命行事"就是这个道理。只要我们用于同命运抗争，才能战胜所谓的命运说，创出一片属于自己的天空。

起名用字赏析：

巽：12画。五行属火。一生清雅荣贵，中年吉祥，晚年隆昌，环境良好

但劳神。用于男名。

申：5 画。五行属金。清雅荣贵，多才巧智，中年成功隆昌。

进：15 画。五行属火。天生聪颖，中年平凡，吉祥隆昌，出外大吉。用于男名。

先：6 画。五行属金。出外逢贵得财，中年劳累，晚年吉祥荣幸。用于男名。

庚：8 画。五行属木。一生安稳，天生聪颖，多才伶俐，中年成功隆昌，环境良好。用于男名。

59. 兑卦：朋友讲习

卦象：

象曰：丽泽，兑。君子以朋友讲习。

卦辞：

兑：亨，利贞。

爻辞：

初九和兑，吉。

九二孚兑，吉，悔亡。

六三来兑，凶。

九四商兑未宁，介疾有喜。

九五孚于剥，有厉。

上六引兑。

释义：

《象辞》说：《兑卦》的卦象是兑（泽）下兑（泽）上，为两个泽水并连之表象。泽水相互流通滋润，彼此受益，因而又象征喜悦；君子应当效法这一精神，乐于同志同道合的朋友一道研讨学业，讲习道义，这是人生最大的乐趣。

兑卦象征欣悦。亨顺利，利于占问。

初九和颜悦色待人接物，十分吉祥。

九二心怀诚信并面带喜色，十分吉祥，困厄将自行消亡。

六三前来献媚以求欣悦，必有凶险。

九四计议之中和忧欢洽，但事情却未办妥，消除献媚求悦之患则可获喜庆。

九五施诚取信于损伤正道者，则有危险。

上六引诱他人与自己共相欢悦。

哲理解读：

《兑卦》中的“兑”是喜悦、愉悦的意思。其初九上说“和兑，吉”，认为和颜悦色地待人接物必然会带来吉祥。与人交往最直接的方式就是通过语言来完成的，故而，《兑卦》的卦象上说“君子以朋友讲习”。这里的“讲习”指的就是一种言说。

和颜悦色地待人处事的前提条件就是要讲究说话技巧，话说要得体，自然就显得我们和颜悦色，容易被人接受；倘若语言上存在问题，我们即便像做到和颜悦色也是办不到的。

人类行为有一条重要的原则，如果你遵循它，就会为自己带来快乐，如果你违反了它，就会陷入无止境的挫折中，这条法则就是：尊重他人，满足对方的自我成就感。

起名用字赏析：

兑：7 画。五行属金。福禄双收，清雅荣贵，贵人明现，晚年吉祥。用于男名。

丽：19 画。五行属火。清秀多才，夫贤子贵，中年吉祥，小心爱情厄。用于女名。

泽：17 画。五行属水。学问丰富，名利双收，官或财旺，智勇兴家，一生荣贵。

和：8 画。五行属水。上下敦睦，妻贤子贵，中年劳累或疾病，晚年隆昌。用于男名。

商：11 画。五行属金。福禄有进，名利有分，中年劳累，晚年吉祥幸福。

宁：14 画。五行属火。婚迟大吉，一生清雅多才，晚年吉祥。

60. 涣卦：大水流散

卦象：

䷺

象曰：风行水上，涣。先王以享于帝，立庙。

卦辞：

涣：亨，王假有庙，利涉大川，利贞。

爻辞：

初六用拯马壮吉。

九二涣奔其机，悔亡。

六三涣其躬，无悔。

六四涣其群，元吉；涣有丘，匪夷所思。

九五涣汗其大号，涣王居，无咎。

上九涣其血去逖出，无咎。

释义：

《象辞》说：《涣卦》的卦象是坎（水）下巽（风）上，为风行水上之表象，象征涣散、离散。先代君王为了收合归拢人心便祭祀天帝，修建庙宇。

涣卦象征大水流散。亨通顺利。举行祭祀大典，君王亲自到宗庙祭祀祖先，利于涉越大川巨流，有利于占问。

初六乘强壮之马去拯济患难，十分吉祥。

九二大水流散，急忙奔向几案，以祭告神灵乞求佑助，困厄自会消亡。

六三大水冲及自身，并不会遭遇困厄。

六四大水冲散了众人，大吉大利。大水冲上山陵，水势汹涌，那情形不是平常所能想到的。

九五像发汗一般出而不复地发布君王的诏命，并疏散君王聚积的财富以济助天下万民，必无灾祸。

上九大水流散，能使忧患消除，惊惧排解，必无灾祸。

哲理解读：

《涣卦》象征大水流散，同时也象征我们的事业遭受了困境，在这个时候，我们不难分出谁是自己真正的朋友——有些朋友仅能做到锦上添花、共谋享福；而有些朋友却总是雪中送炭，陪我们吃苦。

锦上添花的事谁都能做得出来，而雪中送炭的事却只有真正的朋友才办得到。因此，我们应该时时感激那些在我们生命中雪中送炭的人，同时，我们也应该做那个雪中送炭之人，在朋友危难之时，勇于伸手。

一个人成功的时候，你再夸奖他几句，或者说他整天吃大鱼大肉，你再给他送点鱼、肉之类的东西，让他本来就美好的生活变得更加美好。他会谢你，但不一定记住你。一个人失败的时候，你鼓励他几句。他吃不上饭的时候你给他饭吃。在他最需要帮助的时候你帮助他，他会记住你一辈子。

起名用字赏析：

涣：12 画。五行属水。性刚果断，中年劳累，晚年吉祥。用于男名。

帝：9 画。五行属火。英雅多才，福禄双收，英俊佳人，中年吉祥，荣贵隆昌。用于男名。

群：13 画。五行属木。多才贤能，慈祥有德，中年吉祥，晚年隆昌福禄。

61. 节卦：节俭致富

卦象：

▅▅ ▅▅
▅▅▅▅▅
▅▅ ▅▅
▅▅ ▅▅
▅▅▅▅▅
▅▅▅▅▅

象曰：泽上有水，节。君子以制数度，议德行。

卦辞：

节：亨；苦节不可贞。

爻辞：

初九不出户庭，无咎。

九二不出门庭，凶。

六三不节若，则嗟若，无咎。

六四安节，亨。

九五甘节，吉，往有尚。

上六苦节；贞凶，悔亡。

释义：

《象辞》说：《泽卦》的卦象是兑（泽）下坎（水）上为泽上有水之表象，象征以堤防来节制。水在泽中，一旦满了就溢出来，而堤防本身就是用来节制水的盈虚的。君子应当效法《节卦》的义理，制定典章制度和必要的礼仪法度来作为行事的准则，以此来节制人们的行为。

节卦象征节制、节俭。举行祭祀大典，如果以节俭为苦事因而不肯节俭，则不可占问。

初九足不出内院，没有灾祸。

九二足不出前院，必有凶险。

六三度日不知节俭，则会导致嗟叹伤情，不过并没有灾祸。

六四安于节俭，亨通顺利。

九五以节俭为乐事，可获吉祥，有所举动必将得到奖赏。

上六以节俭为苦事而不肯节俭，占问必有凶险，但困厄却会自行消失。

哲理解读：

波斯的著名诗人萨迪曾经说“谁在平日节衣缩食，在穷困时就容易过关；谁在富足时豪华奢侈，在穷困时就会死于饥寒”；我国南宋爱国主义诗人陆游也曾说过“天下之事，常成于勤俭而败于奢靡”。可见，几千年来，节俭一直都被人们所推崇，认为它是持家、致富的良方，更是我们中华民族最优良的美德，《节卦》说的同样是这种节俭精神。

《节卦》六三上说“不节若，则嗟若，无咎”，认为度日不知节俭，必然不能致富。就我们知道的富翁当中，很少有奢侈浪费的，他们一般都具有节俭的精神。

勤俭节约是企业发展进步的内在动力，是企业持续发展之本。只有节俭，企业才能生存。在微利时代，在是否节俭的问题上，企业面临的只有一种必然的选择。跨国企业巨头们用他们的行为证明节俭是一种永不过时的品质，在市场竞争日益激烈的今天，节俭已经不仅仅是一种美德，更是一种成功的资本，一种企业的竞争力。

其名用字赏析：

节：13 画。五行属木。幼年辛苦，英雄之格，中年小心，晚年吉祥。

安：6 画。五行属金。一生清雅多才，贤能聪敏，中年劳累但吉祥，晚年劳神。

甘：5 画。五行属木。一生多才巧智，中年多厄，晚年隆昌，名利双收，豪爽。

62. 中孚卦：重诺诚信

卦象：

象曰：泽上有风，中孚。君子以议狱缓死。

卦辞：

中孚：豚鱼吉。利涉大川。利贞。

爻辞：

初九虞吉，有它不燕。

九二鸣鹤在阴，其子和之；我有好爵，吾与尔靡之。

六三得敌，或鼓或罢，或泣或歌。

六四月几望，马匹亡，无咎。

九五有孚挛如，无咎。

上九翰音登于天，贞凶。

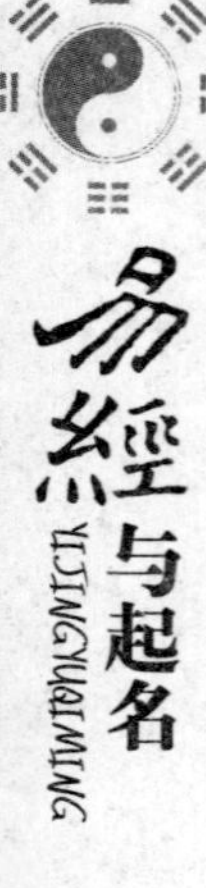

释义：

《象辞》说《中孚卦》的卦象是兑（泽）下巽（风）上，为泽上有风，风吹动着泽水之表象，比喻没有诚信之德施及不到的地方，说明极为诚信；君子应当效法“中孚”之象，广施信德，慎重地议论刑法讼狱，宽缓死刑。

中孚卦象征内心诚信。用豚和鱼祭祀祖先，可获吉祥。利于涉越大川巨流，利于占问。

初九安守诚信之德则可获吉祥；但是如果另有他求则不得安宁。

九二鹤在树阴之下鸣叫，小鹤应声相和；我有美酒一杯，愿与你共享其乐。

六三遭遇强劲的敌手，有时击鼓进攻，有时疲惫不前，有时悲愤饮泣，有时慷慨高歌。

六四在既望之日，走失一匹良马，是没有什么灾祸。

九五胸怀诚信并系恋他人，没有灾祸。

上九鸡鸣之声响彻天宇，占问则必有凶险。

哲理解读：

古语有云："言必行，行必果。"只有言出必行，重承诺才能带来积极效应。《中孚卦》象征内心诚信。初九上说“虞吉，有它不燕”，说的正是“一诺千金”可获吉祥。

“承诺”一向是一个很严肃的字眼儿，那是以一个人的人格和形象才能许下的。“一诺千金”的豪情，只有在真正兑现的时候才显得那么伟大；背弃诺言是小人的行径，没有人愿意接近、帮助这种人，他们也休想得到真正的成功。

起名用字赏析：

虞：13画。五行属火。一生清雅荣贵，勤敏多才，中年成功隆昌，出国之格。

燕：16画。五行属土。天生聪颖，清雅多才，中年吉祥，晚年隆昌。用于女名。

好：6画。五行属水。秀气伶俐，上下敦睦，有才能，温和贤淑，一生幸福。

爵：17画。五行属火。官或财旺，一生清雅荣贵，中年成功隆昌。

鸣：13画。五行属金。清雅伶俐，秀气温和，中年吉祥，晚年隆昌，福禄之字。

鹤：21画。五行属水。安详自乐，中年吉祥，晚年隆昌，但一生多有操劳。

63. 小过卦：难得糊涂

卦象：

䷽

象曰：山上有雷，小过。君子以行过乎恭，丧过乎哀，用过乎俭。

卦辞：

小过：亨，利贞；可小事，不可大事；飞鸟遗之音，不宜上，宜下，大吉。

爻辞：

初六。飞鸟以凶。

六二过其祖，遇其妣；不及其君，遇其臣，无咎。

九三弗过防之，从或戕之，凶。

九四无咎，弗过遇之；往厉必戒，勿用，永贞。

六五密云不雨，自我西郊；公弋取彼在穴。

上六弗遇过之，飞鸟离之，凶，是谓灾眚。

释义：

《象辞》说：《小过卦》的卦象是艮（山）下震（雷）上，为山上响雷之表象，雷声超过了寻常的雷鸣，以此比喻“小有过越”，君子应效法“小过”之象，在一些寻常小事上不必斤斤计较，该糊涂时不妨糊涂一下，为的是矫枉过正。如行止时过分恭敬，遇到丧事时过分悲哀，日常用度过分节俭，这样做反而会招致大过。

小过卦象征小有过错。亨通顺利，利于占问，可以做寻常小事，不可做军国大事；飞鸟过去以后，其鸣遗音不绝，此时不宜向上强飞，而宜于向下安栖。大吉大利。

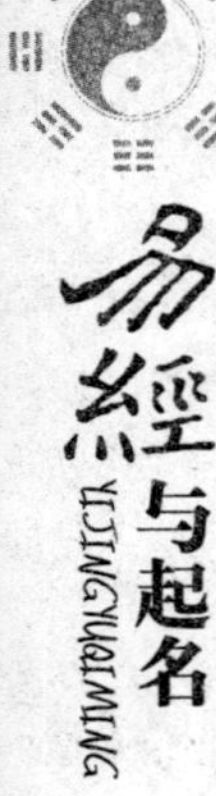

初六飞鸟带来凶险兆头。

六二越过祖父，而与祖母相见；不到君王那里，而与臣仆接触，没有灾祸。

九三不肯严加防范，就有遭人杀害的危险，必有凶险。

九四没有灾祸，不可过分求进而强与他人遇合。有所举动便有危险，必须加以警戒。占问长久之事，筮得此爻不可施行。

六五浓云密布却不降雨，云气从自己城邑的西郊升起，王公打猎射中了一只飞鸟，追到一个洞穴才在里边找到它。

上六不可过分求进而强与他人遇合，因为这样有如飞鸟容易被射中、捕获，十分凶险——这就叫做灾祸。

哲理解读：

聪明难，糊涂更难。难得糊涂是大智若愚的处世智慧。

人生处世，需要难得糊涂，对他人要擅见其长，不拘于其短；对事情能总揽全局，不舍本逐末；在大事上能够坚持原则，分清是非，顾全大局，头脑清醒，遵守道义，避恶从善；在小事上则不过多计较，不小题大做，宽容大度，顺其自然。这，既是一种策略，也是一种智慧。

《小过卦》卦象上说的“君子以行过乎恭，丧过乎哀，用过乎俭”，也正含此意。

难得糊涂不是无原则地放纵，更不是麻木不仁，而是一种暗示和警诫，是一种更高的生活境界，一种气度和修养。

其名用字赏析：

小：3 画。五行属金。清秀伶俐，多才巧智，早婚不宜，一生清闲幸福。

过：6 画。五行属火。年轻有为，中年劳累，晚年吉祥，子孙隆昌。用于男名。

64. 既济卦：未雨绸缪

卦象：

䷾

象曰：水在火中，既济。君子以思患而豫防之。

卦辞：

既济：亨，小利贞；初吉终乱。

爻辞：

初九曳其轮，濡其尾，无咎。

六二妇丧其茀，勿逐，七日得。

九三高宗伐鬼方，三年克之，小人勿用。

六四𦈡有衣袽，终日戒。

九五东邻杀牛，不如西邻之禴祭，实受其福。

上六濡其首，厉。

释义：

《象辞》说：《既济卦》的卦象是离（火）下坎（水）上，为水在火上之表象，比喻用火煮食物，食物已熟，象征事情已经成功；君子应有远大的目光，在事情成功之后，就要考虑将来可能出现的种种弊端，防患于未然，采取预防措施。

既济卦象征事功已成。亨通顺利，利于占问小事。最初吉祥，最终危乱。

初九拖拉着车轮前行，水打湿了车尾，但是并无灾祸。

六二妇人丢失了首饰，不要去寻找，七日之内自会失而复得。

九三殷高宗兴兵讨伐鬼方之国，历时三年才打败了它；事关重大，不可重用小人。

六四华服行将变成破衣，应当终日戒备以防灾祸。

九五东方邻国杀牛举行盛大祭祀，不如西方邻国只举行比较简朴的祭祀那样实受天福。

上六水沾湿了车头，必有危险。

哲理解读：

《既济卦》中的“济”象征的是事情成功，而“济卦”二字连在一起则是已经成功的意思。

《既济卦》的卦象上说“君子以思患而豫防之”，意思是说有智慧的人能够意识到在已经成功的事情潜伏的隐患，所以在忧患之时“思患”，预为防备，以保“初吉”，防患“终乱”。用一句成语来解释，就是“未雨绸缪”。

“未雨绸缪”原意为趁天还没下雨，就把窝巢缠捆牢固。引申到为人处世方面，可以理解为，在危险还没有到来之前，我们就要小心谨慎地去思考解决办法、以除后患。只有将危险扼杀在摇篮之中，它才不会对我们构成威胁。

未雨绸缪，是智者的处世态度。只有在没有危险的时候意识到危险的存在，才能提高警惕、化险为夷。

起名用字赏析：

既：9 画。五行属木。出外逢贵得财，多才能干，中年劳累，晚年吉祥。

济：18 画。五行属水。清雅荣贵，官运旺，中年成功隆昌，环境良好，晚年劳神。

豫：16 画。五行属土。忧心劳神或有爱情厄，中年劳累，晚年吉祥，有体弱短寿之厄。

之：3 画。五行属水。出国之字，名利双收，学识渊博，官运旺盛荣贵。

65. 未济卦：人贵自知

卦象：

▅▅▅▅▅▅
▅▅　▅▅
▅▅▅▅▅▅
▅▅　▅▅
▅▅▅▅▅▅
▅▅　▅▅

象曰：火在水上，未济。君子以慎辨物居方。

卦辞：

未济：亨；小狐汔济，濡其尾，无攸利。

爻辞：

初六濡其尾，吝。

九二曳其轮，贞吉。

六三未济，征凶；利涉大川。

九四贞吉，悔亡；震用伐鬼方，三年有赏于大国。

六五贞吉，无悔；君子之光。有孚吉。

上九有孚于饮酒，无咎；濡其首，有孚失是。

释义：

《象辞》说：《未济卦》的卦象是坎（水）下离（火）上，为火在水上之表象。火在水上，大火燃烧，水波浩浩，水火相对相克，象征着未完成；君子此时要明辨各种事物，看到事物的本质，努力使事物的变化趋向好的方面，这样做则万事可成。

未济卦象征事功未成。小狐狸渡河接近成功，却沾湿了尾巴，没什么好处。

初六沾湿了尾巴，将有艰难之事发生。

九二向后拖拉轮而不使猛进，占问可获吉祥。

六三事功未成，急于求进，必有凶险。但利于涉越大川巨流。

九四占问则获吉祥，困厄将会消亡。兴兵讨伐鬼方之国，三年获胜而受到大殷国的封赏。

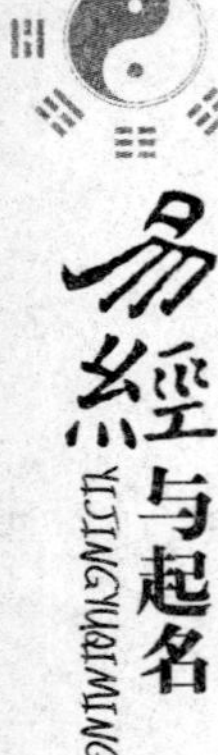

六五占问则获吉祥，不会遭遇困厄。君子的光辉在于忠诚信实，具有这种美德十分吉祥。

上九心怀诚信而适度饮酒，并没有灾祸，但是酗酒而喝得酩酊大醉，虽然诚信却有失正道。

哲理解读：

我们在《既济卦》中已经提到了“济”的解释，而《未济卦》顾名思义就是说事业未能成功。那么，事业为什么不能成功呢？原因很多，但是其中有一条就是《未济卦》卦象上说的“君子以慎辨物居方”，在这里“辨物居方”说的就是要了解外物与自身的情况，然后再合理地采取行动。人们常说的“人贵自知”便是这个道理。

世上万物，都有自己的长处和短处，然而，能否知道自己的长处和短处，却不容易。其实，这种“自知之明”就是发现。能发现自己的卓越与缺陷，认识自我的优势和劣势，从而，以自己的条件决定去干什么，不去干什么，用理智的方略选择目的或理想，其成功的几率就高得多了。

人若不能很好地认知自己，就会夸大或低估自己的能力，做出的事情必然很难掌握分寸，失败是在所难免的。

起名用字赏析：

未：5 画。五行属水。有才能谋略，事业成功，重情义，晚年享福。

济：18 画。五行属水。清雅荣贵，官运旺，中年成功隆昌，环境良好，晚年劳神。

慎：14 画。五行属金。福禄双收，智能非凡，中年平凡，晚年隆昌。

方：4 画。五行属水。一生安分守己，聪明伶俐，中年有成，晚年幸福。

附录：起名常用字的命理、笔画数及其五行属性（以康熙字典之繁体字为准）

文字五行属性的辨别方法

中国的汉字是由图形符号演变而来的，它源自生活，是民俗文化的直接体现，其本身存在着社会属性与自然属性。每个汉字都具有表意与表形的含义，汉字有多种信息的存在。从古代汉字到现代简化后的汉字来看，其每个字的汉字表现均有五行的所属。因此，也可通过名字的图形写出有利于自己五行类别的字体。从其辨别五行歌中可见一斑。

横画连勾作上称，一挑一捺俱为金，
撇长数短皆为火，横真交加土最深，
有直不斜方是木，学者方明正五行。
一点悬空土进尘，三直相连化水名，
孤直无依为冷水，腹中横短作囊金。
点边得撇为灾火，五行变化在其中，
三横两短若无勾，乃为湿水木中流，
两点如桃金在水，八字相须火可求。
空云独作寒金断，奸已必钩比木舟，
无勾之画土稍寒，直非端正木休参。
图中横涨无源水，口小金方莫错谈，
四匡无风金五事，用心辨别莫疑难。
穿心撇捺火陶金，走之平稳水溶溶，
直中一捺金伤木，踢起无尖不是金。
数点笔连休作火，奇奇偶偶水源清，
无直无色独有横，水因土化复何云。
点挑撇捺同相聚，共总将来化土音，
四点不连金化火，孤行一笔五行同。

2 画

人：五行属金。英俊佳人，环境良好，温和贤淑，荣贵成功。

卜：五行属水。英俊人才，温和伶俐，中年成功隆昌，贵人明现，欠子。

二：五行属火。忌车怕水，多灾厄，或体弱多病，中年奔波，晚年幸福。

丁：五行属火。忧心劳神或体弱多厄，中年劳累，晚年吉祥。

力：五行属火。孤独格，刑克父母，少年千难，中年成功隆昌，智勇双全。

又：五行属土。英俊性刚，奔走他乡，吉中有灾厄，晚年幸福。用于男名。

3 画

千：五行属金。精明公正，义利分明，官运之格，成功隆昌，环境良好却难以承受。

才：五行属金。多才巧智，清雅荣贵，成功隆昌，环境良好。用于男名。

上：五行属金。一生清雅荣贵但不善仁，子孙兴旺，二子吉祥。

寸：五行属金。品性温良，晚年大吉，环境良好，中年多厄，晚年隆昌。

三：五行属金。孤独格，幼年辛苦，出外逢贵得财，中年多劳，晚年成功隆昌荣贵。

士：五行属金。体弱短命，幼年辛苦，中年隆昌，晚年劳神。

小：五行属金。清秀伶俐，多才巧智，早婚不宜，一生清闲幸福。

夕：五行属金。少年千难，出外大吉，刑偶伤子，晚年享福。

弓：五行属木。抱负大，志气强，杀伐之气太重，患生精神疾病。

及：五行属木。奔波劳苦，多灾厄，出国大吉，晚年幸福。

久：五行属木。出国之格，一生清雅荣贵，中年成功隆昌，福寿。用于男名。

凡：五行属水。清雅荣贵，出外逢贵得财，子孙兴旺。

下：五行属水。刑偶伤子，有才能干，奔波劳苦，晚福。

弋：五行属火。出外逢贵得财，重义信用，中年多灾，晚年隆昌。

己：五行属土。清雅多才，伤子，中年多灾，晚年吉庆。用于男名。

山：五行属土。孤独格，父母无缘故，少年千难，中年隆昌，欠子。用于男名。

土：五行属土。技术方面大吉，贵人明现，成功隆昌，环境良好。五行属土，用于男名。
于：五行属土。清雅荣华，温和贤淑，中年劳累，晚年隆昌，女人薄幸多灾。

4 画

仁：五行属金。理智充足，中年劳累，晚年吉祥。用于男名。
什：五行属金。事劳无功，忧心劳神，中年多灾，晚年劳神。
四：五行属金。幼年辛苦，义利分明，中年奔波，忌车怕水。
升：五行属金。智勇双全，一生清雅荣贵，幼年多灾，中年成功隆昌。
心：五行属金。孤独格，克父，一生安稳享福，有爱情厄，子孙兴旺。
孔：五行属木。忧心劳神或怀才不遇，中年劳苦晚年吉祥。
介：五行属木。兄弟无缘，中年劳累，晚年成功隆昌。用于男名。
木：五行属木。一生清雅平凡，环境良好，中年成功隆昌幸福。
斤：五行属木。清秀巧智，一生清雅荣贵，女人助夫益子，环境良好。
元：五行属木。环境良好，克己助人，福寿兴家，妻贤子贵，荣华。
匀：五行属木。聪明伶俐，清雅荣贵，中年成功隆昌，晚年昌盛。
分：五行属水。刑偶伤子，多才巧智，出外大吉，中年成功隆昌，晚年幸福。
夫：五行属水。天生聪颖，英敏多才，中年奔波，一生清雅荣贵。用于男名。
化：五行属水。有才无运，多劳少乐，中年吉祥，晚年劳神。
方：五行属水。一生安分守己，聪明伶俐，中年有成，晚年幸福。
壬：五行属水。一表人才，官格之命，刑妻伤子，中年多劳，晚年吉祥荣贵。
文：五行属水。英俊多才，清雅荣贵，中年吉祥隆昌，忌车怕水，女人再嫁。
丹：五行属火。性刚果断，父母无缘，一生平凡，中年劳累，晚年吉祥。用于女名。
火：五行属火。性刚果断或中年大灾厄，病凶恶煞，晚年隆昌。
井：五行属火。勤俭励业，义利分明，中年多劳，晚年幸福。
日：五行属火。刑克父母或刑偶欠子，理智充足，智勇双全，成功隆昌荣贵。
太：五行属火。刑克父母，孤独格，清雅伶俐，中年成功隆昌。
天：五行属火。刑克父母，刑偶欠子，出外大吉，晚年吉祥。

屯：五行属火。多相克，晚婚大吉，中年多灾厄，晚年吉祥幸福。

午：五行属火。食禄齐美，环境良好，中年奔波，晚年吉祥。用于男名。

王：五行属土。清雅荣华，双妻之格，中年奔波，成功昌隆。

尹：五行属土。清雅伶俐，多才多艺，智勇双全，一生荣幸。

引：五行属土。性刚，侠义心强，有成人之美德，中年成功隆昌，晚年劳神。

尤：五行属土。一生清雅，聪明伶俐，刑偶伤子，中年劳累，晚年隆昌，忌车厄。

友：五行属土。多情重义，理智充足，中年奔波劳苦，但成功隆昌。

予：五行属土。有爱情烦恼，一生多灾厄，中年多劳苦，晚福。

允：五行属土。六亲无缘，出外逢贵得财，天生聪颖，自力更生，白手起家。

巴：五行属水。幼年多灾，中年劳累，晚年隆昌，有欠子厄，一生平凡。

5 画

申：五行属金。清雅荣贵，多才巧智，中年成功隆昌。

史：五行属金。一生福禄有余，中年多厄，晚年隆昌，吉祥。

出：五行属金。性刚果断，中年多灾，晚年吉祥，忌车怕水。

仟：五行属金。清雅荣贵，环境良好，中年成功隆昌，晚年子孙兴旺。用于男名。

示：五行属金。聪颖理智，一生清雅荣贵。用于男名。

生：五行属金。智勇双全，出外逢贵得财，中年成功隆昌荣贵。用于男名。

册：五行属金。良善积德，环境良好，有人缘，中年成功隆昌。

矢：五行属金。性刚果断或事劳无功，多刑克，但子孙兴旺。用于男名。

世：五行属金。操守廉正，福禄双收，中年勤俭建业，晚年隆昌。用于男名。

仕：五行属金。义利分明，多才巧智，中年成功隆昌，晚年劳神多疾。用于男名。

司：五行属金。妻贤子贵，天赐福禄，一生清雅荣贵，成功隆昌。用于男名。

本：五行属木。温和贤淑，环境良好，一生平凡，中年多灾，晚年吉祥。用于男名。

甘：五行属木。一生多才巧智，中年多厄，晚年隆昌，名利双收，豪爽。

功：五行属木。父母无缘，孤独奔波，一生清雅荣贵，多才巧智，晚年劳神。用于男名。

卉：五行属木。忧心劳神，损丁破财，潦倒一生，难幸福，忌车怕水。

加：五行属木。出外大吉，中年奔波，晚年隆昌，幸福。用于男名。

甲：五行属木。清雅伶俐，温和贤淑，中年成功隆昌，环境良好。用于男名。

巨：五行属木。怀才不遇或忧心劳神，外观幸福，内心多愁，晚年有福。

可：五行属木。福禄双收，天生聪颖，离祖成功，双妻之格，晚年隆昌。用于男名。

卯：五行属木。刑偶或欠子，清雅温和，重情重义，中年多灾，晚年隆昌。

巧：五行属木。少年千难，忌车怕水，中年劳累，晚婚吉，晚年吉祥。

丘：五行属木。智勇双全，环境良好，中年成功隆昌，晚年劳神。

五：五行属木。多才巧智，天生聪颖，中年成功隆昌，安享荣贵，晚年劳神。

玉：五行属木。智勇双全，名利双收，荣贵隆昌，女人病弱短寿，或爱情厄、欠子。

札：五行属木。聪敏佳人，一生清雅荣贵，中年成功隆昌。用于男名。

白：五行属水。清秀伶俐，智勇双全，中年成功，有爱情厄，晚年吉祥。

包：五行属水。清雅伶俐，谋略出众，中年成功隆昌，晚年劳神。

北：五行属水。环境良好，清雅荣贵，中年成功隆昌，晚年劳神。用于男名。

必：五行属水。体弱奔波，出外吉祥，晚婚大吉，事业如意。用于男名。

弁：五行属水。有才能谋略，事业成功，重情失败，晚年享福。用于男名。

布：五行属水。温和慈祥，但多灾厄，忌车怕水，中年劳累，晚年吉祥。

付：五行属水。中年隆昌，身体不利或欠子厄。

禾：五行属水。出国之格，一生衣厚食丰，清雅英俊，中年成功隆昌。

弘：五行属水。心直口快，一生清雅，忌车怕水，中年多灾，晚年隆昌。

民：五行属水。英俊佳人，上下敦睦，一生官或财旺。用于男名。

末：五行属水。少乐多愁，中年多灾厄，忌车怕水，晚年吉祥。

丕：五行属水。清雅伶俐，温和诚实，迟婚大吉，一生清闲幸福。用于男名。

皮：五行属水。奔波劳苦或事劳无功，一生多灾厄，难幸福。

平：五行属水。一生安分守己，克己助人，温和贤淑，教育界大吉。

玄：五行属水。性格复杂，中年离乱，晚年吉祥，子孙繁荣，官运旺。

丙：五行属火。英俊佳人，环境良好，中年成功，隆昌官格。用于男名。

代：五行属火。清秀伶俐，小巧多才，晚婚大吉，出外逢贵，上下敦睦，温和之字。

旦：五行属火。贵人明现，子孙兴旺，多才巧智，环境良好。

冬：五行属火。中年多灾厄，晚年享福。

令：五行属火。清雅荣贵，中年成功隆昌，多才巧智，晚年劳神。

冉：五行属火。清雅伶俐，多才巧智，义利分明，中年有病厄，一生安稳。

田：五行属火。福寿兴家，才能理智兼备，中年劳累，晚年隆昌，环境良好。

戊：五行属土。性刚果断，一生清雅多才，中年有爱情厄，晚年吉祥。用于男名。

央：五行属土。一生清雅荣幸，多才巧智，中年有爱情厄，晚年隆昌。

以：五行属土。聪明伶俐，一生清闲享福，中年成功隆昌，欠子。

用：五行属土。忧心劳神，温和机警，奔波后成功隆昌，子孙兴旺。用于男名。

由：五行属土。英雄豪爽，清雅多才，中年隆昌。

右：五行属土。学识丰富，克已助人，中年成功隆昌，官格之命，操守廉正。用于男名。

幼：五行属土。多灾厄，难关重重，晚年可有好运。

6 画

臣：五行属金。清雅伶俐，多才巧智，精明公正，义利分明，中年多厄，晚年隆昌。

丞：五行属金。理智聪颖，胆识丰富，一生清雅伶俐，成功荣贵。用于男名。

此：五行属金。奔放劳苦，难得如愿，命途多舛或潦倒，晚年子福。

存：五行属金。天生聪颖，义利分明，子孙兴旺，中年劳累，晚年隆昌。

而：五行属金。秀气英俊，多才伶俐，中年成功隆昌荣贵，出国之格。

列：五行属金。性刚果断或幼年辛苦，中年多劳，出外大吉，晚年隆昌。

任：五行属金。环境良好，有官格。学识渊博，中年成功隆昌。用于男名。

如：五行属金。理智聪颖，多才温和，有爱情烦恼，中年安康，晚年安详。

舌：五行属金。一生多劳苦或体弱多病，中年多灾，晚年隆昌。

式：五行属金。理智才气具有，但中年多灾厄，晚年荣幸。

守：五行属金。刑偶伤子，精明公正，中年隆昌，女人薄幸，疾病多灾。

夙：五行属金。出国之格，天生聪颖，多才巧智，有爱情厄，中年成功隆昌。

西：五行属金。中年隆昌，廿九岁到卅一岁小心，晚年隆昌。

先：五行属金。出外逢贵得财，中年劳累，晚年吉祥荣幸。用于男名。

旬：五行属金。晚婚迟得子大吉，体弱清秀，多才贤能，晚年隆昌。

曳：五行属金。性刚果断，一生难如愿，潦倒或困苦，晚年吉祥，子福。用于男名。

再：再：五行属金。多才巧智，贵人明现，中年成功隆昌、荣贵，女人薄幸多灾厄。

在：五行属金。奔波劳苦或性刚果断，中年多灾厄，晚年隆昌，名利双收。

早：五行属金。环境良好，一生清雅秀气，晚年忧心劳神。

共：五行属木。环境良好，一生清雅荣贵，中年成功隆昌。

匡：五行属木。幼年辛苦，中年成功隆昌，晚年忧心劳神。

企：五行属木。环境良好，坚实温和，中年成功隆昌，清雅荣贵。用于男名。

曲：五行属木。理智聪颖，多才温和，有爱情厄，中年奔波或劳苦，晚年吉祥。

旭：旭：五行属木。幼年辛苦，出外吉祥，中年奔波但成功隆昌，子孙昌盛。用于男名。

仰：五行属木。聪明伶俐，多才巧智，交际巧妙，中年成功隆昌，晚年子孙繁荣。

印：五行属水。一生清雅荣贵，幼年辛苦，中年成功隆昌，晚年劳神。

百：五行属水。理智聪颖，食禄齐美一生，多才巧智，成功隆昌，环境良好。

冰：五行属水。忧心劳神，中年有灾厄，晚年安详。

并：五行属水。多才多能，义利分明，克已助人，中年成功隆昌。

伐：五行属水。百事苦劳，一生清雅平凡，刑偶伤子，子孝，晚年吉祥。

帆：五行属水。有爱情厄，中年劳累或奔波，晚年隆昌，英俊。

仿：五行属水。贵人明现，一生清雅伶俐，中年劳苦或多灾，晚年安宁幸福。

妃：五行属水。清雅贵气，理智聪颖，一生清闲享福，晚年劳神。用于女名。

伏：五行属水。英雄气魄，一生性刚有美德，中年多灾，晚年隆昌。

亥：亥：五行属水。清雅伶俐，出外逢贵得财，中年劳累，晚年隆昌，环境良好。用于男名。

好：五行属水。秀气伶俐，上下敦睦，有才能，温和贤淑，一生幸福。

合：五行属水。环境良好，一生清雅温和，中年励业，晚年成功、隆昌。

米：五行属水。天生聪颖，多才巧智，出外大吉，中年平凡，晚年隆昌。

名：五行属水。出外逢贵得财，中年奔波劳苦但名利双收，晚年吉祥。

牟：五行属水。聪明伶俐，多才巧智，但怀才不遇或多灾厄，晚年吉祥。

收：五行属水。忧心劳神，一生劳苦或潦倒多灾厄，妇女守寡再嫁。

汀：五行属水。体弱多病或少乐多愁，中年劳累，晚年吉祥。

弛：五行属火。侠义心强，慷慨豪爽，中年多劳奔波，晚年吉祥。用于男名。

多：五行属火。克服万难后成功发达，多才贤能，爱情失败，晚年隆昌。用于男名。

亘：五行属火。智勇双全，义利分明，中年成功隆昌，出国之格。

光：五行属火。一生清雅荣贵，晚婚吉，出外逢贵得财，中年晚年吉祥。

匠：五行属火。刑克父母，少年千难，中年多劳，多才巧智，晚年成功隆昌。用于男名。

老：五行属火。一生清雅平凡，中年多灾或多劳，晚年吉祥。

六：五行属火。性刚果断，贵人明现，中年奔波劳苦，晚年隆昌荣幸。

年：五行属火。克父母，一生多才多能，中年劳累，成功或隆昌。

全：五行属火。多才巧智，清雅荣贵，中年劳累，成功隆昌，名利双收。

同：五行属火。清雅多才，温和贤能，中年劳累，晚年隆昌。

充：五行属土。奔波劳苦，温和贤能，出外大吉，中年成功隆昌。

地：五行属土。一生清雅，刑偶欠子或刑克父母，中年隆昌，但有病厄或劫财，晚年吉祥。

艮：五行属土。性刚，出外大吉，一生清雅，中年劳累或多灾厄，晚年吉祥用于男名。

圭：五行属土。天性聪颖，多才巧智，义利分明，刑偶伤子，中年劳累，晚年成功。

伍：五行属土。英俊佳人，理智充足，中年勤俭励业，名利双收，荣幸。

戍：五行属土。英俊灵活，多才巧智，幼年辛苦，中年隆昌，欠子或犯破。

伊：五行属土。一生清雅荣贵，理智聪颖，中年成功隆昌，上下敦睦荣幸。

衣：五行属土。出外吉祥，忧心劳神中多灾厄，晚年吉祥。

夷：五行属土。性刚果断或心直口快，有杀人被杀或牢狱之灾。

亦：五行属土。出国之路，出外逢贵得财，中年成功，隆昌荣贵。

因：五行属土。多劳受苦或忧心劳神，性刚有牢狱之厄或离乱之灾。

宇：五行属土。一生清雅平凡，中年奔波劳苦，智慧聪颖，忌车怕水，晚年吉祥。用于男名。

羽：五行属土。秀气伶俐，一生温和贤淑，中年成功，名利双收。

7画

束：五行属金。中年顺利幸福，晚年劳神多厄。

兑：五行属金。福禄双收，清雅荣贵，贵人明现，晚年吉祥。用于男名。

序：序：五行属金。温和贤淑，清雅秀气，福禄双收，中年之灾，出国之格。用于男名。

车：五行属金。心直口快或性刚果断，中年劳累奔波，晚年吉祥。用于男名。

成：五行属金。清秀多才，出外或出国大吉，中年成功，忌水厄。

赤：五行属金。心直口快，性刚出外吉，晚婚吉，中年隆昌，晚年劳神。

吹：五行属金。忧心劳神或奔波劳苦，中年多灾厄，晚年子福。用于男名。

七：五行属金。忧心劳神或困苦，一生刑偶伤子，体弱短寿，晚年享福。

忍：五行属金。忧心劳神体弱，中年吉祥，晚年多灾厄。用于男名。

伸：五行属金。智勇双全，名利双收，中年劳累或灾厄，晚年吉昌荣幸。

身：五行属金。性刚果断或忧心劳神，中年劳累，晚年吉祥。

宋：五行属金。一生清雅，智勇双全，中年奔波，晚年隆昌。

辛：五行属金。多才巧能，清雅荣贵，中年成功隆昌，晚年劳神。

秀：五行属金。有爱情烦恼，秀气灵巧，吉凶分明，配合吉则吉，配合凶则凶。

巡：五行属金。奔波劳苦或身闲心苦，中年成功隆昌，晚年三子兴旺。用于男名。

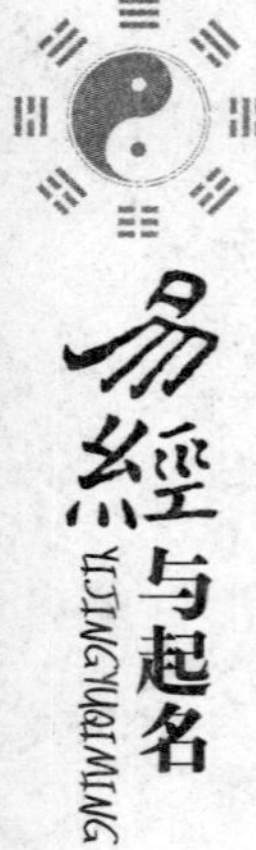

杏：五行属木。有爱情烦恼，刑偶伤子，中年平凡，晚年劳神但安详。

材：五行属木。智勇双全，清雅荣贵，官运旺，环境良好。用于男名。

岑：五行属木。福禄双收，多刑克，晚婚吉，中年劳累，晚年昌盛。用于女名。

村：五行属木。忧心劳神或奔波劳苦，中年吉祥多劳累，晚年隆昌。用于男名。

更：五行属木。一生聪颖伶俐，离祖成功，晚婚迟得子大吉，福禄双收。用于男名。

谷：五行属木。清雅荣贵，福禄双收，中年环境良好，出国之格。

何：五行属木。福禄双收，但忧心劳神，中年多灾或体弱多病，晚年吉祥。

见：五行属木。出外逢贵得财，性刚欠仁和，中年劳累，晚年大吉，刑克父母。

究：五行属木。理智、义利分明，中年隆昌，晚年吉祥享福。用于男名。

克：五行属木。命硬刑偶伤子之厄，有官格。

言：五行属木。重义气，温和聪颖，中年成功隆昌，晚年倍加昌盛。

吟：五行属木。温和贤淑，勤俭励业，福禄双收，成功隆昌，忠厚善良，名利双收。

呈：五行属火。学识渊博，清雅荣贵，官或财旺，但属常人难受之字。

佃：五行属火。福禄双收，环境良好，温和贤淑，中年成功隆昌，荣贵。

甸：五行属火。晚婚迟得子大吉，小心爱情厄，中年成功隆昌，出国之格。

豆：五行属火。多才伶俐，清雅荣贵，白手起家，晚年隆昌荣贵。

李：五行属火。清雅多才，贵人明现，重情失败，中年劳累，晚年隆昌。

利：五行属火。少年千难，中年劳累或奔波，成功隆昌名利。

良：五行属火。口快多才，清雅荣贵，出外大吉，中年平凡，晚年隆昌，女人刑夫伤子。

伶：五行属火。清雅秀气，多才温和，幼年多灾，中年成功隆昌，晚年劳神。用于女名。

努：五行属火。多刑克，性刚果断，忌车怕水，中年多灾厄，难幸福。

町：五行属火。清秀多才，温和幸福，晚年多忧。用于男名。

佟：五行属火。一生多劳困苦，但子孙兴旺。用于男名。

彤：五行属火。多才巧智，心直口快，清雅荣贵，中年平凡，晚年大吉。

托：五行属火。义利分明，清雅多才，中年劳累或奔波，晚年吉祥隆昌。用于男名。

妥：五行属火。清秀伶俐，多才温和，秀气灵巧，中年成功隆昌，晚年倍加昌盛。

坂：五行属土。清雅多才，英敏伶俐，重情失败，晚年吉祥隆昌。

坌：五行属土。忧心劳神或体弱多病，中年多灾厄，晚年吉祥。

辰：五行属土。英俊才人，理知聪颖，一生清雅，出外吉，成功荣幸。

坊：五行属土。外观幸福，内心多忧，有才能无好运，中年多劳，晚运吉祥。

均：五行属土。天生聪明，多才巧智，清雅荣贵，成功隆昌，名利双收。用于男名。

牡：五行属土。秀气伶俐，福禄双收，有爱情厄，一生荣幸。

坍：五行属土。多才巧智，中年成功隆昌，晚年劳神。用于男名。

位：五行属土。义利分明，多才巧智，晚年成功隆昌。

延：五行属土。智勇双全，名利双收，出外逢贵，中年奔波，官格，成功隆昌。

攸：五行属土。天生聪颖，温和贤淑，中年吉祥，体弱多厄，晚年隆昌。

佑：五行属土。精明公正，克己助人，环境良好，成功隆昌，名利双收。

余：五行属土。天生聪颖，名利有分，中年成功隆昌，晚年享福。用于男名。

邑：五行属土。一生清雅，秀气温和，吉昌之字。用于男名。

8画

昌：五行属金。心直口快或性刚，忌车怕水，中年劳累，晚年成功隆昌，荣贵。

忱：五行属金。忧心劳神或奔波劳苦，怀才不遇，中年辛苦，晚年吉祥。

承：五行属金。精明公正，多才多能，中年成功隆昌，环境良好。

初：五行属金。清雅荣贵，婚迟吉，中年奔波劳苦，晚年隆昌。用于男名。

净：五行属金。清雅荣贵，克己助人，中年成功隆昌，出国之格。

侃：五行属金。怀才不遇，中年多灾厄，晚年吉祥。

青：五行属金。性刚口快，中年吉祥隆昌，晚年忧心劳神。

取：五行属金。刑偶欠子，出外逢贵得财，中年劳累，晚年隆昌。用于男名。

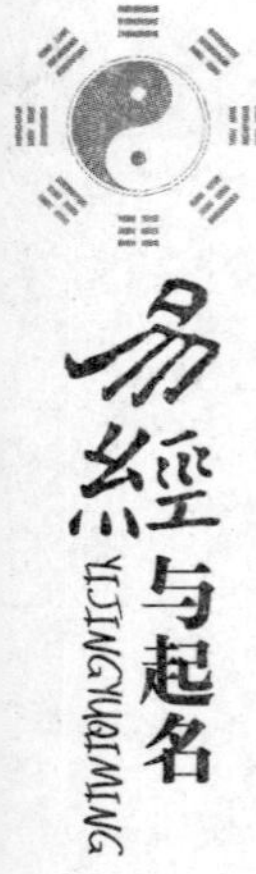

姗：五行属金。多才巧智，清雅伶俐秀气，中年成功，晚年吉祥。用于女名。

社：五行属金。清雅多才，勤俭励业，家声可振，晚年劳神。用于男名。

使：五行属金。出外逢贵得财，温和贤淑，但忧心劳神，上下敦睦，晚年吉祥。

始：五行属金。秀气灵巧，年轻尤为。中年或有不顺之事，晚年吉祥。

事：五行属金。多愁多忧，事劳无功，一生清雅，晚年吉祥。

受：五行属金。忧心劳神或体弱短寿，中年劳累或多灾厄，晚年吉祥。

叔：五行属金。多才巧智，清雅伶俐，出外吉祥，中年劳累，晚年吉祥。用于男名。

刷：五行属金。性刚或怪性，晚婚吉祥，中年多灾厄，晚年有子福。

昔：五行属金。刑偶伤子，晚婚迟得子大吉，清雅秀气，温和贤淑。

昂：五行属木。子孙兴旺，清雅荣贵，中年成功隆昌，出国之格。用于男名。

板：五行属木。幼年多灾，少年千难，中年成功隆昌，富贵。用于男名。

杯：五行属木。清雅秀气，温和贤淑，一生清闲，中年隆昌，晚年吉祥。用于男名。

庚：五行属木。一生安稳，天生聪颖，多才伶俐，中年成功隆昌，环境良好。用于男名。

供：五行属木。刑偶或欠子，多才伶俐，中年成功隆昌，晚年多劳。

固：五行属木。环境良好，福禄双收，名利有分，中年吉祥，晚年劳神。用于男名。

果：五行属木。一生清雅荣贵，中年多厄，晚年如意发达。

东：五行属木。多才巧智，义利分明，中年成功隆昌，刑偶晚婚吉祥。

斧：五行属木。生在福家败亡，劳苦或奔波，中年潦倒，晚年吉祥。

季：五行属木。秀气伶俐，温和贤淑，内心多忧，晚婚吉祥，一生清雅平凡。

佳：五行属木。勤俭建业，家声可振，温和多才，中年成功，晚年劳神，欠子。

玖：五行属木。一生清雅荣贵，有理智，中年出外吉，成功隆昌。用于男名。

居：五行属木。多刑克，刑偶伤子，少年千难，中年吉祥隆昌，欠子之厄。

林：五行属木。一生平凡，清雅多才，肯作肯劳，重信义。

枚：五行属木。奔波劳苦，有才能理智，中年重情失败，晚年吉祥。

其：五行属木。天生聪颖，多才多能，中年成功隆昌。用于男名。

析：五行属木。心直口快，性刚果断，中年多灾，晚年吉祥幸福。用于男名。

欣：五行属木。清雅伶俐，多才巧智，中年奔波劳累，但成功隆昌之可靠。

宜：五行属木。温和贤淑，慈祥有德，中年成功隆昌，清雅荣贵，环境良好。

岳：五行属木。清雅荣贵，一生福禄双收，中年劳累，晚年吉祥。

非：五行属水。清雅秀气，伶俐多才，义利分明，中年平凡，晚年吉祥。

奉：五行属水。刑克父母或刑偶伤子，中年劳累或疾病、潦倒，晚年成功隆昌。

扶：五行属水。幼年辛苦，身瘦多才，中年奔波，晚年成功隆昌。

府：五行属水。温和贤淑，清雅多才，中年成功隆昌，环境良好。用于男名。

冈：五行属水。忧心劳神，少年千难，中年隆昌，晚年忧心劳神。

和：五行属水。上下敦睦，妻贤子贵，中年劳累或疾病，晚年隆昌。用于男名。

门：五行属水。浮沉不定，一生多劳或困苦，中年多灾，晚年吉祥。

明：五行属水。多才巧智，清雅伶俐，中年多灾或爱情厄，晚年吉祥。

命：五行属水。多刑克，多能贤淑，苦中得甘，有刑偶伤子之厄，晚福。

侔：五行属水。性刚口快，有牢狱之厄，中年多灾，晚年吉祥。

沐：五行属水。义利分明，清雅伶俐，双妻之格，中年劳累，晚年吉祥。

牧：五行属水。奔波劳苦，中年多劳，晚年吉祥。

沛：五行属水。性刚口快，清雅英俊，中年成功隆昌。用于男名。

佩：五行属水。智勇双全，名利双收，清雅荣贵，女人有爱情烦恼。用于男名。

沁：五行属水。温和贤淑，有成人之美德，中年劳累但吉祥，晚年劳神。

沙：五行属水。清秀伶俐，多才温和，中年成功隆昌，清闲幸福。

沈：五行属水。清雅伶俐，多才多智，中年奔波劳苦，晚年隆昌。

汶：五行属水。天生聪颖，精明公正，秀气多才，出国之格，中年成功、隆昌。

沃：五行属水。幼年辛苦，多刑克，清雅伶俐或秀气灵巧，但刑偶伤子。

亨：五行属水。晚婚吉祥多才，出外吉，清雅伶俐，中年劳累，晚年隆昌。用于男名。

协：五行属水。刑偶欠子，清雅伶俐，中年劳累，晚年吉祥、隆昌。

幸：五行属水。秀气伶俐，多才美雅，一生清闲，中年平凡，晚年幸福、吉祥。

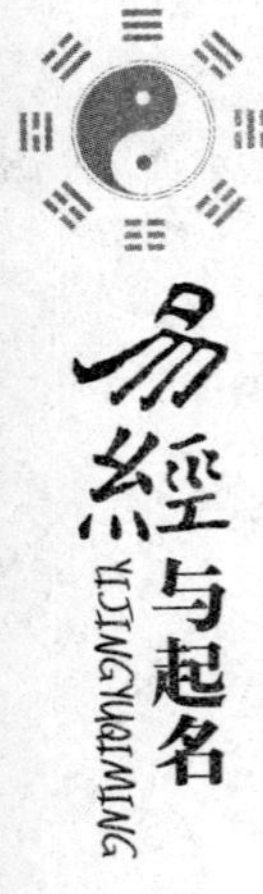

沂：五行属水。环境良好，温和伶俐，福禄双收，中年成功、隆昌。
沅：五行属水。多才多能，秀雅英敏，中年成功隆昌，出国之格。用于男名。
长：五行属火。心直口快，幼年多灾，中年吉祥，晚年隆昌。用于男名。
岱：五行属火。智勇双全，武官大吉，福禄双收，温和有德，成功荣贵。用于男名。
店：五行属火。清雅多才，名利双收，福禄有进，事业隆昌，刑偶伤子。
定：五行属火。多才朴素，温和慈祥，中年成功隆昌，晚年劳神多疾，刑偶伤子。
咎：五行属火。奔波劳苦，口才伶俐，福禄有分，中年劳累，晚年吉祥。
昆：五行属火。勤俭建业，家声可振，中年劳累，成功隆昌，白手起家。
来：五行属火。晚婚迟得子大吉，出外吉祥，中年多劳或牢狱，不幸。
侣：五行属火。福禄双收，名利有分，中年平凡，晚年吉祥。
仑：五行属火。清雅多才，女人克夫，中年有离乱之厄，晚年吉祥。
侗：五行属火。一生清雅荣贵，中年劳累或奔波，晚年吉昌。
妮：五行属火。清雅伶俐，多才秀气，中年成功隆昌，环境良好，出国之格。用于女名。
佻：五行属火。有爱情烦恼，清雅秀气，中年有厄，晚年吉祥荣幸。
炎：五行属火。心直口快，英雄豪爽，中年牢狱或病灾，属常人难受之字：
易：五行属火。子孙兴旺，多才巧智，勤俭，白手起家，成功隆昌。
坪：五行属土。富有理智，文雅秀气，中年有厄或身闲心劳，晚年隆昌。
坡：五行属土。晚婚吉祥，多愁苦劳，体弱短寿或难幸福。
附：五行属土。智勇双全，清雅聪明，中年成功隆昌，晚年子孙兴旺。用于男名。
坤：五行属土。清雅伶俐，子多才多能，中年有灾厄，晚年吉祥幸福。
坦：五行属土。英敏多才，学问丰富，清雅荣贵，成功隆昌。用于男名。
宛：五行属土。秀气灵巧，多才伶俐，温和贤能，出外吉祥，一生幸福。用于女名。
往：五行属土。一生清雅多才，勤俭励业，中年劳累但隆昌，晚年吉昌。
旺：五行属土。性刚口快，中年奔波，成功隆昌，环境良好。
亚：五行属土。多才能干，中年成功隆昌，女人少年千难有不幸。用于男名。

肴：五行属土。体弱多病或性刚口快，晚婚吉祥，中年劳累，晚年吉祥。用于男名。

岩：五行属土。身犯破灾，性刚口快，内心慈祥，出外吉祥，享福禄。用于男名。

依：五行属土。外观幸福，内心多忧，刑偶伤子，中年多灾，晚年吉祥或短寿。

侑：五行属土。心直口快，出外吉祥，中年多灾厄，晚年隆昌，多才豪杰。

昀：五行属土。天生聪颖，学识渊博，清雅荣贵，成功隆昌，名利双收。

9画

宣：五行属金。知识渊博，智勇双全，清雅荣贵，中年成功隆昌，官旺。

查：五行属金。刑偶欠子，多才巧智，清雅伶俐，中年劳苦晚年吉祥。

姹：五行属金。温和贤淑，清雅伶俐，中年吉祥，晚年隆昌。

春：五行属金。清雅伶俐，少乐多忧，出外大吉，中年灾厄，晚年劳神。

促：五行属金。刑偶伤子或有爱情厄，中年吉祥，晚年劳神。

度：五行属金。出外吉祥，中年奔波劳苦，晚年成功隆昌。

前：五行属金。出外逢贵成功，中年多灾潦倒，晚年吉祥隆昌。用于男名。

秋：五行属金。多才巧智，清雅荣贵，中年成功隆昌，女人虚荣或爱情厄，晚年吉祥。

柔：五行属金。出外吉祥，福禄双收，中年成功隆昌，晚年幸福。

衫：五行属金。一生清雅平凡，中年吉祥，晚年劳神。

施：五行属金。一生多福少劳，福禄丰厚，中年吉祥，晚年劳神。

是：五行属金。清雅秀气，多才温和，身瘦勤俭，中年吉祥，晚年多疾。

姝：五行属金。清雅秀气，多才巧智，中年成功隆昌，荣贵贤淑。用于女名。

帅：五行属金。刑克父母或性刚果断，中年成功隆昌，晚年劳神。

思：五行属金。有才能理智，勤俭励业，家声可振，名利双收，晚年劳神。

星：五行属金。有才干理智，清雅贤淑，有美德雅量，中年劳累，晚年隆昌。

叙：五行属金。精明公正，雅量多才，出外吉祥，成功隆昌，荣贵。

哉：五行属金。学识渊博，操守廉正，中年成功隆昌，出国之格。用于男名。

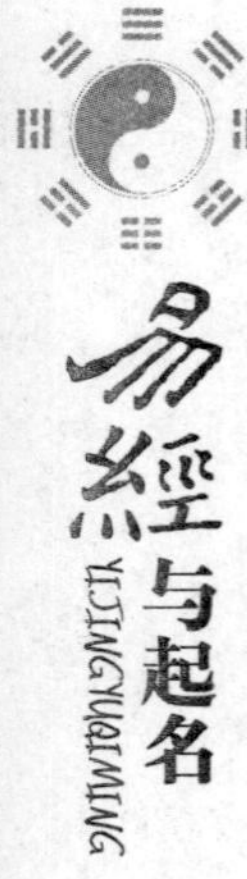

则：五行属金。精明公正，克己助人，中年成功。

页：五行属金。义收，大博名利。

俞：五行属金。一生清闲，理智聪颖，中年吉祥，晚年隆昌。

革：五行属木。性刚口快，多才清雅，中年吉昌，晚年劳神。用于男名。

故：五行属木。出外吉祥，清雅多才，刑偶伤子，中年劳累或有灾，晚年吉祥。

冠：五行属木。一生清雅秀气，幼年受苦，中年开泰吉祥，出外隆昌。用于男名。

轨：五行属木。温和贤淑，有美德雅量，中年辛苦，晚年隆昌。用于男名。

癸：五行属木。刑偶伤子，多才清雅，中年劳累，有官运，成功隆昌。

虹：五行属木。晚婚大吉，清雅多才，中年成功隆昌，出国之格。

纪：五行属木。智勇双全，义利分明，克己助人，中年奔波或劳累，晚年吉祥。

既：五行属木。出外逢贵得财，多才能干，中年劳累，晚年吉祥。

建：五行属木。出外吉祥，中年成功隆昌，环境良好。用于男名。

姜：五行属木。多才巧智，清雅温和，中年劳累，晚年吉祥。

姣：五行属木。秀气多才，清雅温和，小心有爱情厄，中年成功隆昌。用于女名。

界：五行属木。英敏伶俐，温和贤淑，兄弟无靠，克父。

劲：五行属木。中年多劳，晚年隆昌，刑克父母。

九：五行属木。福寿双全，贵人明现，出外大吉，环境良好，出国之格。用于男名。

军：五行属木。义利分明，智勇双全，中年劳苦或奔波，成功隆昌。用于男名。

柄：五行属木。多才巧智，环境良好，清雅荣贵，中年成功隆昌。用于男名。

柴：五行属木。一生清雅平凡，福禄双收，名利有分，中年劳累，晚年隆昌。

看：五行属木。清雅伶俐，秀气多才，中年吉祥，晚年劳神多疾。

柯：五行属木。清雅伶俐，智勇双全，福禄有分，中年平凡，晚年吉昌。

科：五行属木。多才美俊，清雅荣贵，中年成功隆昌，出外吉祥幸福。用于男名。

客：五行属木。福禄双收，清雅伶俐，中年多劳，晚年吉祥。用于男名。
柳：五行属木。温和贤淑，秀气多才多情重恩，中年成功，自成家业。
芒：五行属木。一贫如洗或病弱短寿，中年多灾厄，晚年吉祥。
祈：五行属木。性刚口快，克父，多才巧智，中年潦倒，晚年吉祥，环境良好。
契：五行属木。带刀厄，刑偶伤子或体弱多病，中年多灾厄，晚年吉祥。
侠：五行属木。心直口快，英雄豪杰，中年多灾或事劳无功，晚年吉祥。
相：五行属木。有才能理智，刑偶伤子，双妻之格，中年成功隆昌。
彦：五行属木。操守廉正，名利双收，官运旺，成功隆昌。用于男名。
羿：五行属木。操守廉正，勤俭忠诚，中年吉祥，忌车怕水，女人有爱情厄。
胤：五行属木。清雅荣贵，福寿绵长，学识丰富，成功隆昌。用于男名。
禺：五行属木。清雅平凡，中年多劳，晚年吉祥。用于男名。
姬：五行属木。幼年千难，有爱情厄，中年多劳，晚年吉祥隆昌。用于女名。
柏：五行属木。清雅荣贵，多才温和，中年成功隆昌，英俊幸福。用于男名。
拜：五行属水。天生聪明，多才伶俐，晚婚吉祥，重情失败，晚年吉祥。用于男名。
保：五行属水。天生聪颖理智，中年成功隆昌，晚年忌车怕水。用于男名。
抱：五行属水。一生平凡，体弱短寿，有牢狱之灾，中年多难，晚年洪福。用于男名。
扁：五行属水。聪明伶俐，心直口快，中年平凡，晚年吉祥，女人多灾，体弱短寿。
便：五行属水。福禄双收，出外吉祥，中年劳累，成功隆昌，晚年吉祥但欠子。
波：五行属水。白手起家，出外大吉，中年劳累，晚年成功，隆昌荣贵。
泊：五行属水。智勇双全，清雅荣贵，福寿兴家，中年成功隆昌。用于男名。
勃：五行属水。怀才不遇，中年劳累，晚年隆昌。
飞：五行属水。英雄豪杰，义利分明，智勇双全，忌车怕水；
风：五行属水。体弱多疾或奔波劳苦，中年吉祥，晚年劳神。
封：五行属水。外观幸福，内心多忧，清雅平凡，一生少乐多忧，晚年吉祥。
河：五行属水。多才多能，中年劳累，晚年隆昌、忌水。
泓：五行属水。义利分明，福禄双收，中年虽劳，成功隆昌，官旺成功。

用于男名。

法：五行属水。一生清雅多才，中年成功隆昌，晚年吉祥。

侯：五行属水。清雅多才，理智聪颖，中年平凡，晚年吉祥。

后：五行属水。衣厚食丰，一表人才，多才多艺，清雅荣贵，中年成功、隆昌。

厚：五行属水。温和贤淑，一生清雅荣贵，中年成功、隆昌，安富尊荣。用于男名。

皇：五行属水。英敏之才，有人缘，中年劳累或奔波，晚年吉祥。

计：五行属水。口齿伶俐，多才贤能，中年吉祥，刑偶伤子，晚年劳神多疾。

炬：五行属水。多才多能，官运旺盛，刑偶或伤子，一生清雅荣贵。

玫：五行属水。多才多智，天生聪颖，中年成功、隆昌，清雅荣贵，出国之格。用于女名。

眉：五行属水。温和贤淑，清雅秀气，小心爱情厄，中年成功、隆昌。

美：五行属水。清雅秀气，多才贤能，中年吉祥，晚年隆昌，清秀。

勉：五行属水。多愁多忧或刑偶伤子，或有爱情烦恼，多灾厄，难幸福。

盼：五行属水。清雅伶俐，中年吉祥，晚年隆昌，环境良好。

品：五行属水。性刚，秀气多才，温和伶俐，福禄双收，中年隆昌。

屏：五行属水。多才清雅，荣贵安富，成功隆昌，出国之格，小心爱情厄。

泉：五行属水。英俊佳人，温和多才，清雅荣贵，中年成功，晚年劳神。

染：五行属水。一生清雅平凡，多才巧智，中年成功或隆昌，晚年劳神。

泗：五行属水。环境良好，清雅荣贵，福禄双收，中年劳累，晚年吉祥。用于男名。

咸：五行属水。清雅伶俐，中年吉祥，身闲心苦。

香：五行属水。体弱多灾或忧心劳神，中年灾厄，晚年吉祥，短寿多灾。

沿：五行属水。福禄双收，名利有分，心直口快，贵人明现，晚年隆昌。

衍：五行属水。一生清雅，多才巧智，中年劳累，晚年隆昌，名利双收。

泱：五行属水。秀气灵巧，清雅伶俐，中年吉祥，晚年子孙鼎盛。

泳：五行属水。克父伤子，幼年辛苦早出社会，中年成功，隆昌荣幸。

炳：五行属火。兄弟无缘，清雅荣贵，中年成功隆昌，环境良好。用于男名。

待：五行属火。秀气伶俐，多才雅气，中年劳神，晚年吉祥。用于男名。

帝：五行属火。英雅多才，福禄双收，英俊佳人，中年吉祥，荣贵隆昌。

用于男名。

段：五行属火。奔波劳苦或性刚果断，中年潦倒，晚年吉祥。

盾：五行属火。中年劳累，晚年隆昌。用于男名。

赴：五行属火。一生清雅平凡，中年劳累，晚年吉祥，子孙隆昌。用于男名。

柬：五行属火。忧飞劳神，刑偶伤子，中年吉祥，晚年劳神多疾病。用于男名。

俊：五行属火。英敏之才，上下敦睦，中年成功隆昌，出外吉祥，名利双收。用于男名。

亮：五行属火。义利分明，多才能干，小心有爱情厄，成功隆昌，女人薄幸难幸福。

律：五行属火。秀气伶俐，理智聪颖，中年有爱情厄，晚年隆昌。

娜：五行属火。婀娜多姿，秀气伶俐，晚婚吉祥，小心爱情厄，晚年隆昌。用于女名。

耐：五行属火。忧心劳神或事劳无功，清雅多才，中年劳辛，晚年吉祥。

南：五行属火。忧心劳神，中年多劳，晚年吉祥隆昌。

泰：五行属火。多才巧智，清雅荣贵，中年成功隆昌，晚年倍加昌盛。用于男名。

亭：五行属火。多才巧智，清雅伶俐，小心爱情厄，中年吉祥，晚年隆昌。用于女名。

炫：五行属火。清雅秀气，高贵伶俐，勤俭励业，成功隆昌荣贵。用于男名。

映：五行属火。智勇双全，聪敏，中年成功隆昌，一生安详。

昱：五行属火。清雅荣贵，温和贤能，中年成功隆昌，出国之格。用于男名。

衵：五行属土。子孙兴旺，多才巧智，中年成功隆昌，晚年劳神。用于男名。

奎：五行属土。一生福禄，智勇双全，中年吉祥，晚年隆昌。用于男名。

威：五行属土。性刚口快，智勇双全，中年劳苦或奔波，晚年成功隆昌。用于男名。

屋：五行属土。多愁多忧，晚婚迟见子，中年吉祥，晚年劳神。

勇：五行属土。晚婚吉祥，多才贤能，中年多劳，晚年吉祥，忌车怕水。用于男名。

囿：五行属土。官或财旺，一生福禄双收，中年吉祥隆昌，清荣享福。

用于男名。

要：五行属土。性刚口快，清雅伶俐，中年吉祥，晚年劳神。用于男名。

怡：五行属土。刑偶伤子，清雅秀气，温和贤淑，中年有厄，晚年吉祥。

音：五行属土。晚婚迟得子大吉，出外吉祥，中年劳苦或奔波，晚年吉祥。

禹：五行属土。刑克父母，天生聪明有才，晚年吉祥。

垣：五行属土。义利分明，性格朴素温和，中年成功隆昌。用于男名。

10 画

罡：五行属金。精明公正，义利分明，重义气，清雅荣贵，官旺，成功隆昌。用于男名。

财：五行属金。忧心劳神，事劳无功。

仓：五行属金。成功隆昌，出国之格。用于男名。

晁：五行属金。天生聪颖，智勇双全，中年成功隆昌，出国之格。

持：五行属金。刑偶伤子，天生聪明，清雅伶俐，中年、晚年吉祥。

纯：五行属金。有爱情烦恼或忧心劳神，清雅伶俐或体弱多疾，晚年洪福。

祠：五行属金。多才巧智，清雅荣贵，智勇双全，中年成功，隆昌幸福。用于男名。

钉：五行属金。一多刑克，性刚口快，中年困苦潦倒，命途多灾难。

借：五行属金。温和贤能，多才伶俐，中年劳累，成功隆昌，迟见子吉祥。

倪：五行属金。出外吉祥，多才巧智，清雅伶俐，出国之格，成功隆昌。

倩：五行属金。秀气多才，贤能勤俭，中年吉祥，有离乱之厄，晚年劳神。

珊：五行属金。秀气伶俐，多才巧智，中年成功隆昌，出国之格。用于女名。

讪：五行属金。一生清雅多才，兄弟无缘，中年吉祥，晚年隆昌，环境良好。

十：五行属金。温和贤淑，缘和四海，上下敦睦，成功隆昌。

拾：五行属金。福禄双收，多才贤能，清雅荣贵，成功隆昌，环境良好。用于男名。

隼：五行属金。秀气巧妙，少年千难，中年吉祥，先苦后甘，晚年隆昌。

索：五行属金。有爱情烦恼，中年劳心，晚年幸福。用于男名。

紊：五行属金。英俊伶俐，克己助人，中年成功隆昌，清雅荣贵。

息：五行属金。忧心劳神或刑偶伤子，中年劳累或潦倒，晚年吉祥。
席：五行属金。聪明伶俐，清雅多才，中年有灾厄，晚年吉祥，环境良好。
笑：五行属金。刑偶伤子，少年千难，中年吉祥有个性，晚年劳神。
修：五行属金。英秀伶俐，温和贤能，上下和睦，中年成功，晚年隆昌：用于男名。
徐：五行属金。一生清雅荣贵，多才巧智，中年成功隆昌，晚年劳神。
芳：五行属木。英敏雅气，多才温和，出外吉祥，荣贵隆昌，环境良好。用于女名。
芬：五行属木。幼年辛苦，少年千难，中年吉祥，清雅伶俐。用于女名。
芙：五行属木。清雅伶俐，中年劳累，晚年吉祥，环境良好。用于女名。
高：五行属木。一生清雅，福禄双收，中年劳累，晚年吉祥。
格：五行属木。一生多福少劳，清雅伶俐，中年吉祥，晚年劳神。用于男名。
根：五行属木。英敏之才，特有人缘，上下敦睦，中年劳累，晚年吉祥。用于男名。
恭：五行属木。幼年辛苦或身有暗病，中年吉祥，晚年劳神多灾。
贡：五行属木。中年吉祥，晚年劳神或多疾。
桂：五行属木。清雅伶俐，中年吉祥，成功隆昌。
花：五行属木。虚荣心强或有爱情厄，中年吉祥，晚年劳神或疾病。
桓：五行属木。一生安富，多才廉正，中年成功隆昌，出国享福。
恢：五行属木。一生清雅平凡，有口舌之厄，晚年吉祥。
笈：五行属木。出外逢贵，清雅伶俐，中年多灾或事劳无功，晚年吉祥。
珈：五行属木。一生多福，福禄双收，中年成功隆昌，环境良好。用于男名。
家：五行属木。出外吉祥，多才巧智，清雅伶俐，忌车怕水，晚年吉祥。
兼：五行属木。英敏之才，特有人缘，上下敦睦，中年劳累，晚年隆昌。用于男名。
核：五行属木。奔波劳苦或多愁少乐，中年多灾，晚年吉祥。
俱：五行属木。多才伶俐，中年劳累或奔波，晚年吉祥。
娟：五行属木。有爱情厄或事劳无功，中年有灾厄，晚年吉祥。
括：五行属木。清雅平凡，福禄双收，晚婚迟得子吉，中年多灾，晚年吉祥。
栗：五行属木。有爱情厄，一生清雅伶俐，中年多灾，晚年吉祥。

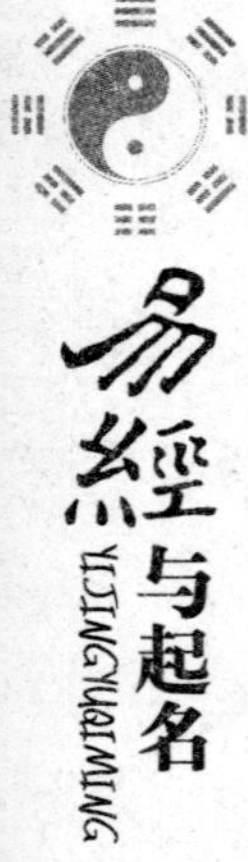

栖：五行属木。多才巧智，清雅荣贵，中年有灾厄，晚年成功隆昌。

起：五行属木。忧心劳神，中年多灾厄或困苦，晚年吉祥。

虔：五行属木。忧心劳神，中年多灾厄，晚年吉祥。

桑：五行属木。忧心劳神或事劳无功，中年有灾厄，晚年劳神。

栓：五行属木。多才巧智，清雅性刚，中年劳累，晚年吉祥。用于男名。

桃：五行属木。刑偶欠子或有爱情厄，秀气多才，中年平凡，晚年吉祥。

桐：五行属木。中年劳累，晚年隆昌荣华。

奚：五行属木。福禄双收，清雅荣贵，中年吉祥，晚年隆昌。

校：五行属木。暗路长行，出外吉祥，中年有灾厄，晚年吉祥。

苡：五行属木。多才秀雅，上下敦睦，中年成功隆昌，出国之格。

倚：五行属木。福禄双收，中年有灾厄或爱情厄，晚年洪福。用于男名。

原：五行属木。清雅荣贵，多才巧智，中年吉祥，晚年隆昌。

芸：五行属木。温和贤淑，多才能干，中年成功隆昌，清雅荣贵，出国之格，用于女名。

圃：五行属水。精明公正，智勇双全，一生清雅荣贵，成功隆昌。用于男名。

班：五行属水。温和贤能，怀才不遇，中年辛苦，晚年吉祥。

豹：五行属水。中年吉祥，多才伶俐，晚年吉祥。用于男名。

倍：五行属水。天生聪颖，福禄双收，名利有分，中年成功隆昌，出国之格。

秤：五行属水。教育界大吉，一生清雅平凡，名利双收，女人爱情厄。

娥：五行属水。天生聪颖，一生清雅伶俐，自尊心强，中年吉祥，晚年劳神。用于女名。

纺：五行属水。肯作肯劳，重信义，中年吉祥，子孙鼎盛，晚年隆昌。

峰：五行属水。义利分明，清雅英俊荣昌，出外逢贵，成功隆昌。用于男名。

俯：五行属水。清雅伶俐，中年吉祥，晚年劳神，环境良好。用于男名。

釜：五行属水。一生福禄双收，名利有分，中年吉祥，晚年隆昌，环境良好。用于男名。

航：五行属水。温和贤淑，一生清雅平凡，中年劳累，晚年隆昌。

恒：五行属水。一生多福，清雅荣贵，多才能干，中年成功隆昌。

洪：五行属水。一生清雅，温和伶俐，中年辛苦，晚年隆昌。

津：五行属水。理智聪颖，晚婚吉祥，中年吉祥隆昌。

洛：五行属水。天性聪颖，多才巧智，中年成功吉祥，出国之格。用于男名。

马：五行属水。清雅荣贵，多才伶俐，中年劳累或奔波，晚年吉祥。

秘：五行属水。一生向上，智勇双全，勤俭建业，家声可振，成功隆昌。

派：五行属水。性刚英雄豪爽，出外逢贵，中年劳累，晚年隆昌。

畔：五行属水。刑偶伤子或奔波劳苦，中年吉祥，晚年劳神多疾。

配：五行属水。忧心劳神，中年劳累，晚年吉祥。

珀：五行属水。学识丰富，温和贤能，英俊才人，成功隆昌，忌车怕水，女人有爱情厄。

洽：五行属水。福禄双收，多才伶俐，中年成功隆昌，大博名利。

洒：五行属水。多才巧智，英俊佳人，中年成功隆昌荣贵，出国之格。用于男名。

纹：五行属水。刑偶欠子，肯作肯劳，重信义，再嫁之厄，晚年隆昌。

洗：五行属水。出外吉祥，清雅多才，中年多劳，晚年隆昌。

效：五行属水。出处逢贵得财，少年千难，中年有灾，晚年吉祥，忌车怕水。用于男名。

训：五行属水。一生清雅平凡，晚婚大吉，多灾。

宴：五行属水。子孙兴旺，秀气多才，中年劳累或有灾，晚年吉祥。用于男名。

洋：五行属水。多能多才，中年吉祥，女人薄幸欠子。

耘：五行属水。天生聪明多才巧智，中年吉祥，晚年劳神。

玳：五行属火。清雅伶俐，出外吉祥，中年平凡，晚年隆昌，一生多福。

娣：五行属火。清雅多才，英敏伶俐，福禄双收，荣贵成功隆昌，出国之格。

耿：五行属火。一生清雅，缘和四海，中年劳累或潦倒，晚年吉祥。

烘：五行属火。性刚果断，多才能干，中年吉祥，晚年劳神。

晋：五行属火。清雅荣贵，多才多能，欠子或迟得子，成功隆昌。

凉：五行属火。夫妻有刑，晚见子吉，中年劳累，晚年吉祥。

玲：五行属火。清秀灵巧，多才多能，中年成功隆昌，但有爱情厄，出国之格。

凌：五行属火。有爱情烦恼，清雅多才，中年成功隆昌，晚年吉祥。

留：五行属火。肯劳作，重信义，温和有德，中年吉祥，晚年荣贵。用于男名。

伦：五行属火。学识渊博，官运旺盛，安富尊贵，出国之格，成功隆昌。

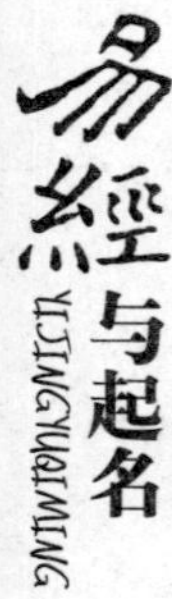

纳：五行属火。刑偶伤子或体弱多疾，中年有灾厄，晚年吉祥。

秦：五行属火。清秀灵巧，多才巧智，中年成功隆昌，出国之格。

特：五行属火。心直口快，刑偶伤子，中年吉祥，晚年多疾，忌车怕水。

恬：五行属火。心直口快，陕或性刚果断，晚婚大吉，中年吉祥，老年多疾。

条：五行属火。英俊佳人，清雅多才，中年成功隆昌，环境良好。

夏：五行属火。出外吉祥，有爱情厄，中年劳累，晚年吉祥。

盎：五行属土。出外吉祥，中年辛苦，晚年吉祥。

城：五行属土。多才巧智，清雅温和，中年成功昌隆，晚年忧心劳神。用于男名。

峨：五行属土。心直口快或体瘦多厄，中年劳累，晚年成功隆昌，出国之格。

恩：五行属土。清雅伶俐，多才多能，中年吉祥，晚年劳神。

容：五行属土。福禄双收，多才伶俐，二子吉祥，中年隆昌，晚年清闲。

翁：五行属土。多才多能，温和伶俐，中年苦中甘，晚年吉祥。

峡：五行属土。不祥多灾厄，体弱短寿或一贫如洗，一生难幸福。

轩：五行属土。清秀灵巧，多才伶俐，中年吉祥隆昌。用于男名。

益：五行属土。体弱或清雅伶俐，中年有灾，晚年吉祥，克父。

殷：五行属土。出外吉祥，清雅多才，中年劳累或奔波，晚年隆昌。

育：五行属土。精明公正，义利分明，英俊才人，清雅荣贵，中年成功隆昌。用于男名。

玺：五行属土。清明公正，义利分明，智勇双全，中年成功，官运旺。

袁：五行属土。出外吉祥，多才巧智，中年劳累，晚年隆昌。

11 画

彩：五行属金。清雅伶俐，多才巧智，中年平凡，晚年吉祥。用于女名。

参：五行属金。肯劳作，重信义，出外吉，中年劳累，晚年吉祥。

曹：五行属金。一生清雅多才，晚婚大吉，中年劳累，晚年隆昌。

侧：五行属金。重信义，一生清雅，中年多劳苦奔波，晚年吉祥。

钗：五行属金。多才温和，清雅伶俐，中年劳累或有爱情厄。用于女名。

常：五行属金。机谋多变，心性易动，中年吉祥，晚年劳神多疾。

唱：五行属金。一生身多病，中年吉祥，晚年隆昌。用于男名。
巢：五行属金。早成功早失败，中年成功，晚年穷苦，一生保守则吉。
崇：五行属金。英俊多才，清雅荣贵，中年小心爱情厄，成功环境良好。用于男名。
处：五行属金。出外大吉，性格复杂，重信义，中年劳累，晚年吉祥。
得：五行属金。晚婚或迟得子大吉，中年多劳或有官厄，晚年吉祥。
钒：五行属金。英俊清秀，有爱情厄，中年劳累，晚年吉祥隆昌。
副：五行属金。多才巧智，内心多忧，怀才不遇或中年劳累，晚年隆昌。
旌：五行属金。英俊佳人，上下敦睦，温和慈祥，成功隆昌，环境良好。用于男名。
勘：五行属金。中年吉祥，环境良好，晚年身闲心劳。用于男名。
馗：五行属金。多才贤能，精明公正，中年平凡，晚年隆昌荣华。用于男名。
商：五行属金。福禄有进，名利有分，中年劳累，晚年吉祥幸福。
绍：五行属金。义利分明，智勇双全，刑偶欠子，官旺，晚年隆昌。
设：五行属金。一生清雅多才，出外吉祥，有爱情厄。用于男名。
庶：五行属金。勤俭建业，官运旺，晚年吉祥，清雅荣贵。
爽：五行属金。性格复杂，有能无运，中年吉祥，晚年劳神多疾。
细：五行属金。智勇双全，清雅伶俐，中年成功隆昌，环境良好，有爱情厄。
祥：五行属金。英俊伶俐，天生聪颖，晚年吉祥。用于男名。
袖：五行属金。出外大吉，勤俭持家，清雅伶俐，中年平凡，晚年吉祥。
旋：五行属金。才智出众，福禄双收，出外吉祥，晚年隆昌。
悦：五行属金。清雅吉祥，多才巧智，出外吉祥，劳心，成功隆昌。
彬：五行属木。清雅荣贵，多有才能，智勇双全，有官格。用于男名。
崔：五行属木。一生清雅，理智，中年劳累或奔波，晚年吉祥。
笛：五行属木。清雅多才，理智，中年吉祥，晚年荣贵。
符：五行属木。清雅身弱，中年奔波劳苦，晚年吉祥。
规：五行属木。理智聪明，性刚口快，一生清雅，中年劳累，晚年吉祥。
国：五行属木。多才巧智，清雅伶俐，忌车怕水，教育界吉，成功隆昌，官旺。
坚：五行属木。清雅荣贵，智勇双全，中年成功隆昌，出国之格，官运旺。用于男名。

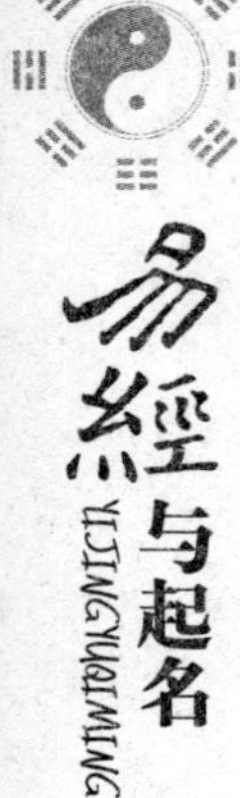

健：五行属木。智勇双全，操守廉正，中年成功隆昌，清雅荣贵，出外大吉，官旺。用于男名。

皎：五行属木。少年秀气伶俐，中年多才，名利双收隆昌，晚年环境良好。

近：五行属木。奔波劳苦，多才巧智，清雅伶俐，中年劳累，晚年隆昌。

康：五行属木。一生清雅伶俐，多才多能，中年身弱或多灾，晚年吉祥。

笠：五行属木。刑偶伤子或病弱短寿，清秀多才，晚年吉祥。

茂：五行属木。婚姻美满，清雅多才，中年劳累，晚年隆昌。

梅：五行属木。有爱情厄，吉凶分明，吉则出国，成功隆昌，不幸则多灾厄。

启：五行属木。清雅荣贵，中年吉祥，出国之格，身弱及短寿。

乾：五行属木。清雅荣贵，长寿多才，中年吉祥，晚年隆昌，晚婚大吉。用于男名。

卿：五行属木。有爱情厄或忧心劳神，刑偶伤子，性刚，晚年吉祥，不祥短寿。

顷：五行属木。有厄小心，中年劳累，晚年吉祥隆昌。

若：五行属木。福禄双收，孤独格，中年辛苦，晚年吉祥。

笙：五行属木。精力旺盛，有双妻之格，名利有分，幸福。

梯：五行属木。一生清雅伶俐，理智，英雄豪杰，中年成功隆昌。用于男名。

梧：五行属木。清雅多才，义利分明，中年吉祥，晚年隆昌，环境良好。

悟：五行属木。性刚口快，豪爽伶俐，福禄双收，名利有分，成功隆昌。

晤：五行属木。清雅伶俐，多才多能，中年吉祥，环境良好，名利双收。

偕：五行属木。出外吉祥，晚婚或迟见子吉，中年劳累，晚年吉祥福禄。用于男名。

许：五行属木。一生清雅平凡，多才伶俐，中年劳累或奔波，晚年吉祥。

研：五行属木。刑克父母，或刑偶伤子，中年劳累。

翊：五行属木。多才伶俐，清秀贤能英俊，官运好，中年成功，出国之格。

英：五行属木。天生聪明，气度恢弘，中年成功隆昌，小心爱情厄，出国之格。

苑：五行属木。秀气英敏，义利分明，贵人明现，中年成功隆昌，享福。用于女名。

邦：五行属水。孤独格，兄弟无缘，英敏巧智，中年隆昌，晚年劳神。

匾：五行属水。多才巧智，一生清雅贤能，中年隆昌荣幸，环境良好。用于男名。

彪：五行属水。智勇双全，清雅多才，中年劳累，晚年吉祥。用于男名。

斌：五行属水。多才伶俐，清雅荣贵，中年吉祥，成功隆昌，忌车怕水。用于男名。

浮：五行属水。虚荣心强，清雅伶俐，中年多劳或有灾，晚年享子福。

海：五行属水。忧心劳神，多才清雅，中年吉祥，晚年劳神多疾。

毫：五行属水。多才巧智，义利分明，清雅伶俐，中年劳累，晚年吉祥。用于男名。

浩：五行属水。学识丰富，清雅荣贵，福禄双收，官运旺，成功隆昌。用于男名。

凰：五行属水。天生聪颖，清雅荣贵，中年成功隆昌，官运旺，荣富。用于女名。

浚：五行属水。英敏多才，清雅荣贵，中年成功，出国富贵。用于男名。

流：五行属水。晚婚迟见子，贵人明现，中年奔波，晚年荣幸。

麦：五行属水。忧心劳神，有爱情烦恼，晚年洪福。用于女名。

曼：五行属水。理智充足，清雅荣贵，出国之格，中年成功隆昌。用于女名。

苗：五行属水。秀气灵巧，俏雅贤淑，中年吉祥，晚年隆昌。用于女名。

敏：五行属水。有爱情厄，多才温和，清雅荣贵，出国之格，劳神。

袍：五行属水。出外逢贵得财，中年多灾厄，体弱短寿，晚年吉祥。

偏：五行属水。性刚口快，清雅多才，中年吉祥，晚年劳神。

浦：五行属水。勤俭建业，家声可振，中年有灾厄，出国吉祥。

涂：五行属水。英俊人才，清雅荣贵，一门鼎盛，中年吉祥、安详。

望：五行属水。清雅荣贵，多才伶俐，官格旺，中年劳累，晚年吉祥。用于男名。

习：五行属水。天生聪明，勤俭事业，成功隆昌，女人不宜用。

雪：五行属水。中年多灾，晚年吉祥，女人薄幸，再嫁守寡，短寿。

鱼：五行属水。一生清雅多才，温和贤能，福禄双收，中年劳累，晚年吉祥。

从：五行属火。离祖成功，清雅多才，中年成功隆昌，环境良好，福寿兴家。

将：五行属火。少乐多忧，环境良好，荣贵隆昌。用于男名。

烽：五行属火。多才巧智，温和贤能，中年平凡，晚年成功隆昌。用于男名。

斛：五行属火。性刚口快，出外吉祥，中年隆昌，环境良好。用于男名。

朗：五行属火。天生聪明，上下和睦，多才巧智，中年成功，隆昌幸福。用于男名。

梨：五行属火。清雅多才，中年有厄运，晚年吉昌，环境良好。

犁：五行属火。忧心劳神，忌车怕水，中年劳累，晚年吉祥。

梁：五行属火。一生清雅，多才性刚，中年奔波劳苦，晚年吉祥。用于男名。

聊：五行属火。一生清雅平凡，保守之格，中年劳累，晚年吉祥。

羚：五行属火。清雅荣贵伶俐，学识丰富，中年成功，官运旺，出国之格。

翎：五行属火。学识丰富，操守廉正，官运旺，清雅荣贵，出国之格。

聆：五行属火。清雅秀气，多才贤能，中年吉祥，晚年隆昌幸福。

鹿：五行属火。秀气多才，清雅荣贵，爱情失败，中年劳累，晚年吉祥。

略：五行属火。义利分明，天生聪颖，福禄双收，成功隆昌，环境良好。用于男名。

那：五行属火。清雅伶俐，秀气巧智，中年成功隆昌，晚年劳神。

戚：五行属火。一生清雅多才，清闲享福，但中年多劳心，晚年吉祥。

晟：五行属火。一生安详多才，子孙兴旺，中年吉祥，官运旺，出国之格。用于男名。

悌：五行属火。天生聪颖，智勇双全，中年成功，清雅荣贵，出国之格。

胡：五行属土。多才巧智，清雅伶俐，中年辛劳，成功隆昌，晚年吉祥。

培：五行属土。勤俭建业，中年吉祥，出国之格，名利双收，官旺。用于男名。

冕：五行属土。秀气伶俐，温和贤淑，小心爱情厄，出外吉祥，晚年吉祥。

婉：五行属土。清雅秀气，有才能理智，中年成功隆昌，出国之格。用于女名。

唯：五行属土。衣食丰足，俏雅贤能，福禄双收，成功隆昌幸福。

伟：五行属土。多才巧智，清雅伶俐，小心爱情厄，中年成功隆昌，晚年劳神。用于男名。

尉：五行属土。多才巧智，天生伶俐，中年吉祥，晚年隆昌，荣幸。用于男名。

偃：五行属土。晚婚迟得子吉，中年劳累，晚年吉祥。

野：五行属土。一生清雅，温和贤能，中年吉祥，晚年隆昌，劳神多疾。

用于男名。

翌：五行属土。小心有爱情厄，俏秀灵巧，多才，但中年多厄，晚年吉祥。

寅：五行属土。一生清雅多才，保守之格，官旺吉祥，晚年劳神多疾。

迎：五行属土。奔波劳苦或忧心劳神，晚年洪福。

庸：五行属土。义利分明，温和贤能，事业吉昌，环境良好，欠子。用于男名。

悠：五行属土。清雅伶俐，多才巧智，中年劳累，但吉祥，晚年隆昌，劳神。

12画

朝：五行属金。智勇双全，名利双收，清雅荣贵，中年劳累，晚年成功隆昌。用于男名。

创：五行属金。英敏秀气，清雅伶俐，中年劳累，晚年隆昌。用于男名。

词：五行属金。一生清雅，名利双收，福寿荣贵，中年隆昌，环境良好。

措：五行属金。性格温和，福寿兴家，中年吉祥，晚年隆昌，慈祥。用于男名。

贰：五行属金。一生清雅多才，中年多劳，子孙兴旺。用于男名。

钧：五行属金。学识渊博，操守廉正，克己助人，清雅荣贵，官旺富贵，享福。用于男名。

竣：五行属金。名利双收，出外贵人现，官运旺，出国之格，成功隆昌。用于男名。

钦：五行属金。一生清雅，中年劳累，晚年隆昌，荣贵。用于男名。

情：五行属金。刑偶欠子或体弱多忧，一生清雅，中年吉祥，晚年劳神。

然：五行属金。天生聪颖，清雅荣贵，中年吉祥，晚年隆昌，环境良好。用于男名。

韧：五行属金。奔波劳苦或有爱情烦恼，中年多灾，晚年吉祥。用于男名。

善：五行属金。福禄双收，名利有分，温和贤能，中年、晚年吉祥。

稍：五行属金。一生清雅伶俐，小心爱情厄或离乱，晚年吉祥。

胜：五行属金。英敏之才，早婚短寿，晚婚平静，中年有灾，晚年吉祥。

视：五行属金。性刚口快，出外吉祥，中年劳累，晚年劳神多疾。用于男名。

惜：五行属金。温和慈祥，多才清雅，晚婚迟得子大吉，环境良好。用

于男名。

授：五行属金。肯作肯劳，重义信用，中年多劳，晚年吉祥。

舒：五行属金。一生清雅荣贵，理智充足，中年平凡，晚年吉祥。

顺：五行属金。多才贤能，清雅荣贵，中年平凡，晚年吉祥。用于男名。

舜：五行属金。英俊佳人，清雅多才，中年平凡或奔波，晚年吉祥，克父。

丝：五行属金。清秀伶俐，温和贤能，中年吉祥，晚年隆昌。

斯：五行属金。学识渊博，清雅荣贵，官运旺，福寿兴家，环境良好富贵。用于男名。

替：五行属金。忧心劳神，中年多劳，晚年吉祥。

童：五行属金。一生清雅多才，贤能聪敏，中年劳累但吉祥，晚年劳神。

羡：五行属金。清雅伶俐，多才巧智或爱情厄，中年劳累，晚年吉祥。

象：五行属金。中年奔波或多劳，晚年吉祥。用于男名。

绚：五行属金。秀气伶俐，清雅温和，晚得子吉，中年吉祥，晚年体弱多疾。

喻：五行属金。智勇双全，名利双收，一生清雅荣贵，中年成功隆昌。

曾：五行属金。一生清雅多才，贤能荣贵，迟得子吉，成功隆昌，环境良好。

策：五行属木。名利双收，多才温和，中年劳累，晚年吉祥。用于男名。

茶：五行属木。中年多劳，晚年吉祥隆昌。用于女名。

棣：五行属木。多愁多忧，百事苦劳，中年劳累，晚年吉祥有福。

栋：五行属木。忧心劳神，清雅荣贵，官运旺，晚年劳神。用于男名。

敢：五行属木。性刚口快，意志坚强抱负大，中年多灾或奔波，晚年吉祥。

贯：五行属木。一生清雅，环境良好，中年有灾厄，或破相，晚年吉祥。

贵：五行属木。一生多巧智，中年劳累，晚年吉祥隆昌，名利双收。

皓：五行属木。智勇双全，清雅荣贵官运旺，成功隆昌。用于男名。

集：五行属木。忧心劳神或有爱情厄，中年吉祥，晚年劳神多厄。

景：五行属木。多才贤能，精明公正，中年成功隆昌，环境良好。

开：五行属木。少年千难，中年奔波勤俭，晚年吉祥。用于男名。

凯：五行属木。性刚多才，智勇双全，出外吉祥，中年隆昌，环境良好。用于男名。

期：五行属木。英敏多才，上下和睦，清雅贤良，中年吉祥，晚年隆昌，环境良好。

茜：五行属木。清雅秀气，智勇双全，安富尊荣，荣贵出国。五行属木，用于女名。

强：五行属木。清雅荣贵，有才能理智，中年劳累或奔波，晚年吉祥官旺。

乔：五行属木。清雅多才，福禄双收，中年吉祥，晚年隆昌，出国之格。

球：五行属木。贵人明现，清雅多才，精明公正，中年成功，荣贵。用于男名。

荃：五行属木。性刚口快，多才伶俐，清雅多能，中年吉祥，晚年劳神。

棠：五行属木。英俊多才，晚婚大吉，中年吉祥，晚年隆昌。

皖：五行属木。忧心劳神，中年多灾厄，晚年吉祥。

雁：五行属木。出外或离祖吉祥，中年奔波或劳累，晚年吉祥。

尧：五行属木。克父伤妻，一生清雅多才，官运旺，中年吉祥，晚年劳神。用于男名。

雅：五行属木。英俊多才，或秀气贤淑，中年吉祥，晚年隆昌，荣贵。

寓：五行属木。温和伶俐，天生聪颖，一生清雅平凡，保守之格，安详。

报：五行属水。奔波劳苦，少年干难，中年劳累，辛劳。

备：五行属水。智勇双全，出外大吉，中年劳累，晚年隆昌，大博名利。用于男名。

弼：五行属水。智勇双全，官或财旺，中年成功隆昌，环境良好。用于男名。

博：五行属水。智勇双全，多才巧智，中年奔波，晚年隆昌。用于男名。

淳：五行属水。一生清雅伶俐，勤俭励业，福寿兴家，环境良好。

淡：五行属水。晚婚迟得子大吉，多灾厄，难幸福。

发：五行属水。清雅多才，中年多劳，晚年吉祥。用于男名。

番：五行属水。智勇双全，清雅多才，中年吉祥，出国之格。用于男名。

斐：五行属水。聪明伶俐，多才秀气，中年吉祥，晚年隆昌，环境良好。用于男名。

冯：五行属水。一生清雅，福禄双收，中年劳累或奔波，晚年吉祥。

复：五行属水。英俊佳人，身瘦多才，出外大吉，中年、晚年吉祥、荣幸。用于男名。

富：五行属水。一生清雅荣贵，中年吉祥，晚年隆昌荣华，环境良好。

淦：五行属水。天生聪明，多才多能，清雅荣贵，中年成功隆昌，环境良好。用于男名。

贺：五行属水。精明公正，智勇双全，官运旺，中年成功隆昌。

贸：五行属水。清雅荣贵，中年吉祥，晚年隆昌，环境良好。用于男名。

媚：五行属水。小心爱情厄，聪明伶俐，秀气多才，温和贤淑，成功隆昌。用于女名。

猛：五行属水。雄壮厚重，少年千难，中年成功隆昌，子孙兴旺。用于男名。

闵：五行属水。智勇双全，义利分明，一生清雅荣贵，中年成功隆昌。

排：五行属水。忧心劳神或事劳无功，中年多灾，晚年吉祥。

评：五行属水。温和贤能，中年吉祥，晚年劳神多疾。

普：五行属水。清雅多才，中年平凡，晚年隆昌，子孙兴旺。用于男名。

淇：五行属水。英俊佳人，上下和睦，义利分明，成功隆昌，官运旺盛。

清：五行属水。吉凶分明，配合成功隆昌，凶则忌车怕水，中年多灾，晚年吉祥。

深：五行属水。一生荣贵，中年成功隆昌，环境良好。

淑：五行属水。温和伶俐，有爱情厄或体弱，中年吉祥，晚年劳神。用于女名。

淞：五行属水。学识渊博，勤俭建业，中年成功隆昌，出国之格。

淘：五行属水。温和贤淑，良善积德，福禄双收，名利有分，环境良好。

添：五行属水。孤独格，父母无缘，体弱短寿，中年多灾，晚年吉祥。

喜：五行属水。一生清雅荣贵，中年成功隆昌，环境良好。

现：五行属水。性刚口快，多才伶俐，中年吉祥，晚年隆昌，环境良好。用于男名。

项：五行属水。一生清雅多才，智勇双全，中年劳累，晚年吉祥。

雄：五行属水。配合善，中年成功隆昌，不善则恶死强徒。用于男名。

涯：五行属水。一生清雅平凡，中年劳累或奔波，晚年吉祥。用于男名。

渊：五行属水。福寿兴家，理智充足，慈祥有德，环境良好，安享富贵。用于男名。

云：五行属水。清秀伶俐，多才伶俐，出国之格，中年成功隆昌。

采：五行属火。清秀灵巧，天生聪颖，幼年辛苦，中年成功隆昌。

场：五行属火。忧心劳神或事劳无功，中年多难，晚年吉祥。

程：五行属火。一生清雅荣贵，智勇双全，中年多劳或奔波，晚年吉昌。

单：五行属火。福禄双收，多才贤能，中年多灾劳，晚年吉祥。五行属火，

登：五行属火。清雅荣贵，多才资能，中年成功隆昌。用于男名。

敦：五行属火。出外吉祥，清雅英敏，晚年隆昌幸福。用于男名。

晶：五行属火。英俊之才，中年劳累或体弱，晚年吉祥，属常人难受之字。

琅：五行属火。心直口快，清雅荣贵，中年劳累或奔波，晚年成功隆昌。

理：五行属火。清雅荣贵，多才巧智，成功隆昌，女人多灾。用于男名。

量：五行属火。温和贤能，享福一生，中年吉祥，晚年隆昌，环境良好。用于男名。

琉：五行属火。清雅荣贵，多才贤能，中年成功，隆昌出国之格。用于男名。

探：五行属火。中年劳累，晚年吉祥。用于男名。

贴：五行属火。清雅伶俐，多才贤能，中年吉祥，晚年隆昌良好。

婷：五行属火。温和贤淑，心直口快，多才清雅，中年隆昌，一生安详、福寿。用于女名。

循：五行属火。小心爱情厄，一生清雅平凡，中年劳累，晚年吉祥隆昌。于男名。

焱：五行属火。通晓大义，克己助人，温和贤能，成功隆昌，但属常人难受之字。

轶：五行属火。忧心劳神或孤独，一生清雅多才，中年吉祥，晚年劳神。

惟：五行属土。温和贤淑，中年劳神，晚年吉昌。

堡：五行属土。一生清雅伶俐，福禄双收，晚年吉祥。用于男名。

黄：五行属土。一生清雅，聪明伶俐，刑克父母，中年劳累，晚年吉祥。

岚：五行属土。清雅荣贵，才智出众，但体弱。

为：五行属土。英敏秀气，清雅伶俐，中年劳累，晚年吉祥。用于男名。

围：五行属土。福祉绵远，荣贵多才，中年劳累或奔波，晚年吉祥。用于男名。

翕：五行属土。精明公正，克己助人，清雅温和，中年平凡，晚年吉祥幸福。用于男名。

贻：五行属土。一生安分守己，福禄双收，中年吉祥，晚年隆昌，环境良好。

越：五行属土。出外吉祥，智勇双全，多才成功隆昌。用于男名。

砚：五行属土。天生聪颖，清雅荣贵，中年劳累或奔波，晚年吉祥隆昌。

用于男名。

翔：五行属土。清雅荣贵，官运旺，中年成功隆昌，出国之格，富贵之命。

13画

楚：五行属金。一生清雅，智勇双全，中年隆昌，晚年劳神，出国之格。用于男名。

钵：五行属金。一生安详，中年平凡，晚年吉祥，环境良好。五行属金。

琛：五行属金。清雅荣贵，多才多能，中年成功隆昌，晚年吉祥，福寿。用于男名。

酬：五行属金。清雅多才，福禄双收，中年劳累，晚年吉祥。用于男名。

琮：五行属金。智勇双全，名利双收，英俊荣贵，中年吉祥，晚年隆昌，官运旺。

催：五行属金。忧心劳神或事劳无功，中年多灾或穷苦，晚年吉祥。

捷：五行属金。奔波劳苦，出国之格，中年成功隆昌，环境良好。用于男名。

靖：五行属金。学识渊博，才智出众，中年成功隆昌，官运旺盛。用于男名。

钜：五行属金。精明公正，义利分明，官运好，出国之格，成功隆昌。用于男名。

势：五行属金。清雅多才，中年劳累或多灾，晚年吉祥。用于男名。

诗：五行属金。多才贤能理智，官运旺，中年成功隆昌，出国之格。

狮：五行属金。性刚口快，有双妻之厄，中年劳累或奔波，晚年吉祥。用于男名。

试：五行属金。忧心劳神或事劳无功，重情失败，中年多劳，晚年吉祥。

轼：五行属金。忧心劳神，中年劳累，晚年吉祥，荣幸。用于男名。

署：五行属金。晚婚迟得子大吉，清雅多才，中年劳累，晚年吉祥。用于男名。

蜀：五行属金。精明公正，克己助人，出外吉祥，中年成功隆昌，出国之格。用于男名。

嗣：五行属金。智勇双全，精明公正，中年成功隆昌，官运旺，昌荣。

肃：五行属金。有爱情烦恼或体弱多病，中年多灾，晚年吉祥。用于男名。

详：五行属金。温和贤能，福寿兴家，中年平凡，晚年隆昌。用于男名。

新：五行属金。多才巧智，智勇双全，一生奔波，晚年吉祥，名利双收。

暄：五行属金。智勇双全，清雅荣贵，成功隆昌，官旺。用于男名。

愉：五行属金。一生清雅荣贵，谋略出众，官运旺，享福。

钰：五行属金。清秀伶俐，有才能理智，官运旺，中年吉祥，晚年隆昌。

裕：五行属金。出外吉祥，福禄双收，中年吉祥，晚年劳神。

愈：五行属金。智勇双全，中年多劳或多灾，晚年吉祥。用于男名。

载：五行属金。白手起家，出外吉祥，成功隆昌，一生安详。

楠：五行属木。多才巧智，中年劳累，晚年吉祥。用于女名。

枫：五行属木。精明公正，一生多福，福禄丰厚，中年吉祥隆昌，小心爱情厄。

靳：五行属木。勤俭建业，福禄双收，智勇双全，中年成功隆昌，环境良好。

敬：五行属木。清雅荣贵，出外吉祥，福禄双收，名利永在，出国之格。

筠：五行属木。清秀伶俐，温和贤淑，中年吉祥，晚年隆昌，出国之格。

楷：五行属木。晚婚迟得子吉，出外吉祥，中年劳累或奔波，晚年隆昌。

琨：五行属木。清雅多才，英俊勤俭，中年吉祥，晚年隆昌，官旺财薄。

莉：五行属木。秀气灵巧，多才巧智，中年成功隆昌，出国之格，荣贵之命。用于女名。

廉：五行属木。清雅英敏，出外吉祥，中年平凡，晚年吉祥。

琳：五行属木。学识丰富，温和贤淑，官运旺，克己助人，出国荣达。

莆：五行属木。智勇双全，机谋多才，小心爱情厄，中年有灾，晚年吉祥。

琦：五行属木。有爱情厄，福禄双收，中年吉祥，晚年劳神。

琪：五行属木。智勇双全，清雅清秀荣贵，官运旺，中年成功隆昌。

琴：五行属木。少年千难，中年奔波劳苦，晚年吉祥。用于女名。

勤：五行属木。刑克父母或刑偶伤子，孤独劳神或体弱多灾厄。

群：五行属木。多才贤能，慈祥有德，中年吉祥，晚年隆昌福禄。

莎：五行属木。温和伶俐，勤俭多才，中年吉祥，晚年隆昌、荣贵。用于女名。

颂：五行属木。学问丰富，官运旺盛，中年成功隆昌。用于男名。

莞：五行属木。清秀巧妙，清雅温和，中年成功隆昌。

斡：五行属木。多才贤能，温和伶俐，成功隆昌，环境良好。用于男名。

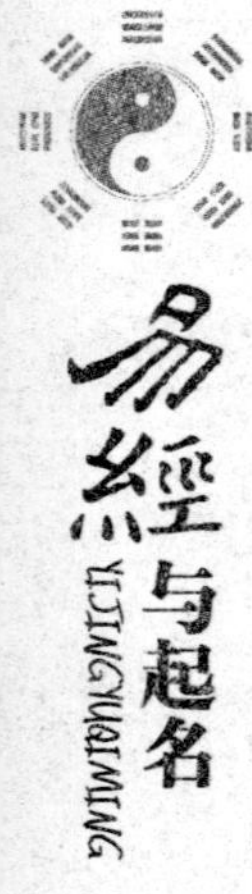

献：五行属木。智勇双全，多才清雅，中年吉祥，晚年劳神，环境良好。用于男名。

杨：五行属木。一生清雅温和，多才贤能，中年劳累，晚年隆昌。

椰：五行属木。性刚果断，或刑偶伤子，中年劳累或潦倒伤子，晚年吉祥。

义：五行属木。多才巧智，清雅伶俐，中年吉祥，晚年隆昌，幸福。用于男名。

榆：五行属木。清雅荣贵，官运旺，中年成功隆昌，福寿兴家。用于男名。

预：五行属木。英雄格，多能多才，中年吉祥，晚年隆昌成功。

御：五行属木。秀气伶俐，理智，贵人明现，但常人难受之字，武官吉。用于男名。

颁：五行属水。智勇双全，一生多才贤能，中年有灾，晚年隆昌。用于男名。

斑：五行属水。一生清雅多才，但怀才不遇，中年多灾，晚年吉祥。

蜂：五行属水。清雅伶俐，多才贤能，中年劳作勤俭，晚年吉祥。用于男名。

港：五行属水。少年千难，多才贤能，中年劳累，晚年隆昌。用于男名。

湖：五行属水。英俊多才，一生平凡，保守之格，中年吉祥，晚年劳神。

挥：五行属水。精明公正，多才英明，中年成功隆昌，子孙兴旺。用于男名：

晖：五行属水。命硬，清雅荣贵，官旺，中年平凡，晚年隆昌，环境良好。用于男名。

辉：五行属水。性刚或幼年多厄，中年吉祥，晚年隆昌，环境良好，出国之格。用于男名。

会：五行属水。晚婚迟见子吉，一生清雅平凡，中年吉祥，晚年劳神。

浑：五行属水。英俊多才，清雅荣贵，中年成功隆昌，晚年环境良好。用于男名。

渡：五行属水。出外逢贵得财，中年奔波劳苦，夫妻和睦欠子，晚年隆昌。

雷：五行属水。一生清雅，多才贤能，中年平凡，晚年隆昌。

盟：五行属水。智勇双全，有才能理智，晚年吉祥。

琶：五行属水。温和贤淑，勤俭兴家，福禄双收，中年吉祥，晚年隆昌。用于女名。

琵：五行属水。清雅多才，中年吉祥，晚年隆昌。用于女名。

绥：五行属水。秀气伶俐，小心爱情厄，中年吉祥，晚年隆昌，环境良好用于男名。

汤：五行属水。智勇双全，义利分明，官或财旺，中年成功，出国之格。

熙：五行属水。破相或体弱多病，一生清雅多才，中年成功隆昌，晚年安详。

湘：五行属水。精明公正，清雅荣贵，中年成功隆昌，女人有爱情厄。

微：五行属水。小心有爱情厄，出外吉祥，中年劳神，晚年吉祥。

游：五行属水。一生清雅伶俐，名利双收，中年劳累，晚年吉祥，乐天。用于男名。

渝：五行属水。胆识兼有，清雅荣贵，官运旺，中年成功隆昌，精诚。

郁：五行属水。清雅伶俐，心直口快，中年成功隆昌，晚年昌盛安稳。

驰：五行属火。奔波劳苦或潦倒，中年多灾，晚年隆昌。

传：五行属火。一生多才，出外吉祥，晚年劳神或多疾。用于男名。

当：五行属火。性刚或刑偶伤子，晚婚大吉，中年小心有灾厄，晚年隆昌，环境良好。

鼎：五行属火。精明公正，智勇双全，官运成功隆昌，出国荣贵。用于男名。

督：五行属火。忧心劳神，一生困苦多病。用于男名。

焕：五行属火。理智聪敏，多才伶俐，出外吉祥，荣贵隆昌。用于男名。

煌：五行属火。多才贤能，身瘦清雅，中年平凡，晚年吉祥。用于男名。

晃：五行属火。出处逢贵得利，智勇双全，官运旺，中年成功隆昌。出国之格。用于男名。

顿：五行属火。刑偶伤子或体弱，晚年劳神。

炼：五行属火。清雅伶俐，多才巧智，出外大吉，中年平凡，晚年隆昌。用于男名。

禄：五行属火。理智充足，克父母，一生清雅荣贵，福禄双收，中年平凡，晚年吉祥。

路：五行属火。清雅秀气，福禄双收，但体弱多病，晚年吉祥。

睦：五行属火。智勇双全，精明公正，温和贤能，官运旺，一生享福禄之格。

乃：五行属火。刑偶伤子，多才巧智，清雅荣贵，中年成功，晚年劳神。

暖：五行属火。晚婚或迟得子吉，秀气伶俐多才，出外隆昌，中年吉祥。

稔：五行属火。一生清雅荣贵，中年吉祥，晚年隆昌，环境良好但劳神。用于男名。

煊：五行属火清雅多才，贤能精诚，官运旺，中年有灾，晚年隆昌、出国。

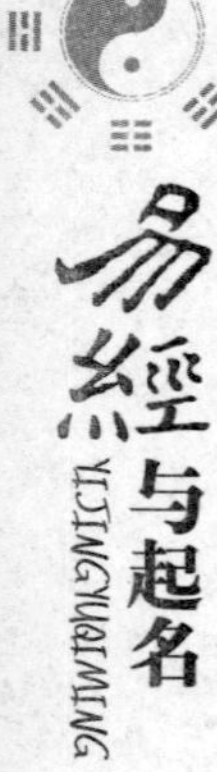

用于男名。

琰：五行属火。性刚果断，一生清雅多才，中年吉祥，隆昌，晚年劳神。

扬：五行属火。智能双全，多才贤能，名利双收，荣贵官旺，富贵。

炀：五行属火。性刚口快，一生清雅伶俐，官旺短寿。

炜：五行属火。多才贤能，清雅荣贵，中年成功隆昌，出国之格。用于男名。

煜：五行属火。一生清雅荣贵，勤敏多才，中年成功隆昌，出国之格。用于男名。

爰：五行属土。多才伶俐，出外吉祥，中年劳累，晚年吉祥，清雅。

奥：五行属土。多才贤能，中年吉祥，晚年劳神。用于男名；

话：五行属土。心直口快，多才贤能，福禄双收，中年劳累，晚年隆昌。用于男名。

勋：五行属土。晚婚吉祥，中年吉祥，晚年隆昌，环境良好，官旺。用于男名。

衙：五行属土。有才有理智，清雅荣贵，中年成功隆昌，出国之格。用于男名。

温：五行属土。一生清雅多才，中年吉祥，晚年劳神多疾。

意：五行属土。外观幸福，内心多忧，中年劳累，晚年隆昌。

犹：五行属土。多才荣贵，英雄豪爽，中年吉祥，奔波，晚年隆昌劳神。

圣：五行属土。学问丰富，清雅荣贵，官运旺，成功隆昌，享福终世。用于男名。

琬：五行属土。一生多福，清雅荣贵，中年成功隆昌，出国荣贵之格。用于女名。

14 画

聚：五行属金。忧心劳神或事劳无功，一生多灾厄或多疾，晚年吉祥。

察：五行属金。清雅多才，中年平凡，晚年隆昌。用于男名。

铭：五行属金。智勇双全，精明公正，福禄双收，名利有分，安福尊荣。用于男名。

诚：五行属金。精明公正，智勇双全，名利双收，中年成功、隆昌，晚年劳神。

慎：五行属金。福禄双收，智能非凡，中年平凡，晚年隆昌。

翠：五行属金。小心爱情厄，清秀温和，中年多劳，晚年隆昌、幸福。用于女名。

精：五行属金。胆识丰富，官或财旺，一生荣贵，环境良好，女人刑夫伤子。用于男名。

齐：五行属金。清雅多才，学识渊博，中年吉祥隆昌，晚年劳神。

铨：五行属金。精明公正多才，清雅荣贵，中年成功隆昌，环境良好，出国之格。用于男名。

瑞：五行属金。英俊才人，多才荣贵，成功隆昌，女人身瘦多厄。

寿：五行属金。环境良好，官或财旺，但体弱多疾，中年吉祥，晚年劳神。

署：五行属金。忧心劳神，中年劳累，晚年吉祥，子孙兴旺。用于男名。

诵：五行属金。一生清雅伶俐，秀气多才，中年平凡，晚年吉祥。用于男名。

铜：五行属金。多才温和，晚婚迟得子吉，福禄双收，名利有分，环境良好。用于男名。

衔：五行属金。精明公正，操守廉正，中年成功隆昌，名利双收富贵。用于男名。

需：五行属金。清雅荣贵，多能多才，中年吉祥，晚年隆昌，环境良好。用于男名。

瑜：五行属金。学识渊博，官运旺，清雅荣贵，成功隆昌，名利双收，出国之格。

造：五行属金。出外吉祥，清雅多才，中年吉祥，晚年隆昌，福禄双收。用于男名。

榜：五行属木。多才巧智，清雅荣贵，成功隆昌，环境良好，子孙兴旺。用于男名。

尝：五行属木。一生荣幸，所谋如意，贵人明现，小心爱情厄，晚年隆昌。

纲：五行属木。心直口快，多才智勇，中年劳累，晚年隆昌，女人有爱情厄。用于男名。

歌：五行属木。出外吉祥，一生清雅伶俐，刑偶或伤子，中年劳累，晚年吉祥。

管：五行属木。多才贤能，清雅温和，福禄双收，晚年吉祥。

槐：五行属木。忧心劳神或事劳无功，怀才不遇，中年劳累，晚年吉祥。

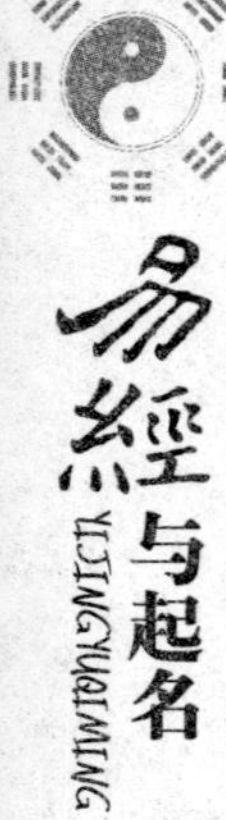

菁：五行属木。温和贤淑，秀气多才，中年吉祥，晚年禄祥，小心有爱情厄。

菊：五行属木。小心爱情烦恼，清秀伶俐，多才荣贵，中年吉祥，晚年隆昌。用于女名。

魁：五行属木。智勇秀气，多才贤淑，晚年劳神。用于男名。

萌：五行属木。幼年辛苦，英雄之格，中年小心，晚年吉祥。

梦：五行属木。清雅荣贵，中年吉祥，环境良好，女人刑偶伤子或不幸之厄。

旗：五行属木。性刚口快，中年多劳或奔波，晚年劳神。用于男名。

侨：五行属木。刑偶伤子，一生清雅，中年吉祥，晚年劳神。用于男名。

语：五行属木。有爱情厄，清雅多才，福禄双收，中年吉祥，环境良好。

愿：五行属木。多才贤能，清雅荣贵，中年吉祥，晚年隆昌，环境良好。

榕：五行属木。福禄双收，天才聪颖，荣贵贤能，中年成功隆昌，出国之格。

碧：五行属水。一生清荣，中年成功隆昌，环境良好，双妻格，女人多厄短寿。

宾：五行属水。智勇双全，义利分明，中年吉祥，晚年隆昌，克父。

逢：五行属水。贵人明现，出外吉祥，晚年隆昌、荣贵。

凤：五行属水。学问丰富，官运旺，成功隆昌，富贵，女人爱情厄或薄幸。用于女名。

福：五行属水。一生清雅多才，福禄双收，中年吉祥，环境良好。

辅：五行属水。胆识丰富，一生清雅荣贵，官运旺，成功隆昌，荣贵。用于男名。

阁：五行属水。勤俭治家，忠厚善良，上下和睦，中年吉祥，环境良好。用于男名。

豪：五行属水。孤独格，兄弟无靠，出外吉祥，福禄双收，环境良好，幸福。用于男名。

瑚：五行属水。一生清雅伶俐，智勇双全，福禄双收，一生安详，幸福。

华：五行属水。天生聪颖，多才贤能或有爱情厄，中年有灾，晚年吉祥。

溜：五行属水。多才贤能，福禄双收，名利俱全，中年隆昌，晚年劳神。

闽：五行属水。幼年多灾，中年多劳，忧心劳神，晚年吉祥。用于男名。

萍：五行属水。清雅秀气，多才贤能，小心为爱情伤身，成功出国。用于女名。

溥：五行属水。义利分明，操守廉正，勤俭温和，中年成功，隆昌出国。

闻：五行属水。多愁善感，一生清雅侥幸，中年辛劳，晚年吉祥。

溪：五行属水。事业如意，中年成功隆昌，福禄双收，双妻之命，晚年劳神。

熊：五行属水。胆识丰富，智勇双全，中年吉祥，晚年隆昌，荣贵。

溢：五行属水。兄弟无缘，多才贤能，体弱多疾，中年吉祥，晚年劳神。

源：五行属水。清雅荣贵，智勇双全，官财两旺，兴旺富贵。

畅：五行属火。一生清雅荣贵，天生聪颖，事业如意，家庭和睦，环境良好。

端：五行属火。英敏多才，智勇双全，清雅荣贵，中年吉祥，环境良好。

尔：五行属火。秀气英敏，温和荣贵，中年吉祥，晚年成功隆昌，出国官旺。用于男名。

连：五行属火。出外大吉，贵人明现，福禄双收，大博名利。

领：五行属火。中年多灾或爱情厄，晚年吉祥。用于男名。

绿：五行属火。清秀多才，中年平凡，晚年吉祥。

宁：五行属火。婚迟大吉，一生清雅多才，晚年吉祥。

荧：五行属火。天生聪明秀气，勤俭，中年吉祥，忠厚善良，一门鼎盛。

台：五行属火。一生清雅，技术大吉，中年奔波，成功隆昌，晚年享福。用于男名。

通：五行属火。聪明伶俐，出外大吉，中年劳累，晚年吉祥。

图：五行属火。一生多才贤能，理智充足，出外大吉，中年吉祥，晚年劳神。用于男名。

团：五行属火。忧心劳神或怀才不遇，中年、晚年吉祥。五行属火，用于男名。

毓：五行属火。学识渊博，清雅荣贵，官运旺，名利双收，出国隆昌。

境：五行属土。英敏多才，清雅荣贵，福禄双收，名利有分，出外大吉，荣贵。用于男名。

硕：五行属土。清雅荣贵，贤能多才，官运旺，名利双收。用于男名。

玮：五行属土。清雅伶俐，天生多才，中年吉祥，晚年隆昌，官旺。用于男名。

耶：五行属土。百事劳苦，性刚口快，中年平凡，晚年吉祥。

瑛：五行属土。清雅荣贵，小心爱情厄，成功隆昌，环境良好。用于女名。

与：五行属土。英敏清秀，勤俭忠厚，一门鼎盛，福禄双收，环境良好。

15 画

婵：五行属金。秀气多才，福禄双收，中年成功隆昌，环境良好。用于女名。

冲：五行属金。多刑克，不祥，一生病弱难幸福。

赐：五行属金。多刑克或身多疾，短寿，中年吉祥。

缄：五行属金。有爱情厄或忌车怕水，中年小心，晚年吉祥。

剑：五行属金。性刚果断，中年劳累或奔波，晚年吉祥。用于男名。

靓：五行属金。多才贤能，勤俭治家，但言多必失，中年吉祥，晚年隆昌。

锐：五行属金。清雅伶俐，中年劳累，晚年吉祥，小心爱情烦恼。用于男名。

审：五行属金。福禄双收，一生清雅伶俐，中年劳累，晚年吉祥、劳神。用于男名。

绪：五行属金。智勇双全，清雅多才，晚婚迟得子吉，中年劳累，晚年吉祥。

蒂：五行属木。清雅多才，秀气贤能，中年吉祥，晚年隆昌幸福。

巩：五行属木。性刚口快，武官大吉，中年劳累，晚年吉祥。

广：五行属木。刑克父母，一生清雅伶俐，中年劳累，晚年吉祥。

郭：五行属木。一生清雅，智勇双全，中年劳累或奔波，晚年吉祥隆昌。

稼：五行属木。福禄双收，名利双收，出外吉祥，中年隆昌享福。

娇：五行属木。有爱情烦恼，再嫁守寡，晚年隆昌。

颉：五行属木。清雅荣贵，智勇双全，官运旺，名利双收，出国之格。

驹：五行属木。秀气贤能，清雅荣贵，福禄双收，环境良好，小心爱情厄。用于男名。

慷：五行属木。一生慷慨待人，智能双全，中年劳累或奔波，晚年吉祥。用于男名。

宽：五行属木。清雅多才，荣贵隆昌，中年吉祥，环境良好，女人薄幸多灾。用于男名。

款：五行属木。忧心劳神或事劳无功，身弱多灾，再嫁守寡。用于男名。

庆：五行属木。福禄双收，智勇双全，出外吉祥，名利双收。用于男名。

妩：五行属木。刑偶伤子，贫苦多厄，破相或体弱多病，一生困苦多灾。

贤：五行属木。多才巧智，中年平凡，晚年吉祥，但短寿。

楼：五行属木。学问丰富，福禄双收，智勇双全，成功隆昌，兴家。用于男名。

模：五行属木。清雅荣贵，多才贤能，中年成功隆昌，晚年环境良好。用于男名。

萱：五行属木。学识渊博，一生多才，清雅荣贵，官运旺，福寿，出国。用于女名。

仪：五行属木。忠厚良善，勤俭兴家，名利双收，清雅荣贵，富贵。

谊：五行属木。温和多才，贤能勤俭或财旺，中年成功隆昌。用于男名。

毅：五行属木。学识渊博，清雅荣贵，出外吉祥，出国之格。

莹：五行属木。名利双收，智勇双全，中年成功隆昌，出国之格。用于女名。

范：五行属水。胆识丰富，多才贤能，中年劳累，出外吉祥，晚年昌盛。

赋：五行属水。多愁多劳，命途多灾难或体弱多病，孑然一身。

汉：五行属水。义利分明，荣贵隆昌，中年平凡，晚年吉祥，英雄格。用于男名。

浒：五行属水。口齿伶俐，天生聪颖，中年成功，晚年隆昌，清闲。用于男名。

慧：五行属水。聪明伶俐，清雅温和，中年劳累或爱情厄，晚年吉祥。用于女名。

墨：五行属水。忧心劳神或怀才不遇，中年劳累，晚年吉祥。、

慕：五行属水。性刚果断，中年劳累，晚年吉祥。用于男名。

暮：五行属水。晚婚迟得子吉，晚年吉祥。

褒：五行属水。出外吉祥，多才贤能，义利分明，中年劳累，晚年吉祥。用于男名。

部：五行属水。刑偶伤子，中年劳累，家庭不和，晚年吉祥。

翩：五行属水。清雅多才，中年劳累或克偶伤子，晚年吉祥。

霆：五行属水。智勇双全，精明公正，出外吉祥，官运旺，中年成功隆昌。用于男名。

万：五行属水。忧心劳神，一生清雅伶俐，中年劳累或潦倒，晚年吉祥。

满：五行属水。有爱情烦恼，或体弱短寿，多灾厄，难幸福。

霄：五行属水。聪明伶俐，小心爱情厄，中年多劳，晚年吉祥，但劳神。

漩：五行属水。温和伶俐，清雅贤淑，中年劳苦或有爱情厄，晚年隆昌。用于男名。

漪：五行属水。秀气伶俐，温和清雅，中年多灾，晚年隆昌。用于男名。

渔：五行属水。一生清雅，伶俐秀气，多才福寿双全，环境良好。用于男名。

彻：五行属火。出外吉祥，清雅多才，中年劳累或奔波，晚年吉祥，环境良好。

德：五行属火。多才巧智，温和贤能，中年劳累或奔波，晚年成功隆昌。用于男名。

蝶：五行属火。有爱情厄或刑偶伤子，秀气伶俐，中年吉祥，晚年劳神。用于女名。

董：五行属火。英敏才人，理智充足，中年吉祥隆昌，晚年劳神。

瑾：五行属火。智勇双全，多才贤能，中年成功隆昌，学识渊博，出国之格。用于女名。

进：五行属火。天生聪颖，中年平凡，吉祥隆昌，出外大吉。用于男名。

乐：五行属火。英敏多才，子孙兴旺，名利双收，中年吉祥，晚年隆昌。

厉：五行属火。清雅英敏，中年平凡，晚年吉祥，荣幸。用于男名。

刘：五行属火。英敏之才，清雅伶俐，中年劳累，晚年吉祥。

瑭：五行属火。多才贤能，温和忠厚，勤俭治家，中年吉祥，清雅平凡。

鲁：五行属火。多才贤能，温和伶俐，晚婚迟见子吉，中年劳累，晚年隆昌。

墀：五行属土。精明公正，官运旺，智勇双全，清雅荣贵，中年劳累，晚年成功。用于男名。

欧：五行属土。一生清雅，英敏伶俐，晚年吉祥。

磐：五行属土。一生清雅平凡，晚婚吉早婚欠子，晚年吉祥。用于男名。

慰：五行属土。智勇双全，清雅荣贵，中年多忧，晚年吉祥。

娴：五行属土。秀气灵巧，天生聪颖，中年成功、隆昌荣贵。用于女名。

叶：五行属土。有爱情厄或体弱短寿，中年劳累，晚年吉祥。

墩：五行属土。出外吉祥或忧心，劳神刑偶伤子，晚年吉祥。用于男名。

逸：五行属土。一生奔波劳苦或怀才不遇，智勇双全，中年劳累，晚年隆昌。

邮：五行属土。忧心劳神，少年千难，中年平凡，晚年吉祥。用于男名。

院：五行属土。清雅伶俐，多才巧智，中年吉祥，晚婚吉，晚年劳神。用于男名。

阅：五行属土。勤俭肯做肯劳，重信义，刑偶伤子，中年劳累，晚年吉祥。

增：五行属土。福禄双收，名利双收，中年吉祥，晚年隆昌荣贵。用于男名。

16画

侪：五行属金。清雅荣贵，勤俭治家，官运旺，中年成功隆昌，出国之格。

锤：五行属金。义利分明，克己助人，中年成功，环境良好。用于男名。

雕：五行属金。智勇双全，清雅多才，中年平凡，晚年隆昌，但劳神多疾。用于男名。

锦：五行属金。吉凶分明，吉则清贵隆昌，出国富贵；凶则忌车怕水，恶死凶亡。

静：五行属金。多才贤淑，清雅伶俐，中年平凡，晚年吉祥，小心爱情烦恼。

穆：五行属金。一生清雅贤能，有才英俊，中年劳累，晚年吉祥。

钱：五行属金。一生清雅伶俐，多才，中年奔波，晚年吉祥。

儒：五行属金。多才多能，精明公正，官运旺，荣贵隆昌，环境良好。用于男名。

睿：五行属金。天生聪颖，多才忠厚，中年成功隆昌，出国之格。用于男名。

钢：五行属金。心直口快，中年劳累，晚年吉祥。用于男名。

谒：五行属金。口齿伶俐，勤俭治家，家声可振，中年劳累，晚年吉祥。用于男名。

谕：五行属金。胆识丰富，精明公正，官运旺，中年成功隆昌，出国之格。

醒：五行属金。有爱情烦恼，一生多才无运，内心多忧，晚年吉祥。

苍：五行属木。一生清雅，天生聪颖，福禄双收，中年劳累，晚年吉祥。用于男名。

笃：五行属木。早年奔波劳苦，中年多灾，晚年吉祥。

桦：五行属木。温和贤能，多才忠厚，中年吉祥，晚年隆昌，官旺。

机：五行属木。心直口快，外出大吉，中年多劳但隆昌，晚年荣幸。用于男名。

举：五行属木。小心爱情厄，天生聪明，中年劳累，晚年吉祥。用于男名。

冀：五行属木。怀才不遇或外祥内愁，中年多劳，晚年吉祥。用于男名。

黔：五行属木。忧心劳神或事劳无功，晚婚吉祥，中年劳累，晚年吉祥。

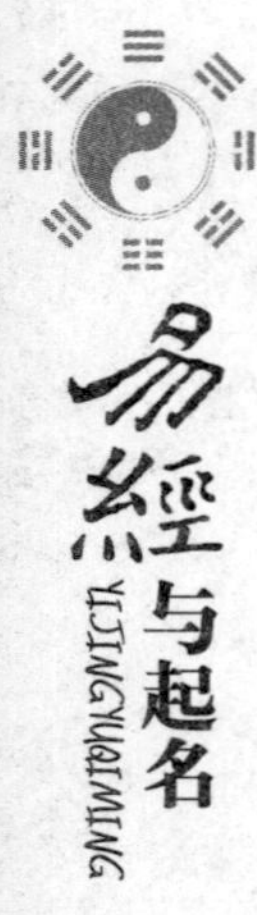

用于男名。

桥：五行属木。多才温和，清雅伶俐，福禄双收，刑偶伤子，晚婚吉，晚年吉祥。

筱：五行属木。出外吉祥，秀气灵巧，多才贤能，晚年隆昌，幸福。

谐：五行属木。一生清雅平凡，晚婚大吉，中年劳累，晚年吉祥隆昌。用于男名。

蓉：五行属木。温和忠厚，福禄双收，多才贤能，中年成功隆昌，出国之格。用于女名。

树：五行属木。一生清雅多才，中年劳累，晚年吉祥。用于男名。

谚：五行属木。精明公正，重信义，福禄双收，成功隆昌，环境良好。用于男名。

颖：五行属木。多才贤能，清雅伶俐，中年劳累，晚年吉祥隆昌。

潮：五行属水。多才巧智，清雅伶俐，中年劳累，晚年吉祥隆昌。

澄：五行属水。多才贤能，英敏伶俐，中年平凡，晚年吉祥昌荣。用于男名。

霏：五行属水。清雅多才，福禄双收，中年吉祥，小心爱情厄，晚年隆昌。

奋：五行属水。英敏之才，清雅荣贵，中年吉祥，小心爱情厄，出国成功。用于男名。

洁：五行属水。忧心劳神，或事劳无功，或有爱情厄。

霖：五行属水。学问丰富，清雅荣贵，官运旺盛，精明公正，出国富贵之格。用于男名。

默：五行属水。清闲伶俐，多才和睦，中年成功隆昌，出国之格。用于男名。

谋：五行属水。出外吉祥，温和多才，中年劳累但吉祥，晚年隆昌。用于男名。

陪：五行属水。理智充足，一生清雅伶俐，福禄双收，一生平凡，保守。用于男名。

潭：五行属水。克偶欠子，清雅伶俐，中年吉祥，晚年劳神，清秀。

润：五行属水。福禄双收，福寿兴家，环境良好，安富尊荣。

熹：五行属水。清雅荣贵，克己助人，多才温和，中年吉祥，晚年隆昌。

宪：五行属水。小心爱情厄，有才能、官旺，英敏伶俐，晚年隆昌。用于男名。

兴：五行属水。温和英敏，清雅多才，中年劳累，晚年隆昌。

学：五行属水。外祥内优，多才贤能，中年劳累，晚年吉祥。用于男名。

陈：五行属火。口快心刚，清雅多才，中年穷苦，晚年隆昌。

炽：五行属火。精力旺盛，刑偶伤子，出外吉祥，晚婚大吉，成功隆昌幸福。

达：五行属火。学识渊博，安富尊荣，福寿兴家，成功隆昌，官运、财运旺，出国之格。

导：五行属火。小心爱情厄，多才英雄，中年多灾，晚年吉祥。

道：五行属火。智勇双全，精明公正，出外大吉，中年成功隆昌，荣贵出国。用于男名。

都：五行属火。清雅多才，温和贤能，中年平凡，晚年吉祥，清闲。

赖：五行属火。谋为出众，清雅多才，中年劳累，晚年吉祥，环境良好。

琏：五行属火。学识渊博，福禄双收，名利永在，中年成功，环境良好。用于男名。

陵：五行属火。少年坎坷，智勇双全，中年成功隆昌，晚年多有不顺。用于男名。

龙：五行属火。晚婚吉，中年多灾厄或潦倒，出外吉祥，晚年平凡多灾。

卢：五行属火。晚婚吉，中年多劳，晚年吉祥。

陆：五行属火。心直口快，少年千难，中年吉祥或奔波，晚年隆昌。

录：五行属火。智勇双全，性刚口快，环境良好。用于男名。

积：五行属火。天生聪颖，一生温和多才，白手起家，晚年隆昌。用于男名。

燃：五行属火。清雅荣贵，官或财旺，福禄双收，名利有分。用于男名。

遂：五行属火。一生清雅多才，贤能慷慨，中年劳累，晚年吉祥。用于男名。

陶：五行属火。多才伶俐，温和贤能，中年吉祥，晚年隆昌。

晓：五行属火。胆识丰富，理智充足，出外大吉，官运旺，清雅荣贵，出国之格。

璇：五行属火。出外吉祥，小心爱情厄，早婚不吉，中年劳累，晚年成功隆昌。

烨：五行属火。秀气多才，温和贤淑，中年吉祥，晚年隆昌，幸福荣贵。用于男名。

嫒：五行属土。秀气伶俐，温和贤能，中年吉祥，晚年隆昌，出外吉祥。用于女名。

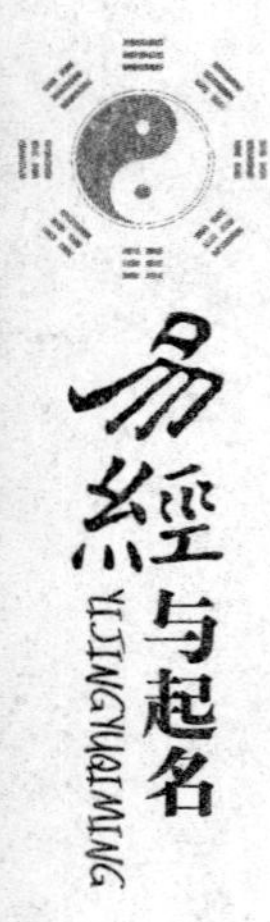

衡：五行属土。清雅伶俐，中年吉祥，晚年劳神。用于男名。

豫：五行属土。忧心劳神或有爱情厄，中年劳累，晚年吉祥，有体弱短寿之厄。

运：五行属土。福禄双收，出外吉祥，清雅荣贵，官运旺，环境良好，出国之格。

融：五行属土。慈祥有德，一生成功，隆昌、如意，环境良好。

谓：五行属土。刑偶伤子，一生多才，荣贵厚善，中年吉祥，晚年隆昌。

燕：五行属土。天生聪颖，清雅多才，中年吉祥，晚年隆昌。用于女名。

17 画

操：五行属金。福禄双收，清雅温和，中年劳累，晚年吉祥，女人体弱寿短。用于男名。

禅：五行属金。温和贤能，怀才不遇，中年劳累，晚年吉祥。

偿：五行属金。吉祥贤能勤俭，肯作肯劳，义利分明，成功隆昌。用于男名。

聪：五行属金。环境良好，理智，中年劳累，晚年隆昌，人缘好。

键：五行属金。天生聪颖，富贵双全，一生名利双收，出外吉祥，成功隆昌，官旺。用于男名。

徽：五行属金。多才贤能，温和勤俭，中年成功隆昌，出国之格，名利双收，富贵。用于男名。

骏：五行属金。官或财旺，天生聪颖，出外大吉荣贵，隆昌出国。用于男名。

链：五行属金。清雅荣贵，官运旺，中年成功隆昌，女人有爱情厄或体弱多灾。

鲜：五行属金。清雅荣贵，多才贤能，中年吉祥，晚年隆昌，名利双收。

谢：五行属金。一生清雅多才，伶俐勤俭，中年多劳，晚年吉祥。

逊：五行属金。奔波劳苦或怀才不遇，中年多灾，晚年隆昌，子孙兴旺。用于男名。

赛：五行属金。清雅多才，秀气伶俐吉祥，晚年劳神。用于男名。

声：五行属金。名利双收，福禄永在，清雅荣贵，中年成功。用于男名。

瞬：五行属金。英敏贤能，克父命，中年劳累，晚年吉祥，环境良好。

用于男名。

锡：五行属金。温和多才，聪明理智，中年劳累或有爱情厄，出国之格。用于男名。

翼：五行属金。英敏佳人，有才能理智，中年劳累，晚年吉祥。

斋：五行属金。学问丰富，官运旺，福禄双收，清雅隆昌，富贵。

检：五行属木。性刚果断，中年多灾或刑偶伤子，或体弱多难。

娇：五行属木。有爱情厄或刑偶伤子，福禄双收，中年劳累，晚年吉祥。

鞠：五行属木。智勇双全，清雅荣贵，出国之格，中年成功隆昌。

恳：五行属木。一生清雅多才，温和贤能，中年劳累，晚年吉祥，劳神。

莲：五行属木。吉凶分明，吉则多和，贤能出国隆昌，凶则刑偶伤子，体弱短命。用于女名。

联：五行属木。事业如意，成功隆昌，环境良好，官或财旺，荣贵。用于男名。

蔓：五行属木。秀气温和，多才贤淑，中年吉祥，晚年隆昌，荣贵幸福出国。用于女名。

谦：五行属木。英敏佳人，口才伶俐，交际巧妙，中年平凡，晚年吉祥，环境良好。

擎：五行属木。性刚口快，外祥内苦或刑偶伤子，中年多灾，晚年吉祥。用于男名。

檀：五行属木。清雅荣贵，多才贤能，中年吉祥，晚年隆昌，出国之格。用于男名。

蔚：五行属木。清雅荣贵，官运旺，出国之格，成功隆昌。用于男名。

营：五行属木。中年多灾，或有爱情厄，晚年吉祥。

禧：五行属水。一生清雅多才，温和贤能，中年吉祥，晚年隆昌，福禄双收。

霞：五行属水。少年千难或有爱情厄，晚年吉祥。用于女名。

繁：五行属水。刑偶伤子，晚婚大吉，中年平凡，晚年吉祥，女人体弱多病或不幸。

鸿：五行属水。精明公正，学识渊博，官运旺，中年成功隆昌，富贵。

泽：五行属水。学问丰富，名利双收，官或财旺，智勇兴家，一生荣贵。

灿：五行属火。克父，英敏多才，清雅贤能，中年平凡，晚年吉祥。

黛：五行属火。有爱情烦恼或体弱，性刚口快，中年有灾厄，不幸。用

于女名。

择：五行属火。一生清雅伶俐，多才贤能，中年劳累，晚年吉祥。用于男名。

爵：五行属火。官或财旺，一生清雅荣贵，中年成功隆昌。

励：五行属火。聪明伶俐，有才能理智，荣贵隆昌，出国之格。用于男名。

临：五行属火。一生多福，成功隆昌荣贵，但需八字五行配合到位。用于男名。

隆：五行属火。克父，多小心清雅伶俐，中年劳累或奔波，晚年隆昌。用于男名。

远：五行属土。温和忠厚，勤俭治家，少年千难，晚年安康。用于男名。

岭：五行属土。福寿兴家，福禄双收，清雅荣贵，官旺成功隆昌。用于男名。

应：五行属土。外祥内苦，或刑偶伤子或怀才不遇，中年劳累，晚年吉祥。

拥：五行属土。性刚口快，多才贤能，荣贵隆昌，晚年劳神。用于男名。

18画

璨：五行属金。刑偶伤子，智勇双全，中年辛苦，晚年成功隆昌。

蝉：五行属金。天生聪颖，智勇多才，中年吉祥，晚年隆昌幸福。用于女名。

储：五行属金。晚婚迟得子吉，清雅伶俐，中年平凡，晚年隆昌，环境良好。

环：五行属金。天生聪颖，温和贤能，晚婚大吉，出外吉祥，出国之格，小心爱情厄。

双：五行属金。多才清雅，中年平凡，晚年吉祥，女人刑偶伤子或外祥内苦。

锁：五行属金。学问丰富，中年平凡，环境良好，晚年隆昌。用于男名。

归：五行属木。少年千难，英俊多才，中年吉祥，但刑偶伤子，晚年劳神。用于男名。

获：五行属木。性刚果断，有勇无谋，怀才不遇，中年吉祥，晚年劳神。用于男名。

谨：五行属木。义利分明，清雅荣贵，中年劳累，晚年吉祥，环境良好。用于女名。

鹃：五行属木。清雅，小心爱情厄，中年平凡，晚年吉祥隆昌。用于女名。

骐：五行属木。清秀英俊，多和享福，中年吉祥，晚年隆昌，官运旺。

用于男名。

翘：五行属木。清雅伶俐，多才贤能，智勇双全，官运旺，富贵出国。用于男名。

绕：五行属木。清雅贤能，理智聪明，中年平凡，晚年吉祥，女人小心爱情厄。用于男名。

蕊：五行属木。小心爱情厄，秀气伶俐，薄幸短寿，不幸再嫁守寡。用于女名。

松：五行属木。精明公正，智勇双全，一生清雅荣贵，成功隆昌，出国之格。

滨：五行属水。英敏多才，清雅贤能，中年平凡，晚年吉祥。

闯：五行属水。刑偶伤子，一生多灾厄，中年劳累，晚年吉祥。

覆：五行属水。少年千难，中年多厄或体弱奔波，晚年吉祥隆昌。

馥：五行属水。秀气伶俐，清雅荣贵，出国，官旺，中年成功隆昌。用于女名。

济：五行属水。清雅荣贵，官运旺，中年成功隆昌，环境良好，晚年劳神。

谟：五行属水。清雅荣贵。多才贤能，中年成功隆昌，出国之格。用于男名。

濮：五行属水。智勇双全，学问丰富，中年成功隆昌，官运旺，出国富贵。

隙：五行属水。出外逢贵得财，晚婚大吉，中年吉祥，晚年隆昌，官旺。用于男名。

涛：五行属水。身瘦多才，清雅荣贵，中年吉祥，晚年劳神多病。用于男名。

滢：五行属水。性刚口快，清雅多才，中年劳累，晚年隆昌。用于女名。

戴：五行属火。出外逢贵得财，克己助人，中年劳累，晚年成功隆昌。

焘：五行属火。晚婚迟得子吉，清雅伶俐，中年平凡，晚年隆昌，环境良好。用于男名。

丰：五行属火。多才巧智，清秀伶俐，中年成功隆昌，幸福荣贵。

礼：五行属火。清雅伶俐，刑偶或欠子，中年吉祥，晚年隆昌。用于男名。

粮：五行属火。义利分明，克己助人，中年平凡，晚年吉祥荣幸。用于男名。

题：五行属火。出外成功隆昌，自在快乐，中年平凡，晚年隆昌，环境良好。用于男名。

曜：五行属火。多才勤俭，贤能忠厚，中年平凡，晚年隆昌，环境良好。用于男名。

础：五行属土。命硬，刑偶伤子，出外成功，中年奔波，晚年成功，隆昌。

19画

宠：五行属金。清雅多才，秀气荣贵，中年吉祥，女人刑偶伤子。

畴：五行属金。学问丰富，清雅荣贵，成功隆昌，官旺之格。用于男名。

辞：五行属金。清雅多才，秀气伶俐，中年劳累，勤俭持家，晚年吉祥。用于男名。

祷：五行属金。温和多才，清雅荣贵，体弱多疾，中年劳累，晚年隆昌，官旺。

镜：五行属金。多才贤能，出外吉祥，官运旺，荣贵隆昌，环境良好。用于男名。

铿：五行属金。操守廉正，清雅荣贵，官运旺，中年成功隆昌，出国之格。用于男名。

迁：五行属金。刑偶伤子，清雅多才，中年潦倒或困苦，晚年吉祥，出外吉祥。

鹊：五行属金。理智充足，晚婚吉祥，中年劳累，晚年隆昌。用于女名。

赞：五行属金。清雅荣贵，刑偶伤子，晚婚大吉，中年劳累，晚年隆昌。用于男名。

关：五行属木。晚婚迟得子吉，中年劳累，晚年吉祥荣贵。

旷：五行属木。理智充足，吉祥荣贵隆昌，环境良好，克父。用于男名。

麓：五行属木。名利双收，重信义，中年劳累，白手起家。用于男名。

攀：五行属木。有爱情烦恼或刑偶伤子，多灾厄或不幸。

麒：五行属木。学识渊博，智勇双全，一生荣贵隆昌，官旺。用于男名。

琼：五行属木。小心爱情厄，秀气贤能，中年成功隆昌，出国之格。用于女名。

薇：五行属木。秀气多才，清雅伶俐，出外吉祥，中年平凡，晚年隆昌：用于女名。

萧：五行属木。秀气贤能，伶俐清雅，中年劳累，晚年吉祥。

薄：五行属水。刑偶伤子，清雅多才，中年成功隆昌，晚年劳神。

绘：五行属水。多才贤能温和，晚婚大吉，早婚多疾，中年劳累，晚年吉祥。

泺：五行属水。自在乐天成家业，中年劳累或奔波，晚年吉祥。

鹏：五行属水。性刚果断或体弱多病，中年劳累，晚年隆昌，官旺。用于男名。

谱：五行属水。晚婚迟得子大吉，清雅荣贵，中年吉祥，晚年隆昌。用于男名。

际：五行属火。忠厚善良，义利分明，谋略出众，中年吉祥，晚年劳神。用于男名。

丽：五行属火。清秀多才，妻贤子贵，中年吉祥，女人小心爱情厄。用于女名。

龄：五行属火。慈祥有德，温和贤淑，清雅荣贵，中年劳累，晚年隆昌。

谭：五行属火。温和贤能，英敏清敏，中年吉祥隆昌，晚年劳神。

韬：五行属火。多才贤能，清雅多能，中年吉祥，晚年隆昌，官运旺。用于男名。

赠：五行属火。英敏多才，清雅荣贵，中年成功隆昌，环境良好，晚婚大吉。用于男名。

韵：五行属土。小心爱情厄，中年有灾，晚婚平安，晚年吉祥。

稳：五行属土。一生伶俐，早婚不宜，中年劳累，晚年吉祥，女人再嫁，守寡。用于男名。

20画

馨：五行属金。英敏多才，言必信，人缘好，忠厚善良，中年成功。用于女名。

续：五行属金。清雅温和，多才伶俐，中年吉祥，晚年多疾。

释：五行属金。一生清雅荣贵，智勇双全，中年平凡，晚年吉祥。用于男名。

译：五行属金。一生清闲量大，上下和睦，爱人所爱，中年吉祥，晚年隆昌。用于男名。

藏：五行属木。温和清雅，多才贤能，出外吉祥，中年劳累，晚年隆昌。用于男名。

筹：五行属木。多才贤能，清雅伶俐，中年吉祥，身弱多厄，晚年隆昌。

籍：五行属木。晚婚迟得子吉，白手起家，自力更生，中年勤俭，晚年隆昌。用于男名。

继：五行属木。胆识丰富，精明公正，中年成功隆昌，出国之格，小心爱情厄。用于男名。

舰：五行属木。性刚果断，多才贤能，中年劳累，晚年吉祥，环境良好。用于男名。

警：五行属木。福禄双收，贵人明现，重情失败，中年劳累，晚年吉祥。用于男名。

篷：五行属木。清雅荣贵，出外吉祥，中年劳累，晚年吉祥，出国之格，官旺。

劝：五行属木。克父伤母或刑偶伤子，中年劳累，晚年吉祥，女人难幸福，多灾。

严：五行属木。智勇双全，忠厚善良，事业如意，官运旺，成功隆昌，荣贵。

怀：五行属水。浮沉不定，机谋多变，刑偶伤子，晚婚大吉，小心爱情厄，出国之格。

还：五行属水。奔波劳苦或体弱多疾，或伤子，中年劳累，晚年吉祥。

迈：五行属水。少年千难，出外逢贵得财，中年劳累，晚年隆昌，官运旺，出国之格。

宝：五行属火。清雅多才，中年劳累，晚年吉祥，女人有爱情厄或体弱短寿。

党：五行属火。多才贤能，一生平凡保守，女人爱情厄不幸。用于男名。

窦：五行属火。一生清雅荣贵，精明公正，但刑偶伤子，中年劳累，晚年隆昌。用于男名。

耀：五行属火。天生聪颖，清雅荣贵，多才贤能，中年成功隆昌，出国之格。用于男名。

飘：五行属火。福禄双收，中年吉祥，环境良好，晚年劳神。用于女名。

赡：五行属火。福禄双收，特有人缘，中年劳累或有灾厄，晚年吉祥。

腾：五行属火。出外逢贵得财，一生清雅，中年劳累，晚年吉祥。用于男名。

嬴：五行属火。清雅伶俐，多才巧智，刑偶或伤子，忌水厄，晚年吉祥。

壤：五行属土。晚婚迟得子大吉，出外吉祥，中年劳苦或怀才不遇。用于男名。

21 画

衬：五行属金。小心爱情厄，出外吉祥，中年劳累辛苦，晚年吉祥。

铎：五行属金。官运财旺，一生优裕，中年平凡，晚年隆昌，环境良好。用于男名。

镰：五行属金。清雅荣贵，多才贤能，中年吉祥，晚年隆昌，出国之格。用于男名。

随：五行属金。忧心劳神或事劳无功，或外祥内愁，中年多灾，晚年吉祥。

铁：五行属金。克偶伤子，一生清雅，中年吉祥，晚年劳神，多疾。

顾：五行属木。一生清雅荣贵，理智充足，中年劳累，晚年吉祥。用于男名。

藤：五行属木。身健多疾，义利分明，名利双收，中年劳累，晚年吉祥。

艺：五行属木。有才能理智，温和贤能，中年吉祥，晚年隆昌，出国之格。

莺：五行属木。秀气伶俐，多才贤淑，出外吉祥，中年劳累，晚年隆昌。用于女名。

樱：五行属木。清雅文静，小心爱情厄，中年劳累，晚年隆昌，环境良好。用于女名。

霸：五行属水。刑偶欠子，晚婚大吉，中年离乱，成功隆昌，环境良好。

鹤：五行属水。安详自乐，中年吉祥，晚年隆昌，但一生多有操劳。

护：五行属水。晚婚大吉，出外吉祥，中年有灾，晚年隆昌。用于男名。

露：五行属水。秀气伶俐，福禄双收，小心爱情厄，中年平凡，晚年隆昌。

巍：五行属土。清雅雄壮，英敏豪爽，中年劳累，晚年吉祥，女人体弱。用于男名。

誉：五行属土。福禄双收，官运旺，白手起家，晚年隆昌，环境良好。

跃：五行属土。清雅荣贵，福禄双收，中年吉祥劳神，晚年隆昌，环境良好。用于男名。

22 画

权：五行属木。清雅荣贵，学问丰富，官运旺，中年成功，晚年劳神。

用于男名。

苏：五行属木。天生聪颖，多才贤能，中年劳累或奔波，晚年吉祥隆昌。

欢：五行属水。刑偶或伤子，清雅荣贵，中年成功隆昌，环境良好。

响：五行属水。性刚果断或体弱短寿，中年多灾厄，忌车怕水。

麟：五行属火。操守廉正，清雅荣贵，官运旺，中年成功隆昌，出国之格。用于男名。

体：五行属火。忧心劳神或事劳无功，中年多灾厄，晚年吉祥。

显：五行属火。胆识丰富，多才贤能，中年吉祥，晚年劳神。用于男名。

懿：五行属土。智勇双全，操守廉正，清雅荣贵，官运旺，富贵。

23 画

攒：五行属金。清雅多才，中年劳累，晚年吉祥。用于男名。

兰：五行属木。多才贤能，中年劳累，晚年隆昌，女人小心爱情厄或体弱多病。

驿：五行属木。忧心劳神或体弱短寿，虽成功隆昌，难幸福。

变：五行属水。多刑克，体弱多病，性刚多灾，中年劳心，难成功。

24 画

鑫：五行属金。英俊人才，特有人缘，荣贵吉祥，官运旺，环境良好。用于男名。

霭：五行属木。谋为出众，福禄双收，贵人明现，中年吉祥，晚年隆昌。用于男名。

赣：五行属木。少年千难，中年开泰，吉祥隆昌，晚年劳神。用于男名。

酿：五行属木。清雅伶俐，贤能勤俭，出外吉祥，中年平凡，晚年吉祥。用于男名。

鹰：五行属木。性刚口快，少年千难，中年平凡，晚年吉祥，子孙兴旺。用于男名。

灵：五行属火。精明公正，义利分明，中年成功隆昌，名利双收，环境良好。

鹭：五行属火。秀气伶俐，温和贤淑，中年成功隆昌，晚年劳神。

艳：五行属土。秀气伶俐，多才贤淑，中年吉祥，小心爱情厄，晚年隆昌。用于女名。

25 画

观：五行属木。心直口快，沉静清秀，中年劳累，晚年吉祥。用于男名。

灏：五行属水。操守廉正，医界大吉，官运旺，中年成功隆昌、富贵。用于男名。

26 画

酈：五行属火。秀气伶俐，天生聪颖，温和贤淑，出国之格，成功隆昌。

骥：五行属金。出外吉祥，晚婚大吉，中年有灾厄，忌车怕水，晚年吉祥。用于男名。

湾：五行属水。一生手足不停或事劳无功，有爱情厄，晚年吉祥。用于男名。

27 画

缆：五行属火。性格复杂，多变易动，出外吉祥，浮沉不定，一生无运。

骧：五行属火。多才贤能，温和贤淑，忌车怕水，中年劳累，晚年吉祥。用于男名。

銮：五行属金。有爱情厄或体弱短寿，中年劳累，晚年隆昌，伶俐。

锣：五行属金。义利分明，清雅多才，中年平凡，晚年隆昌，环境良好。用于男名。